Topos-Taschenbücher

Band 21

Walter Kasper

Glaube im Wandel der Geschichte

Topos-Taschenbücher

Topos-Taschenbücher werden gemeinsam
vom Matthias Grünewald-Verlag und Patmos-Verlag
herausgegeben.

 1. Auflage 1973
Umschlaggestaltung Eschert & Bänder
Herstellung Clausen & Bosse, Leck
ISBN 3-7867-0421-X

Inhalt

Vorwort

Erst nach langem Zögern habe ich der Veröffentlichung einer Sammlung verschiedener Aufsätze und Vorträge aus den letzten Jahren zugestimmt. Maßgebend war dabei die Überlegung, daß heute weniger die Zeit großer Summen und Kompendien als einzelner Denkanstöße ist. An dem fragmentarischen Charakter gegenwärtiger Theologie, welcher auch diesen Beiträgen eignet, wird etwas deutlich von der Übergangssituation, in der die Theologie heute steht. Aus diesem Grund ließen sich manche Überschneidungen und Wiederholungen nicht vermeiden. Sie machen jedoch auf ihre Weise deutlich, daß alle Beiträge um das eine Thema »Glaube und Geschichte« kreisen.

Das vielschichtige Thema der Geschichte ist der Theologie heute aufgrund der problemgeschichtlichen Situation seit der Aufklärung aufgegeben. Die Aufarbeitung und die kritische Rezeption der neuzeitlichen Problematik ist eine der wichtigsten Aufgaben der Theologie. Sie kann sich heute nicht mehr wie in der antiken und mittelalterlichen Tradition im Horizont der Frage nach dem Wesen und der Natur bewegen; innerhalb einer evolutiven und geschichtlichen Welt ist die Geschichte zum umfassendsten Frage- und Verstehenshorizont der Theologie geworden. Geschichte ist freilich mehr als Historie und historisch-kritische Methode. So wenig sie auf subjektive Geschichtlichkeit eingeengt werden darf, kann sie auf die gesellschaftliche Dimension, um die sich die gegenwärtige Diskussion so sehr bemüht, reduziert werden. Geschichte schließt beides ein und ist gerade in der innergeschichtlich nicht aufhebbaren Spannung beider ein Hinweis auf Transzendenz. So wird verständlich, daß die Geschichte zur Dimension des Zeugnisses des Alten und des Neuen Testaments werden konnte.

In einer Situation, in welcher von einer postgeschichtlichen Epoche gesprochen wird, da sich die geschichtlichen Errungenschaften der Neuzeit anschicken, zu einer zweiten Natur zu werden, welche eine naturhafte Eigengesetzlichkeit annimmt und der geschichtlichen Freiheit des Menschen immer weniger Raum läßt, in einer solchen Situation der Bedrohung der Menschlichkeit des Menschen mag die Herausstellung der Geschichte, zu welcher uns Gott frei gemacht hat, indem er uns von der Knechtschaft der »Mächte und Gewalten« erlöst hat, von doppelter Aktualität sein. Deshalb hoffe ich, die hier vorgelegten Skizzen bald in systematischer Weise ausarbeiten zu können.

Für die Fertigstellung des Manuskripts danke ich Frau L. Vier, für die Mithilfe beim Lesen der Korrekturen und für die Erstellung des Namensregisters den Herren K. J. Lesch und Ratzke.

Münster, im Juli 1970 W. Kasper

Verständnis der Theologie damals und heute*

Die Theologie der katholischen Tübinger Schule des letzten Jahrhunderts ist nicht nur eine vergangene theologische Epoche, die man historisch erforschen, archivarisch-museal restaurieren und repristinieren könnte und müßte; sie ist vielmehr noch ein Stück unserer gegenwärtigen theologischen Problematik. Lange Zeit mochte man diese Theologie für eine bloße Episode halten, die in der zweiten Hälfte des vergangenen Jahrhunderts durch die Neuscholastik überwunden wurde. Eine solche Beurteilung ist heute fragwürdig geworden. Wir erkennen heute, daß um die Wende vom 18. zum 19. Jahrhundert eine neue geistesgeschichtliche Epoche beginnt, die erst heute zu ihrer vollen Auswirkung gekommen ist; analog beginnt in der Zeit der großen Tübinger Theologen ein neuer theologischer Kairos, der erst heute seine Reife und Fülle erreicht hat, da durch die konziliare Erneuerung wesentliche Anliegen von damals ins allgemeine kirchliche Bewußtsein gehoben worden sind.

Um so dringlicher wird die Frage nach dem Wesen und Selbstverständnis dieser Theologie, nach den sie leitenden Intentionen, nach ihrer Methode und dem sie beseelenden Geist. Die Beantwortung dieser Fragen bedeutet zugleich ein Stück Klärung unserer gegenwärtigen Situation und Problematik. Das verlangt freilich eine schöpferische Begegnung mit dieser Theologie, die mehr ist als repristinierende Wiederholung. Allein durch solche lebendige Überlieferung kann man auch deren eigenem tiefsten Anliegen gerecht werden.

* Erstmals veröffentlicht in: *Theologie im Wandel. Festschrift zum 150jährigen Bestehen der kath.-theol. Fakultät der Universität Tübingen 1817–1967*, hrsg. v. J. Ratzinger u. J. Neumann, München 1967, 90–115.

I. Theologie im offenen Strom der Zeit

Ein hervorragendes Merkmal der Tübinger Theologie des letzten Jahrhunderts war der Mut, in eine offene Begegnung mit den geistigen Strömungen der Zeit einzutreten. Diese Offenheit entsprang nicht oberflächlicher Aktualitätshascherei, sondern sie war getragen von dem lebendigen Geist der bisherigen Tradition selbst. Im Rückblick auf die bisherige Geschichte der Theologie stellt J. S. Drey fest: »Es darf uns nicht wundern, wenn wir bei näherer Betrachtung eine auffallende Gleichförmigkeit in der politischen und in der Litterärgeschichte eines Volkes finden. Denn was ist der wissenschaftliche Zustand einer Nation anders, als der höchste idealische Ausdruck dessen, was in ihr selbst liegt, was sie bewegt als ihr geistiges Leben ... So wäre es also möglich und vielleicht auch interessant, die Geschichte der Theologie in unserer Nation (...) parallel mit der übrigen Geschichte zu betrachten, und aus ihrer Nebeneinanderstellung die beiderseitigen Begebenheiten zu begreifen.«[1] Dieser Geist einer lebendigen Überlieferung zu beständiger Gegenwart[2] durchpulst diese ganze Theologie.

Damit stellten sich die damaligen Tübinger Theologen hinein in den geistigen Aufbruch ihrer Zeit. Ein wahrhaft eschatologisches Selbstbewußtsein spricht aus allen Äußerungen von damals. Kants Kritiken und die Französische Revolution wurden als der Anfang einer neuen Zeit begeistert gefeiert.[3] »Das Reich Gottes komme und unsere Hände seien nicht müßig im Schoße«[4], lautet die Losung der drei Tübinger »Stiftsköpfe« Hegel, Schelling und Hölderlin. Der theologische Neuanfang kam etwas später, aber er partizipiert an dem geistigen Aufbruch, den damals alle Bereiche des geistigen

1 J. S. Drey, *Revision des gegenwärtigen Zustandes der Theologie*, in: *Geist des Christentums und des Katholizismus*, hrsg. v. J. R. Geiselmann, Mainz 1940, 85 f.

2 J. R. Geiselmann, *Lebendiger Glaube aus geheiligter Überlieferung. Der Grundgedanke der Theologie Johann Adam Möhlers und der katholischen Tübinger Schule*, Mainz 1942.

3 W. Kasper, *Das Absolute in der Geschichte. Philosophie und Theologie der Geschichte in der Spätphilosophie Schellings*, Mainz 1965, 63.

4 *Briefe von und an Hegel* I, hrsg. v. J. Hoffmeister, Hamburg 1952, 18.

Lebens nahmen. Nachdem Revolution und Säkularisation die alten Kader kirchlichen und theologischen Lebens weitgehend zerschlagen hatten, war eine »Revision des gegenwärtigen Zustandes der Theologie« (J. S. Drey) dringend erforderlich geworden.

Man mag heute zwar mit Recht in Frage stellen, ob die Tübinger Theologen von damals das Niveau des philosophischen Denkens ihrer Zeit voll erreicht haben, ob die Begegnung mit dem deutschen Idealismus tief genug gegangen ist. Das schließt jedoch nicht aus, daß sich ihre Theologie wohltuend von bloß negativer Polemik und Apologetik unterscheidet. Auf der anderen Seite haben sich die Tübinger das Denken ihrer Zeit keineswegs unkritisch zu eigen gemacht; ihre Schriften sind voll von Auseinandersetzung und Kritik. Aber immer handelt es sich um eine schöpferische Kritik, die weiterführt und alle positiven Anregungen mit erstaunlicher geistiger Beweglichkeit aufzugreifen vermag. Die Idee des Dialogs mit der Zeit war hier also längst lebendig und verwirklicht, ehe sie zum offiziellen Programm der Kirche und nunmehr nachgerade zur abgegriffenen Münze wurde.

Betrachtet man allerdings die geistige Situation der Zeit damals und heute im einzelnen, dann mag man zunächst geneigt sein, mehr Gegensätze als Gemeinsamkeiten festzustellen. Damals vollzog sich ein ungeheurer, uns heute kaum mehr vorstellbarer Aufbruch, ein Idealismus des Geistes in des Wortes umfassendster Bedeutung. Heute dagegen leben wir offensichtlich in einer für das Denken dürftigen Zeit. Nicht die Idee, sondern die Faktizität scheint heute das geistige Bewußtsein der Zeit zu prägen; Ideen werden oft nur noch als Epiphänomene der jeweiligen Wirklichkeit betrachtet. – Damals erfuhr man in der Romantik einen Aufbruch des Unbewußten, Ursprünglichen, Naiven, man entdeckte gegenüber der männlich-revolutionären Aufklärung den mütterlich bergenden Schoß der Überlieferung und der Gemeinschaft. Heute prägen Wissenschaft und Technik das Gesicht der Zeit und bewirken durch eine erst heute mögliche Veränderung aller Lebensbereiche eine künstliche, auf Zweckmäßigkeit berechnete Sekundärwelt. – Damals unternahm man den uns heute prometheisch anmutenden Versuch einer universalen Einheits- und Ganzheitsschau; in einer gigantischen Anstrengung des Denkens versuchte man, alles auf den Begriff zu bringen und im absoluten Denken aufzuheben; seit Kant löste ein Systementwurf den anderen ab. Heute sind wir solchen Systemversuchen gegenüber mehr als skeptisch. Der kierkegaardsche und personalistische Protest gegen Hegel hat die Unableitbarkeit des einzelnen und seiner personalen Freiheit wieder nachdrücklich zu Bewußtsein gebracht. Durch die hegelsche Linke, besonders durch Marx, wurde der bloß spekulativen Bewältigung der Welt durch Interpretation die soziale Praxis entgegengestellt. Die dialektische Theologie hat das ganz Andere Gottes unüberhörbar herausgestellt. Durch die positive Forschung hat sich unsere Kenntnis der Wirklichkeit immer mehr differenziert; sie ist heute so unüberschaubar geworden, daß sie niemand mehr in ein Ganzes des Wissens integrieren kann. Das geistige Bewußtsein der Zeit ist zumindest vorläufig in völlig verschiedene und unvereinbare Bewußtseinsräume auseinandergebrochen.

Die Unterschiede zwischen damals und heute sind also unübersehbar, und es könnte zunächst scheinen, daß zwischen der Theologie damals und heute kaum eine Gemeinsamkeit bestehen kann, sofern sich heutige Theologie ebenso ins Gespräch mit der Zeit einläßt wie die Theologie von damals. Allein, die Unterschiede gehen noch tiefer. Sie betreffen nicht nur das, was faktisch die jeweilige Gegenwart ausmacht, sie betreffen weitgehend auch die Beurteilung dieser Gegenwart selbst. Drey, Möhler, Hirscher kamen zunächst aus der Welt der Aufklärung, sie haben sich aber später energisch und polemisch von ihr abgekehrt. Aus dem romantischen Verständnis der Gemeinschaft und der Tradition heraus wandten sie sich gegen die neuzeitliche Autonomie; aus dem romantischen Sinn für das Ursprüngliche des Lebens – einem Zentralbegriff romantischer Welterfahrung – kehrten sie sich ab vom Reflexionsstandpunkt Descartes'. Sie glaubten, die Aufklärung endgültig hinter sich zu haben.[5]

5 J. R. Geiselmann, *Die katholische Tübinger Schule*, Freiburg/Br. 1964, 534–605.

Für uns sind die Aufklärung und ihre Folgen nicht Vergangenheit, sondern nachhaltige Gegenwart. Das gilt nicht nur für solche dezidierte Bewegungen wie den Club Voltaire[6], sondern für die Kirche selbst. Viele liturgische, disziplinäre, pastorale Reformbestrebungen eines B. Werkmeister und der frühen Tübinger sind heute nicht nur erfüllt, sondern z. T. weit überboten.[7] Darüber hinaus hat die Kirche des Vatikanum II eine zwar noch vorsichtige, aber doch eindeutige Rezeption der modernen Ideen Freiheit, Gleichheit, Brüderlichkeit vorgenommen. Sie sieht darin heute nicht zuletzt christliches Erbe wirksam.[8]

Fast möchte es scheinen, als sei die Theologie heute ins gegenteilige Extrem umgeschlagen; manchmal erkennt sie in den geistigen und sozialen Bewegungen der Neuzeit nur noch ein anonymes, sich selbst falsch verstehendes und deshalb unbegründet gegen seinen eigenen Ursprung protestierendes Christentum. Ob dabei nicht die Dialektik jeder Aufklärung verkannt ist?[9] Der absoluten Hominisierung entspricht nämlich eine weitgehende Enthumanisierung der Welt, dem Verfügbarmachen der Sachwelt durch den Menschen die Versachlichung des Menschen und seine Funktionalisierung. Die Entdivinisierung und Entmythologisierung des Makrokosmos hat gleichsam den zur Vordertür des hellen Bewußtseins hinausgeworfenen Bettler nur durch die Hintertür des dunklen Tiefenbewußtseins des Mikrokosmos um so zudringlicher wieder eintreten lassen. Nicht umsonst kennt die biblische Urgeschichte neben dem »Kulturauftrag« »macht euch die Erde untertan« (Gn 1,28) im Bild des Babylonischen Turmbaus (Gn 11,1–9) auch theologische Kulturkritik. So wird sich auch heutige Theologie aus Verantwortung für den Menschen und nicht aus kirchlicher Apologetik heraus in eine gewisse

6 *Club Voltaire. Jahrbuch für kritische Aufklärung* I–II, hrsg. v. G. Szczesny, München 1964–65.

7 F. X. Arnold, *Dienst am Glauben. Untersuchungen zur Theologie der Seelsorge* I, Freiburg/Br. 1948. – Ders., *Grundsätzliches und Geschichtliches zur Theologie der Seelsorge* (Unters. z. Theol. d. Seelsorge II), Freiburg/Br. 1949. – Ders., *Seelsorge aus der Mitte der Heilsgeschichte*, Freiburg/Br. 1956.

8 Konstitution über die Kirche in der Welt von heute ›*Gaudium et spes*‹.

9 M. Horkheimer / Th. W. Adorno, *Dialektik der Aufklärung*, Amsterdam 1947.

Solidarität mit damaligen theologischen Bemühungen eingewiesen sehen.
Vielleicht bedurfte es aber der Genialität eines Hegel, um bei allen Verschiedenheiten der zutage liegenden Phänomene die tiefere und wesentlichere Gemeinsamkeit des idealistisch-romantischen Denkens mit der Aufklärung vorher und nachher zu entdecken. In seiner berühmten Auseinandersetzung mit der Aufklärung[10] weiß er herauszustellen, daß Romantik und Idealismus das Anliegen der Aufklärung nicht erledigt, sondern in jenem dreifachen Hegelschen Sinn »aufgehoben« haben. Beiden geht es im Grunde um die Selbstvermittlung des Menschen mit seiner Welt. Die Versöhnung des Menschen mit seiner Welt, die Fichte, Schelling und Hegel auf dem Weg des spekulativen Begreifens herzustellen versuchten, proklamierte Marx als Humanisierung der Welt auf dem Weg der Arbeit[11], und sie geschieht heute in der Technik auf dem Weg der Planung, Steuerung und Manipulation der kosmischen und anthropologischen Prozesse.[12] Es ist eines der erstaunlichsten Phänomene der Geschichte des Geistes, daß das, was vor aller technischen Revolution in einem heute kaum mehr vollziehbaren Mut des Denkens gedacht wurde, heute weitgehend ohne Kenntnis dieses Denkens in der Technik vollstreckt wird und den Alltag eines jeden von uns von Grund auf bestimmt.
So verbindet uns heute über alle Unterschiede hinweg eine epochale Schicksalsgemeinschaft mit dem Anfang des letzten Jahrhunderts. Der Traum der Kindheit und Jugend von damals wird heute im harten und rauhen Alltag des Erwachsenen Wirklichkeit. Daß dabei der Traum der Jugend schöner und reicher ist als der Alltag des Erwachsenen, ist nur allzu leicht verständlich.
Das große Problem, das dieser einen Epoche von damals bis heute aufgegeben ist, ist kein anderes als das der Geschichte. Durch die zuerst theoretische und dann praktische Inbesitznahme des Menschen von seiner Welt und der dadurch be-

10 Hegel, *Phänomenologie des Geistes*, ed. Hoffmeister, Hamburg 1952, 383–413.
11 Marx, *Frühe Schriften* I, Darmstadt 1962, 561 ff., 574, 593 f., 602 ff., 650 ff.
12 H. Freyer, *Theorie des gegenwärtigen Zeitalters*, Stuttgart 1958.

dingten Besitznahme des Menschen von seiner Freiheit ist grundsätzlich alle Wirklichkeit in den Schmelztiegel menschlicher Verfügbarkeit und Planbarkeit geraten. Die Welt ist nun kein Kosmos mehr, der als scheu zu verehrende und zu bewahrende Natur dem Menschen gegenübersteht; die Welt wird nun als geschichtlicher Prozeß verstanden, als Material, aus dem die künftige Welt durch die eigene Tat des Menschen erst erbaut werden soll. So erfahren wir heute eine vorher kaum zu ahnende Vergeschichtlichung aller Daseinsbereiche, in der es kaum mehr etwas Festes und bleibend Gültiges gibt, an das der Mensch sich halten könnte.[13] Die von ihm selbst inszenierte Geschichte droht ihn deshalb selbst unter ihren Wogen zu begraben. Die Geschichte ist heute unser größtes Problem.[14]

Diesem Problem der Geschichtlichkeit, das damals auftauchte[15], versuchte sich die damalige Tübinger Theologie zu stellen. Sie wußte sich als eminent geschichtliche Theologie, und dieser ihr geschichtlicher Charakter ist das sie prägende Unterschiedsmerkmal gegenüber anderen theologischen Richtungen geblieben. Vielleicht ist sie dadurch mehr, als ihr selbst bewußt war, den Anforderungen ihrer Zeit gerecht geworden.

II. Geschichtliche Theologie

Christlicher Glaube und Theologie gründen auf dem geschichtlich ein für allemal ergangenen Wort Gottes und seinem Handeln in der Geschichte. Die geschichtliche Argumentation ist deshalb grundlegend für jede Theologie. In ihrer konkreten Gestalt hat sie jedoch erhebliche Wandlungen erfahren. Patristik und Scholastik lebten die Tradition, sie

13 *Gaudium et spes* Art. 4–10.

14 G. Krüger, *Freiheit und Weltverwaltung*, München 1958.

15 G. Bauer, *Geschichtlichkeit, Wege und Irrwege eines Begriffs*, Berlin 1963. – L. v. Renthe-Fink, *Geschichtlichkeit. Ihr terminologischer und begrifflicher Ursprung bei Hegel, Haym, Dilthey und York* (Abh. d. Ak. d. Wiss. Göttingen. Phil.-hist. Kl., F. 3, 59), Göttingen 1954.

brauchten sie im allgemeinen nicht erst zu beweisen. Die mittelalterlichen auctoritates sollen diese lebendig gegenwärtige Gegenwart der Tradition mehr exemplarisch repräsentieren als unmittelbar beweisen. Erst durch die Reformation und die historische Bibel- und Dogmenkritik war man zum eigentlichen Schrift- und Traditionsbeweis gezwungen. Die *eine* Theologie spaltete sich jetzt in einen positiven und in einen spekulativen Teil.[16]

Diese neuzeitliche theologische Methode erschien den Theologen des letzten Jahrhunderts, die aus dem Geist der Romantik herkamen, zu unorganisch und unlebendig. Sie suchten deshalb eine neue Form geschichtlicher Theologie, in der die Theologie als solche nach Gegenstand und Methode geschichtlich orientiert war und nicht nur einen geschichtlichen Beweis zu führen hatte.[17]

»Das Christentum als eine positive göttliche Religion ist eine zeitliche Erscheinung, eine Tatsache.«[18] Die Theologie als solche hat es also nicht mit allgemeinen Ideen und abstrakten Prinzipien zu tun, sondern mit Geschichte. Die Umwandlung der Geschichte in Philosophie, des Historisch-Realen in Ideen, des positiven Glaubens in Spekulation bedeutet für Drey nicht weniger als die Aufhebung des Christentums; diesen Versuch findet er in der Gnosis, im Schwärmertum und im zeitgenössischen Idealismus.[19] Deshalb fordert er eine geschichtlich vorgehende Theologie; er entwickelte schon damals einzelne Elemente historisch-kritischen Denkens und forderte schon in seiner Zeit ein »Theologisches Wörterbuch zum Neuen Testament«[20].

Geschichte bedeutet aber auch für Drey mehr als bloße historische Faktizität[21] und bloße Vergangenheit, die man anti-

16 W. Kasper, *Die Methoden der Dogmatik*, München 1967.

17 J. R. Geiselmann, *Die Glaubenswissenschaft der katholischen Tübinger Schule in ihrer Grundlegung durch Johann Sebastian Drey*, in: ThQ 111 (1930), 49–117.

18 J. S. Drey, *Vom Geist und Wesen des Katholizismus*, in: Geiselmann, *Geist des Christentums*, 195.

19 A. a. O. 201 f.

20 J. S. Drey, *Kurze Einleitung in das Studium der Theologie mit Rücksicht auf den wissenschaftlichen Standpunkt und das katholische System*, Tübingen 1819, 78 f.

quarisch und museal erforschen und bewahren kann. »Aber keine Tatsache überhaupt ist momentan, d. h. keine erlischt und verschwindet in dem Augenblicke wieder, in dem sie entstand; sie greift vielmehr ein in die Reihe und das Zusammenwirken aller übrigen, breitet sich aus und hemmt oder beschleunigt, oder ändert ab ihre gemeinsame Wirkung in engeren oder weiteren Kreisen; dadurch erlangt sie ihre eigene Geschichte.«[22] Hier deutet sich die heutige Unterscheidung zwischen Historie und Geschichte (R. Bultmann) bereits an; zur Geschichte eines jeden Ereignisses gehört seine Wirkungsgeschichte und Zukunft mit hinzu (H. G. Gadamer); es läßt sich nur begreifen aus dem organischen Ganzen seiner Vor-, Zeit- und Nachgeschichte, durch die es lebendig in die Gegenwart hereinragt. Daraus folgt, daß man Geschichte nicht nur als Ansammlung einzelner historischer Fakten begreifen kann, daß man das Geschichtliche am Christentum nicht als altes, vergilbtes Dokument, sondern als lebendiges Ganzes und als Überlieferung, die zugleich lebendige Gegenwart ist, verstehen muß. Der Glaube, der wesentlich auf Jesus Christus verwiesen ist, hat diesen irdischen Jesus nicht nur in subjektiver Erinnerung und durch historische Forschung, sondern »objektiv« als in der Kirche fortlebenden und weiterwirkenden Herrn.[23]

Dieser organische Geschichtsbegriff bedeutet die Überwindung der bisherigen Methode der dicta probantia und darüber hinaus der bisherigen Zweiteilung in positive und systematische Theologie. Schon in der Geschichte ist System gegeben und sind Ideen wirksam. Die Tübinger übernehmen dazu von Schellings »Methode des akademischen Studiums« (1802) die Methode der historischen und philosophischen

21 Zum wahren Begriff der Positivität vgl. F. A. Staudenmaier, *Die christliche Dogmatik* I, Freiburg/Br. 1844, 11 ff.

22 Drey, *Vom Geist und Wesen*, 195. Ebenso: J. A. Möhler, *Die Idee der Geschichte und Kirchengeschichte*, in: Geiselmann, *Geist des Christentums*, 391 f., 484. – Ders., *Die Einheit in der Kirche*, hrsg. v. J. R. Geiselmann, Darmstadt 1957, 327.

23 Drey, *Vom Geist und Wesen*, 196 ff. – Ders., *Die Apologetik als wissenschaftliche Nachweisung der Göttlichkeit des Christentums in seiner Erscheinung* I, Mainz [2]1844, 372 ff.

Konstruktion des Christentums.[24] Es gilt ihnen in der Geschichte die eine, alles umgreifende und gestaltende Idee zu erkennen und diese in ihrer dialektischen Selbstentfaltung zu begreifen. Als Theologen erkennen sie in dieser Idee den ewigen Heilsplan Gottes, der sich in der Geschichte verwirklicht und in Jesus Christus zu seiner Erfüllung kommt.[25] In anderer Formulierung sprechen sie von der Idee des Reiches Gottes, die alles umgreift und die sich geschichtlich realisiert.[26] Das geschichtliche Denken bestimmt also nicht nur die spezifisch positive Theologie, vielmehr besteht die Eigenart der Tübinger Theologen darin, daß auch die spekulative Theologie geschichtliches Denken ist. Die Spekulation besteht für die Tübinger nicht darin, aus den Ergebnissen der positiven Theologie nun Konklusionen zu ziehen oder ihnen von außen her eine Metaphysik oder eine Transzendentalphilosophie überzuwerfen, sondern vielmehr in der denkerischen Verknüpfung der geschichtlichen Ereignisse mit der einen Grundidee zu einem organischen System, das in Anlehnung an den patristischen Sprachgebrauch als »Philosophie des Christentums« bezeichnet werden kann.

Für Staudenmaier besteht diese dialektische Vermittlung (noch mehr neuplatonisch gedacht) in einer schöpferischen geistigen Wiederholung, einer Nachkonstruktion der empirischen Geschichte auf einer höheren Stufe der Reflexion.[27] Kuhn, der dieses Verständnis der Dialektik ablehnt, geht entsprechend dem Geist des deutschen Idealismus im geschichtlichen Denken noch einen wesentlichen Schritt weiter: die spekulative Dialektik ist nicht eine bloße Wiederholung der historischen Dialektik, sondern deren Weiterführung.[28] Die so durch und durch geschichtlich verstandene Spekulation bedenkt die geschichtliche Herkunft des Glaubens auf seine mögliche Zukunft und damit auf seine aktuelle Verständlich-

24 Schelling, *Vorlesungen über die Methode des akademischen Studiums* (1802), in: *Werke* III, ed. Schröter, München 1958, 308–327.

25 Geiselmann, *Die katholische Tübinger Schule*, 280–346.

26 A. a. O. 191–279. – J. Rief, *Reich Gottes und Gesellschaft nach J. S. Drey und J. B. Hirscher* (Abh. z. Moraltheol. 7), Paderborn 1965.

27 Staudenmaier, *Die christliche Dogmatik* I, 22, 112 f., 144 f., 165, 169 u. ö.

28 J. E. Kuhn, *Katholische Dogmatik* I, Tübingen ²1859, 242 f., 246.

keit hin. Das geschieht aber nicht wie bei Hegel auf dem Weg der Negation der Negation und dadurch, daß alle konkreten geschichtlichen Inhalte im absoluten Begriff aufgehoben werden; die theologische Spekulation kann ihren geschichtlichen Ausgangspunkt nie verlassen und überschreiten, sie geschieht deshalb im Unterschied zu Hegel auf dem Weg der Determination und im Unterschied zur Methode der Abstraktion in der Scholastik auf dem Weg der Induktion.[29]

Im kritischen Anschluß an Hegel begreift Kuhn die sinnliche Erfahrung als das noch Unbestimmte, Allgemeine, das erst durch die Vermittlung des begrifflichen Denkens und seiner ur-teilenden Zergliederung zur konkreten Idee fortbestimmt wird; in dieser konkreten Idee sind die allgemeine Einheit der Anschauung und die begriffliche Vielheit dialektisch ineinsgesetzt zur konkreten Idee.[30] Die letzte konkrete Idee, die alles in sich zusammenfaßt, ist die Offenbarung des einen Gottes in Jesus Christus.[31]

Ein so radikal durchgehaltenes geschichtliches Denken mußte in seiner letzten Konsequenz über den idealistischen Grundansatz hinausführen und das idealistische Identitätsdenken überwinden, das Freiheit und Notwendigkeit, Wirklichkeit (Geschichte) und Wahrheit, Denken und Sein identifiziert. Diese idealistische Identität gibt erst die innere Ermöglichung einer philosophischen Konstruktion der Geschichte. Wird diese Zweideutigkeit aber zugunsten einer eindeutig geschichtlichen Sicht durchbrochen, so hat das zugleich methodische Konsequenzen. Bereits der mehr historisch als spekulativ orientierte Möhler meldet deshalb deutliche Vorbehalte gegen die philosophische Konstruktion an.[32] Bereits er erkennt, daß die Geschichte die eigentliche Denkform des Christentums ist, und er sieht darin den Unterschied zum heidnisch-antiken Denken, das darin in einer gewissen Wahl-

29 A. a. O. 240 ff. Dazu: J. R. Geiselmann, *Die lebendige Überlieferung als Norm des christlichen Glaubens,* Freiburg/Br. 1959, 211–268. – Ders., *Die katholische Tübinger Schule,* 369–425.

30 Kuhn, *Katholische Dogmatik,* 45–55.

31 A. a. O. 290.

32 J. A. Möhler, Besprechung zu: A. Gengler, *Über das Verhältnis der Theologie zur Philosophie,* Landshut 1826, in: *ThQ 9* (1827), 515–517.

verwandtschaft zum Idealismus seiner Zeit steht. In der heidnischen Antike ist das Schicksal, das fatum, die Notwendigkeit, im Christentum dagegen die freie geschichtliche Providenz Gottes das letzte Prinzip.[33]

Diesen wichtigen Gedanken greift vor allem F. A. Staudenmaier in seiner späteren Zeit auf.[34] Er denkt ihn im Anschluß an die Spätphilosophie Schellings weiter. Wie der spätere Schelling, so überwindet nun auch er die dialektische Identität von Notwendigkeit der Idee und Freiheit der Geschichte.[35] Die Freiheit Gottes wird jetzt für Staudenmaier das einzige, wahre, ewige Maß, die Urbestimmung, das Prinzip von allem; sie ist die Grundbedingung des Werdens des göttlichen Reiches. Das Christentum ist das System der göttlichen Freiheit und göttlichen Persönlichkeit, die sich in göttlichen Taten äußern. Diese Einsicht bedeutet nun aber auch methodologisch einen entscheidenden Schritt über Drey hinaus, der noch ganz dem Denken des Hochidealismus verhaftet blieb. Für Staudenmaier wird jetzt alles theologische Erkennen zu einer höheren Art der Erfahrung; Freiheit ist letztlich unableitbar, sie kann nur erfahren werden, wenn sie sich in der Geschichte offenbart.

Mit seinen späten Erkenntnissen kommt Staudenmaier der gegenwärtigen philosophischen und theologischen Problematik sehr nahe. Das bedeutet jedoch, daß uns heute vieles an der Art geschichtlichen Denkens und Spekulierens der älteren Tübinger Schule sehr fremd und nicht mehr direkt vollziehbar geworden ist. Unsere Situation unterscheidet sich von der damaligen in dreifacher Hinsicht:

1) Die Tübinger Theologie liegt vor dem Aufkommen der eigentlich historisch-kritischen Methode in unserem heutigen Sinn, auch wenn sie andeutungsweise schon manches vorweggenommen hat. Ebenfalls liegt zwischen uns und den Tübin-

33 J. A. Möhler, *Einleitung in die Kirchengeschichte,* in: *Gesammelte Schriften und Aufsätze* II, hrsg. v. J. Döllinger, Regensburg 1840, 261–271.

34 F. A. Staudenmaier, *Das Göttliche Prinzip in der Geschichte und seine Bedeutung für Philosophie und Theologie,* in: *Jb. f. Theol. u. Phil.* IV (1835), 3–48.

35 B. Casper, *Der Systemgedanke in der späten Tübinger Schule und in der Neuscholastik,* in: *PhJ* 72 (1964–65), 161–172.

ger Theologen zu Beginn des letzten Jahrhunderts das Aufkommen der positiven Wissenschaften. Durch dieses positive Denken ist unser Wissen über sämtliche Lebensbereiche immer mehr differenziert und auch dissoziiert worden, daß eine geschichtliche und philosophische Konstruktion des Christentums aus einer Idee heute nur noch durch eine unverantwortliche Harmonisierung und Verkürzung möglich wäre.

2) Auch das eigentliche philosophische Denken bedenkt heute die Geschichte radikaler als damals. Es bewegt sich in der Richtung, in die der späte Schelling und Staudenmaier vorausgewiesen haben. Besonders die Philosophie im Gefolge M. Heideggers versucht Sein im Horizont der Zeit zu denken und auf diese Weise die ganze abendländische Metaphysik seit Platon zu überfragen. Sie will das Sein nicht mehr im Horizont von Idee, Wesen, Substanz, Natur, sondern im Horizont der Zeit und der Geschichte denken. Die Zeit wird so zum äußersten Horizont aller Wirklichkeit, und das besagt, daß diese Wirklichkeit nicht mehr vom denkenden Subjekt »bewältigt« und spekulativ durchschaut und philosophisch konstruiert werden, sondern nur noch als Ereignis erfahren, erwartet und entgegengenommen werden kann. Denken wird so zum verdanken dessen, was ist; es wird wieder zum Staunen darüber, daß überhaupt etwas ist, es gewinnt wieder Raum für das Offene, Ungedachte, Unableitbare, für das Geheimnis. Inwiefern sich hier neue Möglichkeiten zur Erfahrung des Heiligen, ja Gottes auftun, bleibt noch abzuwarten.[36]

3) Dieser philosophischen Richtung entspricht eine starke Tendenz innerhalb der Theologie. Die moderne Theologie hat die Relevanz und zentrale Stellung der Eschatologie wieder entdeckt. Die Eschatologie ist zum Wetterwinkel der modernen Theologie (H. U. v. Balthasar) geworden. Man erkennt immer mehr, daß die Eschatologie nicht nur ein regionaler Traktat am Ende der Dogmatik sein darf, sondern das Ganze theologischen Denkens prägen muß. Diese Einsichten

36 M. Müller, *Existenzphilosophie im geistigen Leben der Gegenwart,* Heidelberg [3]1964. O. Pöggeler, *Der Denkweg Martin Heideggers,* Pfullingen 1963.

führten aber bei A. Schweitzer und K. Barth in je verschiedener Weise zum Ende der idealistisch bestimmten Theologie; sie bewirken, daß unser heutiges Verhältnis zur Tübinger Theologie des letzten Jahrhunderts nur noch ein gebrochenes sein kann. Die Botschaft vom Kommen der Herrschaft Gottes muß heute in einem ganz anderen Sinn Zentralidee der Theologie werden als damals. Sie fordert ein theologisches Denken, das nicht mehr im Horizont der Natur und der ewigen Ideen, sondern der Geschichte und der Freiheit sich vollzieht.

Dort, wo sich der größte Abstand zwischen damals und heute zeigt, erweist sich aber auch wieder eine enge Problemgemeinschaft. Die so universal und nicht nur partikular gedachte und deshalb nicht auf einen bestimmten Bereich regional eingrenzbare Geschichtlichkeit aller Wirklichkeit kann nämlich nicht mehr von außen her »bewältigt« werden. Man kann weder in einen absolut ungeschichtlichen noch in einen übergeschichtlichen Raum ausweichen. Man kann nur versuchen nachzuweisen, daß Geschichte nicht baren Relativismus bedeutet, sondern daß sie als solche Tradition, Institution, Freiheit als unantastbares Absolutum und damit die bleibende Gültigkeit des Geistigen einschließt; das alles sind bleibende und wesentliche Konstitutiva der Geschichte selbst, ohne die sie nicht mehr Geschichte wäre.[37] So impliziert also geschichtliches Denken eine immanente »Vernünftigkeit«, die freilich nie in ein System verrechenbar ist, wohl aber bis zu einem gewissen Grad aufweisbar sein kann.

Von diesen Überlegungen her kann man den methodologischen Ansätzen der Tübinger Theologie, besonders in ihrer fortentwickelten Spätform bei Kuhn und Staudenmaier, wieder gerecht werden und sie darüber hinaus als Ansatz für neue hermeneutische Möglichkeiten des Verstehens aufgreifen. Auch die gegenwärtige Hermeneutik versucht ja, den Zwiespalt zwischen geschichtlicher und systematischer Methode zu überwinden.[38] Sie anerkennt, daß geschichtliches

37 A. Darlapp, Art. *Geschichtlichkeit*, in: *Handb. theol. Grundbegr.* I, 1962, 491 bis 497.

Verstehen nur unter einem vorgängigen »systematischen«, d. h. hier übergreifenden Vorurteil und Denkhorizont möglich ist, der freilich jeweils neu an der Erfahrung gemessen werden muß; dabei kann es eine Horizontverschiebung, -erweiterung oder -verschmelzung geben; grundsätzlich sind jedoch historisches und systematisches Erkennen untrennbar verbunden, so daß es als möglich erscheint, eine künftige Meta-Physik in eine Meta-Historik überzuführen.[39]

Solche Überlegungen könnten auch einer erneuerten theologischen Methodologie weiterhelfen. Die gegenwärtige Theologie ist gekennzeichnet durch eine erhebliche Spannung zwischen Historie – besonders der Exegese – und der Dogmatik. Die Dogmatik ihrerseits muß diese Spannung in sich selbst austragen in der Zweiheit von positiver und spekulativer Methode, zwischen Existenz- und Essenztheologie.[40] Diese Dissoziation ist nur zu überwinden durch eine erneute Besinnung auf den wesentlich und umfassend geschichtlichen Charakter theologischen Denkens, das die Systematik nicht neben, sondern in sich hat. Theologie müßte sich dann im Grunde entfalten lassen durch Darlegung der Implikationen des geschichtlich ergangenen Wortes und der Christologie, als Entfaltung der immanenten Logik des Glaubens.

In diesem Zusammenhang erlangt die durch Drey vollzogene Zuordnung von historisch einmaliger Tatsache und deren Selbstexplikation in der Wirkungsgeschichte dieser Tatsache, oder in der Sprache der damaligen Theologie: deren Einordnung in den organischen Zusammenhang des (geschichtlich verstandenen) Systems, erneut an Bedeutung. In dem geschichtlichen Gang vom AT zum NT, von der Schrift zur altkirchlichen Schriftauslegung, vom Kerygma zum Dogma, vom spezifisch antikmittelalterlichen zum spezifisch neuzeitlichen Denken, von östlicher zu westlicher Theologie ereignet sich so etwas wie eine immanente Selbstauslegung, Selbstentmythologisierung und Selbstkonkretisierung des ursprüngli-

38 H. G. Gadamer, *Wahrheit und Methode. Grundzüge einer philosophischen Hermeneutik*, Tübingen [2]1965, ausdrücklich 5.

39 Müller, *Existenzphilosophie*, 251.

40 Kasper, *Die Methoden der Dogmatik*.

chen Glaubens, dem die Theologie nachspüren kann, um damit zum inneren Verstehen des Glaubens zu gelangen. Dafür kann es allerdings, wie schon J. E. Kuhn ausgesprochen hat[41], keine absolut aufweisbaren Kriterien geben. Es bedarf vielmehr eines geistigen und christlichen Taktes, eines theologischen Feingespürs, der »Augen des Glaubens« (P. Rousselot), um aus den vielen geschichtlichen traditiones die eine traditio Christi zu vernehmen. Das wieder ist nicht möglich ohne einen vorgängigen Verstehenshorizont, eine Leitidee, die freilich selbst wieder Ergebnis vorhergehender geschichtlicher Erfahrung ist und auf sie bestätigende, korrigierende, weiterführende und integrierende künftige geschichtliche Erfahrung vorausweist.[42]

Es könnte scheinen, daß damit alles dem Wechsel der Geschichte ausgeliefert wäre, so daß es niemals festen und endgültigen Glauben geben könne. Auf diese Frage soll die Darlegung der kirchlichen Gestalt des Glaubens und der Theologie eine Antwort geben. Durch die Kirche vermitteln die Tübinger nämlich im Geist des Idealismus Wahrheit und Geschichte.

III. Der kirchliche Charakter der Theologie

Die Theologie der Tübinger Schule hat einen entscheidenden Beitrag geleistet zur Erneuerung und Vertiefung des kirchlichen Bewußtseins im letzten wie in diesem Jahrhundert. Die starke Betonung der Kirchlichkeit des Glaubens und der Theologie ist begründet in dem geschichtlichen Ansatz dieser Theologie. J. S. Drey ging davon aus, daß der christliche Glaube bleibend an die geschichtliche Person Jesu Christi gebunden ist. Diese unmittelbare Bindung an Christus ist ihm aber nur dadurch möglich, daß das ursprüngliche Faktum in

41 Kuhn, *Katholische Dogmatik*, 215 f., 219 ff. Vgl. auch B. Welte, *Ein Vorschlag zur Methode der Theologie heute*, in: Ders., *Auf der Spur des Ewigen*, Freiburg/Br. 1965, 410–426.

42 W. Kasper, *Dogma unter dem Wort Gottes*, Mainz 1965, 106 ff., 122 ff., 126 bis 134.

der Kirche, in ihrer Liturgie und in ihrem ganzen sonstigen Leben eine objektive Fortdauer besitzt. Die Kirche ist nichts anderes als die Offenbarung in ihrer lebendigen Fortbewegung und Selbstüberlieferung zu beständiger Gegenwart.[43] Nach Möhler ist die Kirche »die objektiv gewordene göttliche christliche Religion, ihre lebendige Darstellung«[44]; in ihr hat Christi Wort Fleisch und Blut angenommen, es ist »ihr Herzblut, ihr Odem, ihre Seele, ihr alles« geworden.[45] Mit Hilfe der romantischen Volksgeistlehre vermittelt er die geschichtliche Einmaligkeit mit der bleibenden Gegenwart in der Geschichte. »So ist denn die sichtbare Kirche, von dem eben entwickelten Gesichtspunkt aus der unter den Menschen in menschlicher Form fortwährend erscheinende, stets sich erneuernde, ewig sich verjüngende Sohn Gottes, die andauernde Fleischwerdung desselben, so wie denn auch die Gläubigen in der Heiligen Schrift der Leib Christi genannt werden.«[46]

Gerade diese ekklesiologische Vermittlung von Einmaligkeit und Fortdauer des Christusereignisses hat jedoch den Tübinger Theologen, besonders von seiten der Schule K. Barths, heftigste Kritik eingetragen.[47] Neuerdings spricht man auch innerhalb der katholischen Theologie oft von einem organologischen romantischen Mißverständnis der Kirche bei den Tübingern. Man wirft ihnen vor, Christus gehe hier gleichsam in der Kirche auf, es werde hier die Überordnung Christi über die Kirche nicht mehr gewahrt und die qualitative Einmaligkeit und bleibende Normativität des Christusereignisses nicht mehr ernst genommen. Die Kirche besitze hier kein kritisches Gegenüber mehr, sie schöpfe einfach aus ihrem eigenen Selbstbewußtsein; das bedeutet jedoch letztlich einen theologischen Idealismus, wie er in extremer Weise im Modernismus hervorgetreten ist.

43 Drey, *Vom Geist und Wesen*, 196 ff. Ders., *Apologetik*, 372 ff.

44 J. A. Möhler, *Symbolik*, hrsg. v. J. R. Geiselmann, Darmstadt 1958, 389.

45 A. a. O. 438.

46 A. a. O. 389. Zum rechten Verständnis dieser Stelle vgl. W. Kasper, *Die Lehre von der Tradition in der Römischen Schule*, Freiburg/Br. 1962, 141 f.

47 K. Barth, *Kirchliche Dogmatik* I/2, Zollikon–Zürich ^{5}1960, 622 ff.

Eine einseitige organologisch verstandene Corpus-Christi-mysticum-Ekklesiologie ist deshalb nicht zuletzt durch das Konzil durch die Betonung des Bildes vom Volk Gottes, das pilgernd unterwegs ist, sich stets bußfertig erneuern muß, das nicht über, sondern unter dem Wort Gottes steht, aufgefangen worden. Das führt zu einer wesentlich nüchterneren und geschichtlicheren Sicht der Kirche; die Kirche bleibt so stets normiert durch den sie begründenden Anfang, der ihr konkret in der Schrift bezeugt ist und durch ihr eschatologisches Ziel, in das sie vorausweist.

Es wäre töricht zu meinen, alle diese Aspekte heutiger Ekklesiologie seien schon bei den Tübingern gegeben. Wir müssen heute manches kritischer sehen und differenzierter sagen, als es ihnen möglich war. Trotzdem darf man auch nicht das tiefe Anliegen verkennen, das hinter der Organismusidee steht, zumal schon die Tübinger Theologen die Grenzen des Denkmodells eindeutig erkannt haben und unserer heutigen Problematik dadurch sehr nahe kommen.

Schaut man auf den geistigen Hintergrund und das Anliegen der Organismusidee[48], so kann man leicht feststellen, daß der Begriff Organismus aus der Geistigkeit des Idealismus heraus nicht biologisch zu verstehen ist. Hinter dieser Idee steht nicht der erst viel spätere Darwin, sondern Schelling und Hegel. Das biologistische Mißverständnis ist erst für uns heute gegeben, nachdem wir durch den Biologismus hindurchgegangen sind. Für Schelling dagegen ist der Organismus ein Analogon des Geistes und eben nicht eine untergeistige Größe.[49] Er ist die geschichtlich vermittelte Identität von naturhafter Gesetzmäßigkeit und Freiheit des Geistes[50], das Sich-selbst-objektiv-Werden des Geistes an und in der Natur.[51] Hegel, der solche Ideen weiterführend aufgreift, sieht im Staat die Vermittlung von Natur und Freiheit, in ihm hat die Vernunft ihre Wirklichkeit gefunden;[52] die Freiheit des

48 Vgl. dazu Rief, *Reich Gottes und Gesellschaft*, 252–264.

49 Schelling, *Abhandlungen zur Erläuterung des Idealismus der Wissenschaftlehre*, in: *Werke* I, ed. Schröter, 310 ff. u. ö.

50 Schelling, *Von der Weltseele*, a. a. O. 595, 698.

51 Schelling, *System des transzendentalen Idealismus*, in: *Werke* II, 488–500.

52 Hegel, *Grundlinien der Philosophie des Rechts*, ed. Hoffmeister, Hamburg

einzelnen ist eine abstrakte Größe, die nur dort Raum haben kann, wo die Freiheit allgemein eine anerkannte Macht ist[53], wo also diese Vermittlung von Freiheit und Wirklichkeit in organischer Entwicklung geschehen ist, wie es im Rechtsstaat der Fall ist.[54]

Die auf den Staat, die Gesellschaft oder auch auf die Kirche übertragene Organismusidee hat also keinen anderen Zweck, als Natur und Geschichte in einer zweiten, durch die Freiheit in der Geschichte hervorgebrachten Natur zu vermitteln. Damit ist die ungeschichtliche, naturhafte, antike und die neuzeitlich-geschichtliche Weltsicht, die vom Menschen und seiner Freiheit her entworfen ist, vermittelt in der geschichtlich gewordenen und nun als eine Art zweiter Natur bestehenden gesellschaftlichen Institution. Sie ist nun die Vernunft in der Geschichte und damit der Versuch der Lösung des Problems, wie Geschichtlichkeit und Wahrheit vermittelt werden können.

Sehr deutlich stehen solche Gedankengänge im Hintergrund des Denkens von F. A. Staudenmaier, der nach Drey vielleicht am nachhaltigsten die Idee vertreten hat, in der Kirche dauere die ursprüngliche Offenbarung fort.[55] Der positive Glaube wird in der verstehenden Aneignung durch den Menschen zunächst subjektiviert und individualisiert, und er nimmt so die mannigfachen Formen und Gestalten an. Damit ist aber der dialektische Prozeß nicht zu Ende, er muß ins Objektive zurückkehren, das geschieht durch die kirchliche Gestalt des Glaubens, im Dogma. Das Dogma ist die durch die geschichtliche subjektive Aneignung hindurch vermittelte

[4]1955, 207 ff. u. ö. Ders., *Enzyklopädie der philosophischen Wissenschaften im Grundrisse* (1830), ed. Nicolin-Pöggeler, Hamburg [6]1959, 413.

53 Hegel, *Enzyklopädie*, 389, 396 f., 402 u. ö.

54 Hegel, *Grundlinien der Philosophie des Rechts*, 297. – Ders., *Enzyklopädie*, 426 ff. Dazu: J. Ritter, *Hegel und die Französische Revolution*, Frankfurt/M. 1965. G. Rohrmoser, *Subjektivität und Verdinglichung. Theologie und Gesellschaft im Denken des jungen Hegel*, Gütersloh 1961. Dieser Aspekt wird selbstverständlich besonders von der marxistischen Hegelinterpretation aufgegriffen, vgl. neuerdings R. Garaudy, *Gott ist tot. Das System und die Methode Hegels*, Frankfurt/M. 1965.

55 F. A. Staudenmaier, *Encyklopädie der theologischen Wissenschaften* I, Mainz [2]1840, 410 ff., 752 ff.

objektive Gestalt des Glaubens.[56] In ähnlicher Weise kann Kuhn sagen, daß bei der objektiven Dialektik des Glaubens in der kirchlichen Lehrentwicklung, in der sich der Glaube seinen Ausdruck je neu schafft, der einzelne Gläubige sich an das Glaubensbewußtsein seiner Zeit zu halten habe.[57] Wahrheit und Geschichte werden also auch hier über die Kirche vermittelt.

Erkennt man diese tiefe Bedeutung der auf die Kirche angewandten Organismusidee, dann wird ihr geistesgeschichtlicher Rang wie ihre aktuelle Bedeutung offenkundig. Es handelt sich um den auch heute wieder unternommenen Versuch, ohne in ein vorgeschichtliches naturhaftes Denken zurückzufallen, einer absoluten Vergeschichtlichung dadurch zu entgehen, daß man eine Theorie der gesellschaftlichen Institution entwickelt.[58] Damit kann man die Ungeschichtlichkeit eines Denkens in ewigen Wahrheiten ebenso vermeiden wie die Weltlosigkeit und Inhaltlosigkeit eines in sich kreisenden Denkens der Subjektivität. Die Kirchlichkeit der Theologie wird damit zu einem inneren Moment an der Wahrheit des Glaubens, das jeden Schein einer heteronomen Bevormundung von vornherein vor sich weisen kann.

Jedoch haben die Tübinger sehr bald auch die Grenzen des so organologisch verstandenen kirchlichen Denkens erkannt. Dadurch haben sie selbst das überwunden, was man als organologisches Mißverständnis anprangern möchte und was sachlich auf eine Selbstabsolutsetzung der Kirche hinausläuft, die der Hegel oft vorgeworfenen Vergötzung des Staates entsprechen würde.

Vor allem waren es F. Baur und D. F. Strauß, bei denen Möhler und Kuhn die Gefahren des idealistischen Denkens und der romantischen Volksgeistlehre in akuter Form begegneten. In der Auseinandersetzung mit Baurs progressiver spekulativer Dialektik des Glaubens war Möhler gezwungen, auf seinen anfänglichen klassizistischen Geschichtsbegriff zu-

56 Staudenmaier, *Die christliche Dogmatik*, 36 ff., 53 ff., 90 ff.

57 Kuhn, *Katholische Dogmatik*, 195.

58 H. Schelsky, *Auf der Suche nach der Wirklichkeit*, Düsseldorf 1965.

rückzugreifen und die bleibende Normativität des »Anfangs in der Fülle« zu betonen.[59] Die kirchliche Tradition kann ihm jetzt nur eine beständig regressive Bewegung zu diesem den Glauben der Kirche begründenden unüberholbaren Anfang in Jesus Christus sein. Dabei will Möhler freilich die progressive Dialektik nicht aufgeben zugunsten eines einseitigen ungeschichtlichen Positivismus; aber diese progressive Dialektik bezieht sich für ihn auf das rechte lebendige Verständnis des Glaubens, nicht jedoch auf dessen Inhalt.[60]

Stand bei Möhler die Auseinandersetzung mit F. Baur am Ende seines theologischen Entwicklungsganges, so steht bei Kuhn die Auseinandersetzung mit D. F. Strauß gleich am Anfang seines wissenschaftlichen Weges. Kuhn konnte sich deshalb mit der romantischen Volksgeistlehre niemals befreunden.[61] Sein Denken bewegte sich vielmehr immer mehr hin auf die Anerkennung nicht nur der inhaltlichen Vollständigkeit der Schrift in Sachen des Glaubens, sondern auf eine relative Vorordnung und Normativität der Schrift gegenüber der späteren Tradition.[62] Kuhn unterscheidet sehr klar zwischen der Lehre Christi und seiner Apostel als der Quelle der Wahrheit und der Lehre der Kirche als dem aus dieser Quelle entsprungenen Strom; dadurch wird die Schrift als Niederschlag der apostolischen Lehre zum Grundbeweismittel der Dogmatik, das auch zum Nachweis der Reinerhaltung der apostolischen Lehre in der Kirche dient.[63] Der Schrift kommt jetzt also eine gewisse kritische Instanz in der Kirche zu, wenngleich eine absolute Gegenüberstellung nach katholischer Lehre unmöglich ist und der bereits dargestellten Objektivität des Glaubens gegenüber einer bloß subjektiven Schriftauslegung nicht gerecht würde.

Durch diese Öffnung des in sich geschlossenen Organismus der Kirche auf den ihn begründenden normativen, in der

59 Geiselmann, *Lebendiger Glaube*, 383 f.

60 J. A.Möhler, *Neue Untersuchungen der Lehrgegensätze zwischen den Katholiken und Protestanten*, Mainz ²1835, 492; vgl. 499, 507 f.

61 Geiselmann, *Die lebendige Überlieferung*, 12 f. u. ö.

62 Kuhn, *Katholische Dogmatik*, 222 ff.

63 Kasper, *Die Methoden der Dogmatik*, 39 ff.

Schrift bezeugten Anfang hin tut die Tübinger Theologie einen ersten Schritt zu einer biblisch orientierten systematischen Theologie[64], von der schon die Fragestellung und Ansätze und nicht erst die nachträglichen Beweise für anderswoher bekannte Thesen genommen werden müssen. Kirchliche Theologie bedeutet jetzt mehr als bloße Denzinger- und Enzykliken-Theologie, die in ihrer einseitigen Orthodoxie geradezu erstarren muß, wenn sie sich nicht beständig von den Quellen her erneuert.[65]

Weil und insofern die Kirche in der Schrift eine Instanz besitzt, die ihr wenigstens relativ übergeordnet ist, gibt es auch eine legitime kritische Funktion der Theologie innerhalb der Kirche. Der Theologe braucht sich nicht nur als eine Art Funktionär des Lehramtes zu verstehen, wenngleich sich sein Wächteramt gegen die ganz andersartige Dienstfunktion des pastoralen Hirtenamtes in der Kirche nicht ausspielen läßt. Beide haben je auf eine spezifische Weise der Einheit der Kirche zu dienen und sich in gegenseitigem Aufeinanderhinhören zu dienen (Röm 12,4–8; 1 Kor 12,4–11; Eph 4,11–13). Das Klima der Tübinger Theologie, das sich bis heute durch diese enge Verbindung von ungeteilter Kirchlichkeit und recht verstandener theologischer Liberalität auszeichnet, hat deswegen nichts mit einem unkirchlichen Liberalismus gemein, als den man es lange Zeit verdächtigt hat; es gründet vielmehr in der recht verstandenen christlichen Freiheit, die in der unbedingten Bindung an das Wort des Evangeliums als letzter Instanz begründet ist.[66]

Die Kirchlichkeit der Theologie besitzt heute noch einen weiteren Aspekt, der damals noch nicht voll zum Bewußtsein kommen konnte. Die Kirche versteht sich auf dem Vatikanum II wesentlich als missionarische Kirche. Kirchliche Theologie wird darum immer auch missionarische Theologie

64 Dogmatische Konstitution über die Offenbarung ›*Dei verbum*‹ Art. 24. – Dekret über die Ausbildung der Priester ›*Optatam totius*‹ Art. 16.

65 Pius XII., Enzyklika ›*Humani generis*‹ v. 12. 8. 1950. Zit. A. Rohrbasser, *Heilslehre der Kirche*, Freiburg/Br. 1953, Nr. 466.

66 H. Fries, Art. *Theologie*, in: *Handb. theol. Grundbegr.* II, 1963, 646. – H. Küng, *Theologie und Kirche* (Theol. Meditationen 3),Einsiedeln 1964.

sein müssen, die das Kriterium ihrer Sachgemäßheit nicht nur im Konsens mit denen besitzt, die schon glauben, sondern auch in der Verständlichkeit der kirchlichen Botschaft bei denen, die noch nicht oder nicht mehr glauben. Gerade heute ist es der Verantwortung des Theologen aufgetragen, dafür zu sorgen, daß das Erbe kirchlicher Tradition nicht bloß ein musealer Besitz bleibt, sondern zu lebendigem, fruchtbarem und kritischem Kontakt mit dem geistigen Zeitbewußtsein gelangt. Die Theologie muß darum auch wagende und experimentierende Theologie sein dürfen. Die Idee Kuhns vom vorwärtsgerichteten Charakter theologischer Spekulation gewinnt hier erneut an Bedeutung.

Durch den Dienst des Theologen besitzt die objektive Gestalt des christlichen Glaubens in der Kirche nochmals eine eminent geschichtliche Dimension. Um das Problem der Geschichte zu lösen, bedarf es also eines nochmaligen letzten Ansatzes. Letztlich ist diese Frage nur am Gottesproblem zu entscheiden, wie sich überhaupt der spezifische Charakter von Theologie als Rede von Gott an der Weise ihres Sprechens von Gott entscheidet.

IV. Theologisches Reden von Gott

Theologie ist letzlich Rede von Gott und seinem Wort. Dieses Sprechen von Gott ist jedoch auf Grund der bisher besprochenen Vergeschichtlichung aller Wirklichkeit in eine tiefe Krise geraten, die sich schon seit Beginn der Neuzeit abzeichnet und die im deutschen Idealismus bisher vielleicht am gründlichsten durchdacht worden ist. Das Charakteristikum des neuzeitlichen Denkens von Gott besteht darin, daß Gott zum Medium und Ermöglichungsgrund des geistigen Selbstvollzugs des Menschen wird. Das Unendliche wird zu einem Moment, zur Tiefendimension des Endlichen, oder – was auf dasselbe hinausläuft – das Endliche wird in den Lebensprozeß des absoluten Geistes hineingenommen.[67] Diese

67 W. Schulz, *Der Gott der neuzeitlichen Metaphysik*, Pfullingen 1957.

Grundstruktur des Denkens findet sich, wenn auch auf sehr verschiedene Weise, im Ansatz bereits bei Nikolaus von Kues, dann bei Giordano Bruno und Spinoza; wir begegnen ihr in der Kunst des Barock, in der sich alles Endliche ins Unendliche hineinverliert; sie ist charakteristisch für das Symbolverständnis der Goethezeit und schließlich für das Denken des deutschen Idealismus. Für Hegel ist Gott kein Jenseits mehr; Transzendenz und Immannenz sind zwei Momente an ein und demselben.[68]
Was sich zunächst als Verklärung (Aufklärung!) des Endlichen ausnahm, wurde im Nachidealismus rücksichtslos als »falsches Bewußtsein« entlarvt. Der Gott, der nur noch als Verbrämung des Endlichen, als Projektion des Menschen, als Rechtfertigung des Bestehenden erschien, wurde nun entschlossen für tot erklärt. So kam es bei Feuerbach zu einer anthropologischen, bei Marx zu einer soziologisch-politischen, bei Nietzsche zu einer moralischen und bei Freud zu einer psychologischen Destruktion des Gottesglaubens. »Gott-ist-tot« konnte nunmehr zur eigentlichen Signatur des ganzen Zeitalters werden.
Dieses »Gott-ist-tot« war im Grunde nur noch das Schlußwort hinter einem ganzen Kapitel abendländischer Denkgeschichte, das beginnt mit der Grundeinstellung der Subjektivität (M. Heidegger), im Aufstand des Menschen gegen die Wirklichkeit, in dem Versuch, sich alles verfügbar zu machen.[69] Diese Funktionalisierung und Vergeschichtlichung aller Wirklichkeit führte am Ende konsequent zur Funktionalisierung und Vergeschichtlichung Gottes. Die Destruktion der Dimension des Heiligen und des Geheimnisses, die radikale Entmythologisierung und Hominisierung der Wirklichkeit bedeuten freilich konsequenterweise auch die Funktionalisierung und Verzwecklichung des Menschen selbst.
In dieser Situation war und ist der Theologie eine schwere und verantwortungsvolle Aufgabe gestellt. Gerade wenn es

68 Hegel, *Vorlesungen über die Philosphie der Religion* I, ed. Glockner, 186 f., 196 f., 199 u. ö.; II, 191, 196 f., 212 u. ö.
69 M. Heidegger, *Nietzsches Wort ›Gott ist tot‹*, in: Ders., *Holzwege*, Frankfurt/M. 1957, 193–247.

ihr um den Menschen und seine Freiheit geht, muß sie der Reduktion der Theologie auf Anthropologie widerstehen. Sie mußte herausstellen, daß der eigentliche Zweck des Menschen im Zwecklosen liegt. Eben um dem Menschen zu dienen, muß sie nicht vom Menschen, sondern von Gott reden. An diesem entscheidenden Punkt muß sie das moderne Denken und die Vergeschichtlichung von innen her überwinden.

Der Ansatz zu dieser Überwindung findet sich bereits in den Werken der großen idealistischen Denker selbst. Schon sie erkennen klar, wenn sie es auch nicht konsequent zu Ende denken, daß es Freiheit des Menschen nur in der Begegnung mit anderer Freiheit gibt; Freiheit ist immer Geschenk, das aus der letztlich unableitbaren Begegnung mit anderer Freiheit erwächst.[70] Damit ist die neuzeitliche Subjektivität und die radikale Vergeschichtlichung im Ansatz überwunden. In der Freiheit des anderen begegnet dem Menschen ja etwas Unverfügbares, Unverletzliches, etwas, das nie Mittel werden darf, sondern immer Zweck bleiben muß. Hier leuchtet etwas auf von Transzendenz inmitten der Immanenz. »Wo meine physische Macht Widerstand findet, ist Natur. Ich erkenne die Übermacht der Natur über meine physische Kraft: ich beuge mich vor ihr als Sinnenwesen, ich kann nicht weiter. Wo meine moralische Macht Widerstand findet, kann nicht mehr Natur sein. Schauernd stehe ich still. Hier ist Menschheit! ruft es mir entgegen, ich darf nicht weiter.«[71] Hier finden die denkerische Vermittlung und die technische Funktionalisierung ihre Grenzen; hier im intersubjektiven Geschehen ereignet sich die »ontologische Differenz«, der Aufgang des Mysteriums des Seins im Unterschied zum objektiven und objektivierbaren Seienden.

Genau an diesem Punkt setzt die Tübinger Theologie des letzten Jahrhunderts ein, und sie beweist damit eine ungemeine Hellhörigkeit für die neuzeitliche Problemsituation. Zu-

70 Fichte, *Grundlage des Naturrechts*, in: *Werke* II, ed. Medicus, 34–60. Schelling, *System des transzendentalen Idealismus*, 532–557. – Hegel, *Phänomenologie des Geistes*, 141–150; 318–330.

71 Schelling, *Neue Deduktion des Naturrechts*, in: *Werke* I, 173.

nächst stimmt J. S. Drey mit dem Ansatz des modernen Denkens überein und betont das Hineingebundensein aller Wirklichkeit in den Urgrund Gott.[72] Aber er distanziert sich sofort von dem neuzeitlichen Ansatz beim Subjekt, weil Gott hier in die Gefahr gerät, in die Gewalt des Menschen zu kommen und zum bloßen Entwurf des Menschen zu werden.[73] Die ursprünglich im Menschen angelegte Gottesidee kann darum nur durch die Vermittlung der äußeren Welterkenntnis zu sich kommen.[74] Aber auch diese Art von Gotteserkenntnis ist noch anthropologisch mißdeutbar; deshalb ist eine äußere geschichtliche Offenbarung notwendig, die der Mensch als solche nie in seine Gewalt bekommen kann.[75] Nur durch die religiöse Urüberlieferung der Menschheit, letztlich durch Jesus Christus, kommt die ursprüngliche Gottesidee zu sich selbst.[76] Die Objektivität der Gotteserkenntnis wird also durch Sprache, Tradition und Gesellschaft gewährleistet.

Ähnliche Vorstellungen finden wir bei J. A. Möhler in seiner Auseinandersetzung mit dem Traditionalismus von L. Bautain.[77] Am umfassendsten hat diesen Standpunkt J. E. Kuhn zum Ausdruck gebracht. Auch er geht aus von einer dem Menschen einwohnenden Gottesidee, die nicht getrennt werden darf von der äußeren Erfahrungserkenntnis.[78] Diese Gottesidee ist in der Tiefe der menschlichen Person begründet; sie umfaßt deshalb nicht nur die intellektuelle, sondern auch die sittliche Erkenntnis des Menschen; sie ist eine personale Weise der Wahrheitserkenntnis.[79] Erst im Licht dieser dem Erkennen voranleuchtenden Gottesidee wird die äußere Erfahrung transparent auf den persönlichen Gott. Die Personalität Gottes kann nur im Licht menschlicher Personalität

72 Drey, *Kurze Einleitung*, 1–3.
73 A. a. O. 12. Ders., *Apologetik* I, 121–124.
74 Drey, *Apologetik*, 123 f.
75 A. a. O. Ders., *Kurze Einleitung*, 12.
76 Drey, *Apologetik* II, 1 ff.
77 J. A. Möhler, *Sendschreiben an Herrn Bautain*, in: *Gesammelte Schriften und Aufsätze* II, 141–164.
78 Kuhn, *Katholische Dogmatik*, 609 f., 619, 624 ff.
79 A. a. O. 612, 615 f., 680 f., 686 f.

und im Licht einer freien Entscheidung erkannt werden. Trotzdem bleibt diese Gotteserkenntnis abstrakt. Klar, eindeutig und konkret wird sie erst durch den Glauben an Jesus Christus. Der christliche Glaube ist so die Konkretisierung und Determinierung eines allgemeinen Vernunftglaubens.[80] Wenn so der Mensch zum Glauben an den persönlichen Gott gefunden hat, dann wird das Rad des ewigen Werdens, des beständigen Werdens und Vergehens zum Stehen gebracht[81]; jetzt erst findet auch die Freiheit des Menschen ihren Halt in der »Idee des Absoluten als des persönlichen Gottes, als der unendlichen Liebe«[82].

Der Gottesproblematik der Tübinger Schule, die wie die der anderen Spätidealisten (Weiße, Sengler, J. H. Fichte) auch um die Personalität Gottes kreist und die wir nur kurz andeuten konnten, kommt auf Grund der neuzeitlichen Geistesgeschichte wie der gegenwärtigen Krise um das Sprechen von Gott hohe aktuelle Bedeutung zu. Im Grunde reichen die Ansätze von damals wesentlich weiter, als es den Theologen von damals bewußt sein konnte. Es deuten sich bei ihnen Spuren an, die wir heute weiterverfolgen müssen, um der geschichtlichen Aufgabe heutiger Theologie gerecht zu werden.

Das abendländische Denken ist durch zwei Grundmöglichkeiten bestimmt: durch ein Denken, das vom Sein, von der Essenz, von der Natur, von der Tatsache ausgeht und für das die Subsistenz, die Autarkie des in sich und für sich existierenden Wesens die höchste Denkmöglichkeit darstellt. Die andere Möglichkeit setzt an bei der Freiheit, die als Tathandlung (Fichte) begriffen wird, die erst Welt öffnet und freigibt. Welt ist dann kein kosmologischer, sondern ein geschichtlicher Begriff. Der Mensch hat hier nicht Freiheit als

80 A. a. O. 230, 232 ff., 243, 258, 268, 536, 688 u. ö. Das will im Sinn Kuhns nicht besagen, das Christentum sei nur das Besondere an einem Allgemeinen. Das Gesagte ist vielmehr im Sinn des oben über den Begriff der Dialektik durch Determination Angedeuteten zu verstehen. In ganz anderem Sinn ist für Hegel Christus nicht die Konkretisierung der Gottesidee, sondern Gottes selbst. Vgl. *Religionsphilosophie* I, 47 f.

81 Kuhn, *Katholische Dogmatik*, 598 f., 600, 691 f.

82 A. a. O. 69. Zur Problemstellung bei F. A. Staudenmaier vgl. Ph. Weindel, *Das Verhältnis von Glauben und Wissen in der Theologie Franz Anton Staudenmaiers*, Düsseldorf 1940, 42–109, bes. 104–109.

eine Eigenschaft, er ist vielmehr seine Freiheit.[83] Die erste Denkmöglichkeit, die weitgehend antik ist, steht in der Gefahr, Gott nur noch zu denken als höchstes in sich ruhendes Wesen, als causa sui. »Zu diesem Gott kann der Mensch weder beten, noch kann er ihm opfern. Vor der causa sui kann der Mensch weder aus Scheu ins Knie fallen, noch kann er vor diesem Gott musizieren und tanzen.«[84] Die zweite Denkmöglichkeit ist dagegen bereits christlich beeinflußt. Wird sie jedoch ins Extrem geführt, dann kommt es dazu, daß die Freiheit Gottes wie die des Menschen aufgehoben werden.

So kann eigentlich nur ein Denken in Frage kommen, das beide Möglichkeiten in sich vereinigt: In-sich-Sein und Freiheit. Diese Vereinigung ist gegeben im Begriff der Person.[85] Menschliche Personalität gibt es jedoch nur in der Interpersonalität; personale Freiheit ist weder eine bloß objektive Größe noch besagt sie autonome Subjektivität; sie west im Akt schenkender und empfangender Liebe. Ein solches Geschehen der Freiheit der Liebe im gegenseitigen Zuspiel ist nur möglich, wo ein Reich und ein Raum der Freiheit personal eröffnet ist, wo Freiheit den letzten Grund und äußersten Horizont darstellt, wo alle Welt im Licht der schöpferischen und gnadenhaften Freiheit Gottes verstanden wird.[86] Das geschichtliche Denken ist jetzt erst zu seiner äußersten Radikalität geführt worden, aber eben darin ist es auch überboten; es ist »befestigt« und gegründet in der geschichtsmächtigen Freiheit Gottes.

Das »Du«, an dem uns diese Letztgültigkeit sich selbst verschwendender und eben darin sie selbst bleibender Freiheit aufgeht, ist Jesus Christus. Allein in ihm wird dem gläubigen

83 Müller, Existenzphilosophie, 160–183. – J. B. Metz, *Christliche Anthropozentrik. Über die Denkform des Thomas von Aquin,* München 1962, 43–52. Ders., Art. *Theologie,* in: *LThK* X, ²1965, 65 f.

84 M. Heidegger, *Identität und Differenz,* Pfullingen 1957, 70.

85 Müller, *Existenzphilosophie,* 179–183.

86 In diese Richtung scheint das Denken des späteren Fichte zu gehen. Deutlich bereits in: *Die Bestimmung des Menschen* (1800), 3. Buch, in: *Werke* III, ed. Medicus, 344–415. Weitergeführt in: *Die Anweisung zum seligen Leben* (1806), in: a. a. O. V.

Denken die Gewißheit und die Zuversicht geschenkt, mit dieser Eindeutigkeit alle Wirklichkeit als Geschichte der Freiheit zwischen Gott und dem Menschen zu verstehen. In Christi Selbstentäußerung bis in den Tod geht erst die ganze Radikalität der Freiheit der Hingabe Gottes auf, in der zugleich unsere Freiheit zu sich selbst befreit wird. Als dritter Weg neben der anthropologischen und der kosmologischen Reduktion des Christentums legt sich also eine »theologische Theologie« nahe, die ausgeht von dem Bekenntnis »Gott ist die Liebe« (1 Jo 4,8).[87] In diesem Satz ist beides eingeschlossen: daß diese Liebe Ereignis in Jesus Christus geworden ist und daß Gott eben in diesem Ereignis erwiesen hat, daß er die Liebe »ist«.

Gottes Ewigkeit braucht jetzt nicht mehr verstanden zu werden als negative Eigenschaft Gottes, als Zeit- und Geschichtslosigkeit, die alle Potentialität, alles sich in der Zeit auslegende Sein-Können ausschließt; sie kann jetzt Zeit- und Geschichtsmächtigkeit bedeuten, ein Können-Sein (Nikolaus von Kues), also absolute Freiheit besagen, die geschichtliches Sein-Können erst ermöglicht und gnadenhaft gewährt.[88]

Damit ist ein theologischer Denkhorizont angedeutet, der Theologie letztlich als reductio in mysterium (E. Przywara) versteht. Solche reductio in mysterium ist keine deductio e mysterio, wie sie der deutsche Idealismus versuchte, wobei er das Mysterium gründlich zerstörte. Wo dieses Mysterium als Abgrund unableitbarer, alles tragender göttlicher Freiheit erkannt ist, kann Theologie nur darin bestehen, erst auf das geschichtliche Sprechen und Handeln Gottes zu hören und es dann hineinzuintegrieren in dieses eine Mysterium. Die Theologie erkennt gleichwie Moses (Ex 33,23) nur die posteriora Dei; sie geht nicht apriorisch, sondern aposteriorisch vor, doch so, daß sie im factum das mysterium (Augustinus) erfährt. Das macht sie zur theologia crucis im Unterschied zur theologia gloriae.[89]

87 H. U. v. Balthasar, *Glaubhaft ist nur Liebe*, Einsiedeln 1963.

88 In diese Richtung geht das Denken des späten Schelling. Vgl. Kasper, *Das Absolute in der Geschichte*, 209–215.

89 Luther, *Heidelberger Disputation* (1518), in: *WA* 1, 354: »Non ille digne Theo-

Damit hat sich der Kreis geschlossen: wir waren ausgegangen von der Geschichtlichkeit der Theologie und sind nun am Ende wieder auf sie zurückverwiesen worden. In dieser Denkbewegung hat sich uns jedoch der Begriff des Geschichtlichen nach den verschiedensten Dimensionen hin ausgelegt. Geschichtliche Theologie ist weit mehr als positivistische Tatsachentheologie und historischer Archäologismus. »Inhalt der christlichen Theologie ist das Gottesbewußtsein, wie es durch die Offenbarung in Christo, diese in ihrem Zusammenhang mit den alttestamentlichen Offenbarungen, sich entwickelt und gestaltet hat. Das Positive an der christlichen Theologie ist daher die göttliche Offenbarung. Es ist hier weder eine menschliche Individualität noch irgendeine Nationalität, was bestimmend für die Religion auftritt, warum wir die christliche Religion nicht in die Reihe der bestimmten Religionen stellen können. Denn bestimmt-sein, und endlich- oder menschlich-bestimmt-sein fällt hier in eins zusammen. Die christliche Religion aber ist durch Gott bestimmt, und es ist eben diese göttliche Bestimmtheit, die wir, zum Unterschiede von jeder menschlichen, das Positive nennen.«[90]
Die theologischen Kategorien, die sich von hier entfalten ließen, können hier nicht mehr im einzelnen dargestellt werden. Auch so dürfte deutlich geworden sein, daß die Theologie von damals noch heute bleibende Aktualität besitzt, daß sie aber auch eine schöpferisch weiterzuführende Aufgabe darstellt.

logus dicitur, qui invisibilia Dei per ea, quae facta sunt, intellecta conspicit, sed qui visibilia et posteriora Dei per passiones et crucem conspecta intelligit.« Nach den Tübinger Theologen schließt jedoch eine recht verstandene Kreuzestheologie die Schöpfungstheologie nicht aus, sie schließt sie vielmehr erst wieder voll auf.

90 Staudenmaier, *Encyklopädie*, 12 f.

Kirche und Theologie unter dem Gesetz der Geschichte*

I.

Zu Beginn dieses Jahrhunderts hat der protestantische Theologe und Religionsgeschichtler Ernst Troeltsch die Erwartung ausgesprochen, daß die Begegnung zwischen Theologie und Geschichte in Zukunft noch weit größere Probleme aufwerfen werde als die Begegnung zwischen Theologie und Naturwissenschaft, die zu seiner Zeit die Geister in erster Linie erregte. Die Vorraussagen von Ernst Troeltsch haben sich in der Zwischenzeit voll erfüllt. Der Philosoph G. Krüger urteilt: »Die Geschichte ist heute unser größtes Problem. Sie ist es in dem dreifachen Sinne, daß sie zugleich unser dringendstes, unser umfassendstes und unser schwierigstes Problem ist.« Wir erfahren in der Gegenwart eine radikale Vergeschichtlichung der gesamten Wirklichkeit. Alles ist im Umbruch und im Wandel begriffen; es gibt kaum mehr etwas Festes und Beständiges; was man früher für ewige Wahrheiten, unumstößliche Prinzipien, verpflichtende Tradition hielt, zählt heute kaum mehr etwas; allein das Neue fasziniert, auch dann, wenn man weiß, daß es vielleicht schon morgen wieder veraltet sein wird. Der Abstand der Generationen ist größer geworden, fast scheint es manchmal, als ob die Älteren und die Jüngeren in ganz verschiedenen Welten und Zeiten lebten und in verschiedenen Kategorien dächten.

Dieser geschichtliche Wandel hat auch die Kirche ergriffen. Das Zweite Vatikanische Konzil hat die Verflochtenheit von Kirche und Geschichte ins allgemeine kirchliche Bewußtsein gehoben. Die Kirche, das Lehramt, die Dogmen schienen vie-

* Erstmals veröffentlicht in: *Alte Fragen – Neue Antworten? Neue Fragen – Alte Antworten?*, Würzburg 1967, 11–35 (o. Hg.).

len bisher der feste Turm in der Brandung der Zeit und der unerschütterliche Fels in den Wogen der Geschichte zu sein. Viele glaubten hier einen letzten Halt zu besitzen inmitten des Wechsels der Zeit und inmitten der Kurzlebigkeit geschichtlicher Weltanschauungen und Ideologien. Besorgt stellen nun viele ernsthafte Christen fest, daß auch in der Kirche alles in Diskussion geraten ist, daß Meinungen und Positionen, für die sie gestern noch zu kämpfen angehalten wurden und für die sie sich aus Treue zur Kirche angreifen ließen, nun von eben dieser Kirche vermeintlich oder wirklich aufgegeben werden. Gerade die treuesten Anhänger der Kirche und die eifrigsten Verteidiger des Glaubens sehen sich damit von den Trägern des Lehramtes selbst desavouiert. Das alles ist ein Indiz dafür, daß die Geschichtlichkeit auch in der Kirche Einzug gehalten hat.

Im Raum der Kirche und auf dem Gebiet des Glaubens kommt dieser Umbruch des allgemeinen Bewußtseins besonders einschneidend und für viele bestürzend. Die Kirche und ihre grundlegenden Glaubensbekenntnisse hatten ja in der Antike Gestalt angenommen. Antikes Denken, platonische, aristotelische, stoische Philosophie lebten in der kirchlichen Theologie fort und bestimmten bisher das Denken der Kirche. Dieses antike Denken ging von einem festen, als statisch gedachten Kosmos mit ewigen Wesensgesetzlichkeiten aus. Natürlich gab es auch hier Bewegung und Veränderung; aber sie wurden gleichsam als Oberflächenerscheinungen eines ewigen Wesensgrundes, als akzidentelle Veränderungen an einer bleibenden Substanz aufgefaßt. Bewegung galt als Ausdruck der Endlichkeit und des Unbeseligtseins, oft geradezu als Strafe und Folge eines Urfalls. Die Wahrheit aber ist ewig, die Gottheit ein in sich ruhender unbewegter Beweger.

Ausgehend von solchen Denkkategorien entwarf die mittelalterliche Philosophie und Theologie einen in sich großartigen und imponierenden Ordo des Seins, der in verschiedenen Stufen und Graden Abbild des unwandelbaren göttlichen Seins ist. Das Phänomen der Geschichte und des geschichtlichen Wandels gab es selbstverständlich auch hier; aber es wurde nie ausdrücklich zum Problem. Die Geschichte war ein Phänomen, das im Rahmen eines umgreifenden Ordo betrachtet wurde. Für das neuzeitliche Denken dagegen ist die Geschichte eben kein Moment innerhalb eines umgreifenden Ordo; vielmehr ist jeder Ordo nur ein Moment innerhalb einer ihn sofort wieder relativierenden Geschichte. Die Wirklichkeit hat hier nicht eine Geschichte, sondern sie ist zutiefst Geschichte.

Dieser Umbruch zum geschichtlichen Denken vollzog sich im 19. Jahrhundert. Auf dem Gebiet des Denkens und der Kunst geschah diese Revolution durch die Romantik und den deutschen Idealismus. Das Absolute ist nach Fichte die Tat, die sich beständig selbst setzen will und sich doch nie voll begreifen kann. Für Hegel ist die Wahrheit Bewegung; der absolute Geist ist die Liebe (1 Jo 4,8), und das heißt für ihn: er entäußert sich notwendig in die Geschichte hinein, und er kommt erst durch die Geschichte hindurch zu sich selbst. Die Geschichte wird dadurch zum Selbstvollzug des Absoluten. Was im idealistischen Denken vom absoluten Geist gesagt wurde, das wird heute im existenzialistischen Denken vom Menschen gesagt. Der Mensch lebt nicht nur in einer Geschichte, die ihm irgendwie äußerlich bleibt; die Geschichte ist vielmehr die innere Dimension und Verfaßtheit des Menschen; der Mensch ist wesentlich das Wesen, das unterwegs ist zwischen Sein und Werden, Vergangenheit und Zukunft. Das Menschsein ist für jeden eine Gabe, aber noch mehr eine in der Geschichte erst zu verwirklichende Aufgabe. Der Mensch steht in den entscheidenden Situationen seines Lebens immer wieder auf dem Spiel; er ist zutiefst geschichtlich.

Was die Philosophie abstrakt dachte, das wurde durch die Erfahrungswissenschaften in vielfältiger Weise konkret bestätigt und in die Praxis umgesetzt. Die Paläontologie zeigte, daß der Mensch in der Evolution der Natur und der vormenschlichen Lebensformen eine lange Vorgeschichte besitzt, in der er erst zu dem geworden ist, was er heute ist; Ethnologie und Geschichtswissenschaft erwiesen, daß er sich seit seinem ersten Auftreten noch vielfach verändert hat, daß es eine große Vielfalt ethischer, religiöser, soziologischer Maßstäbe geben kann und heute zunehmend wieder gibt, daß manches von dem, was wir bisher als unveräußerliche Naturordnung ansahen, im Grunde nichts anderes ist als eine geschichtlich gewordene, vielleicht sogar spezifisch abendländische Form menschlicher Selbstverwirklichung. Es gibt eine regelrechte Entwicklung des sittlichen Bewußtseins und der Erkenntnis der personalen Würde des Menschen. Schließlich entdeckte die seit der Mitte des letzten Jahrhunderts entwikkelte Dogmengeschichtsschreibung einen Wandel und eine Entfaltung im Glaubensbewußtsein der Kirche, die sich nicht nur nach den Gesetzen eines stetigen, organischen Wachstums vollzogen hat, in der es vielmehr auch Sprünge, Umschichtungen, Antizipationen und Retardation gegeben hat.

Heute gibt das Problem der Geschichtlichkeit der Theologie und Verkündigung noch weitere schwere Fragen auf. Exemplarisch seien nur drei Problemkomplexe angedeutet:

1) Religionsgeschichte und Exegese haben die geschichtliche Bedingtheit der biblischen Botschaft, ihre Abhängigkeit von anderen Religionen, von literarischen Gattungen, Denk-, Sprach- und Darstellungsformen ihrer Zeit, ihre geschichtliche Entwicklung und die damit gegebenen Spannungen zwischen einzelnen biblischen Aussagen aufgewiesen. Man kann fragen: Bedeutet dies nicht eine Infragestellung des Absolutheitsanspruchs der biblischen Botschaft?

2) Soziologische und geschichtliche Erkenntnisse lassen viele Erscheinungsformen und Strukturmomente der Kirche als sehr zeitbedingt und die entsprechenden Lehren als ideologieverdächtig, das heißt als Überbau und Kanonisierung eines bestimmten geschichtlichen und soziologischen Status erscheinen. Heute scheint die Kirche immer mehr eine Minderheit zu werden und in eine weltweite Diasporasituation zu geraten. Die Heilsgeschichte scheint nicht mehr Mitte, Ziel und Ferment der Weltgeschichte zu sein.

3) Am eklatantesten ist der Umbruch in der Moraltheologie, und zwar nicht nur in der Ehemoral. Dieser Umbruch ist ein Zeichen für die zunehmende Betonung des persönlichen Gewissens und für die Scheu vor der allgemeinverbindlichen Festsetzung allzu konkreter und detaillierter Normen. Dies

ist aber ein Zeugnis für die größere Beachtung der Geschichtlichkeit des Menschen.
Das Problem der Geschichtlichkeit läßt sich also auch innertheologisch nicht auf einige wenige heute gerade brennende Fragen der Exegese und der Moraltheologie lokalisieren, es ist universal und betrifft das moderne Denken und den Glauben als ganzen. Wir müssen deshalb das Problem der Geschichtlichkeit zunächst einmal grundsätzlich klären und damit die Voraussetzungen schaffen für die Beantwortung der konkreten Einzelfragen, die den Wandel in der Auffassung der Dogmen, der Moralgesetze und exegetischen Aussagen betreffen. Diese konkreten, den praktischen Seelsorger unmittelbar bedrängenden Probleme können nur im Horizont eines umfassenden Verständnisses des geschichtlichen Denkens richtig aufgefaßt und beurteilt werden. Wir müssen jetzt also fragen: Wie haben wir dieses radikal geschichtliche Denken grundsätzlich theologisch zu beurteilen?

II.

Die Geschichte ist keine Beunruhigung, die von außen in einen an sich ungeschichtlichen Glauben einbricht, sie ist keine Infragestellung des Glaubens, sondern seine ureigenste Dimension. Die Offenbarung des Alten und Neuen Testamentes unterscheidet sich von den Mythologien und Naturreligionen gerade dadurch, daß sie wesentlich und innerlich geschichtlich ist. Während von den Mythen gilt, daß sie immer geschehen und nie geschehen sind (Sallust), lautet das grundlegende Bekenntnis des christlichen Glaubens: Gott ist Mensch geworden. Diese Selbstentäußerung Gottes in der Geschichte, die sich in Jesus Christus vollzogen hat, ist aber nichts anderes als der Abschluß eines langen geschichtlichen Dialoges, den Gott zu verschiedenen Zeiten und auf vielfache Weise durch die Propheten geführt hat (Hebr 1,1). Nicht die Natur und nicht die Tiefen der menschlichen Seele, sondern die Geschichte ist die Dimension, in der wir als Christen Gott begegnen.

Die christliche Verkündigung hat deshalb nicht den Gott der Philosophen, ein höheres und ein höchstes Wesen zu lehren, sondern den Gott Abrahams, Isaaks und Jakobs (B. Pascal) zu bezeugen. Sie hat nicht ein System abstrakter Wahrheiten oder eine allgemeine Weltanschauung zu vertreten, sondern die geschichtlichen Großtaten Gottes auszurufen und durch Wort und Sakrament zu vergegenwärtigen. Sie bleibt an das »in illo tempore« gebunden. Sie hat nichts anderes zu wissen als Jesus Christus, und diesen als den konkreten, geschichtlichen, den gekreuzigten (1 Kor 2,2). Wer diesen historischen Jesus nicht ernst nimmt, der verfällt, wie die Theologie heute wieder erkannt hat, dem Doketismus, er macht aus der Menschwerdung einen Schein und aus Christus einen ungeschichtlichen Mythos. Der Bezug auf die Geschichte gehört also konstitutiv zum christlichen Glauben.

Man kann deshalb der Problematik, die uns durch die Geschichte heute gestellt wird, nicht entgehen, indem man sich auf einen vermeintlichen Innenraum des Glaubens zurückzieht und die geschichtlichen Fragen als für den Glauben irrelevant abtut. Eine solche Flucht aus der Geschichte wird gegenwärtig oft in zweifacher Weise versucht. Entweder setzt man den Glauben der Kirche als Letztgröße, die für sich selbst bürgt und in der man fraglos geborgen ist, auch wenn die geschichtlichen Probleme turmhoch anwachsen (katholische Gefahr), oder man versucht eine existentiale Interpretation des Glaubens und gewinnt auf diese Weise eine sturmfreie Zone; man setzt dann das Glaubenswagnis des einzelnen als ein Letztes, das nicht mehr auf ein inhaltliches, geschichtliches »Was«, sondern nur noch auf das punktuelle »Daß« des Gekommenseins Jesu bezogen ist. Der Sinn der Geschichte erfüllt sich dann im Je und Je des gegenwärtigen Glaubens (R. Bultmann). In beiden Fällen kann die Geschichte den Glauben nicht mehr anfechten, weil sie im Grunde nichts mehr für ihn bedeutet. In beiden Fällen ist der für den Glauben konstitutive Bezug auf die Geschichte geleugnet und das Wesen des christlichen Glaubens in Frage gestellt. Letztlich bedeuten beide Lösungen, daß das Christentum aus der Geschichte aussteigt und einen gläubigen, im Grunde gettohaften Innenraum kultiviert. Wenn aber der Glaube so geschichtslos wird, muß dann nicht die Geschichte glaubenslos werden? Was bleibt dann noch von der universalen Sendung, von der weltverändernden und deshalb Geschichte machenden Kraft des Christentums? Wir haben gerade heute allen Grund, den geschichtlichen Charakter des Christentums zu betonen und zu sagen, daß Gott wirklich in diese unsere konkrete Geschichte eingegangen ist, sie angenommen und erlöst hat. Eine extrem-einseitige existenziale Interpretation des Glaubens, wo es statt der Geschichte nur noch die subjektive Geschichtlichkeit gibt, macht das Christentum weltlos und komplimentiert Gott aus der konkreten Geschichte hinaus.

Trotzdem dürfen wir auch das relative Recht und das legitime Anliegen dieser existenzialen Theologie nicht übersehen. Das führt uns zu einem zweiten Gesichtspunkt:

Der Glaube besteht nicht nur in einem Fürwahrhalten von objektiven Heilsfakten, denn Gottes Handeln in der Geschichte ist nie einfach ein Faktum unter anderen Fakten; es kann nicht wie diese neutral festgestellt und nachgeprüft werden. Gott ist nie eine geschichtliche Größe neben anderen geschichtlichen Größen; Gott ist der ganz andere und je Größere. Gottes Handeln ist deshalb für menschliche Augen verborgenes Handeln; es ist immer inkognito und kann nicht einfach nach Analogie anderer geschichtlicher Ereignisse erkannt werden. Gottes Handeln ist als solches nur im Glauben faßbar. Nur der Glaube erkennt im Faktum das Mysterium. Nur wer sich im Glauben wagend auf die Verheißungen von Gottes Wort einläßt, wer bereit ist, aus der Welt des Meßbaren und Berechenbaren, aus den Behaglichkeiten und Selbstverständlichkeiten seiner Gewohnheiten auszubrechen und sich dem Neuen der Welt des Glaubens anzuvertrauen, kann auch Gottes Heil in der Geschichte erkennen. Erst wo Gottes Handeln in der Geschichte im Glauben des Menschen als solches angenommen, anerkannt wird und so zum Ziel kommt, da wirkt es Heil, da wird die Geschichte zur Heilsgeschichte. Sie ist nicht einfach ohne den Menschen, sondern sie wird erst im geschichtlichen Dialog Gottes mit dem Menschen und des Menschen mit Gott konstituiert. Sie ist nicht einfach eine ob-

jektiv abrollende, fast deterministisch über den Menschen hereinbrechende Geschichte, sondern sie geschieht erst durch das geschichtliche Glaubenswagnis hindurch. Sie ist immer »geschehende Geschichte« (M. Buber). Wir dürfen also nicht nur den »objektiven« Charakter der Heilsgeschichte betonen, so wichtig dieser gegenüber subjektivistischen Verflüchtigungstendenzen auch ist. Ein reiner »Objektivismus« wäre jedoch ebenso einseitig und verhängnisvoll, wenn er die subjektive Geschichtlichkeit des Glaubens leugnet.
Dieser zweite Aspekt ist für viele gegenwärtige Fragen, die das Verhältnis von Glaube und Geschichte betreffen, von erheblicher Bedeutung. Er wird entscheidend für die heute so bedrängenden Fragen nach den Wundern, nach der Auferstehung Jesu und der geschichtlichen Zuverlässigkeit biblischer Berichte ganz allgemein. So sehr es gilt, daß der Glaube auf ihm widerfahrende Geschichte bezogen ist, ebenso gilt auch, daß diese Geschichte als Gottes Geschichte nur im Glauben erfahrbar ist, daß man sich nicht hinter den Glauben zurück auf ein Faktum beziehen kann, das dem Glauben Sicherheit gewährt. Die Gewißheit des Glaubens ist nur wieder im Glauben zu erreichen. Der Glaube ist nur im Medium geschichtlicher Wagnisse möglich.
Wir haben also zwei Aspekte an der einen christlichen Wirklichkeit festzuhalten: geschichtlich ergehendes Wort und geschichtlich ergehende Antwort. Das Christliche enthüllt sich uns als geschichtlicher Dialog Gottes mit dem Menschen. Dieser Dialog Gottes mit dem Menschen kann gestört sein, Wort und Antwort können auseinanderfallen. Der geschichtliche Ruf Gottes kann auch einmal ungehört verhallen und statt zum Heil zum Gericht werden. Das führt uns zu einem dritten Gesichtspunkt, nämlich zur Unterscheidung von Heilsgeschichte und Weltgeschichte.
Heilsgeschichte und Weltgeschichte lassen sich nicht reinlich scheiden. Die Geschichte läßt sich nicht einfach in zwei Hälften, in eine Lichtseite und in eine Unheilsseite aufteilen. Alle Wirklichkeit steht unter dem Anruf und Angebot der Gnade Gottes und ist deshalb potentiell Heilsgeschichte. Es gibt nicht nur heilige Heiden, sondern auch heidnische Propheten.

Aber oft ist die menschliche Antwort dort nur gebrochen. Die Heilsgeschichte im engeren Sinn ist die Geschichte, in der das Wort Gottes unfehlbar ans Ziel kam, wo es aufgrund der besonderen Gnade Gottes »rein« aufgenommen wurde und »richtig« bezeugt wird, wo der Dialog Gottes mit dem Menschen »geglückt« ist.
Aber auch im Leben der Kirche und des einzelnen Christen ist Gott noch nicht einfachhin ans Ziel gelangt. Auch hier gibt es nur allzu oft ein Zurückbleiben hinter dem Ruf Gottes. Die Diastase von Heilsgeschichte und Weltgeschichte ist also noch für die Zeit der Kirche konstitutiv. Die Kirche ist noch nicht das Reich Gottes, aber in ihr sind die Kräfte des neuen Äons schon wirksam. Sie steht zwischen dem »Schon« und dem »Noch-Nicht«. Die Kirche als eschatologisches Phänomen lebt geradezu von der Proklamation ihrer eigenen Vorläufigkeit (K. Rahner). Sie ist nicht nur auf eine heilsgeschichtliche Vergangenheit bezogen, sondern ebenso auf eine heilsgeschichtliche Zukunft, in der sie einmal überholt sein wird. Sie ist zutiefst geschichtliche, pilgernde, suchende, ringende, kämpfende Kirche, Kirche der Heiligen und Kirche der Sünder. Die Kirche trägt die Gestalt der Geschichte (Vatikanum II); auch sie steht unter dem Gesetz der Geschichte. Auch sie hat die Wahrheit nicht einfachhin, sie muß vielmehr vom Heiligen Geist erst in alle Wahrheit eingeführt werden (Jo 16,13). Das Wort der Kirche ist nicht einfachhin und in jeder Hinsicht das Wort Gottes, der Wille der Kirche ist nicht schlechthin der Wille Gottes, der jeweilige Geist in der Kirche ist nicht simpel mit dem Heiligen Geist identisch. Die Kirche ist zu all dem immer erst und stets neu unterwegs. Sie muß die Antwort des Glaubensgehorsams geschichtlich immer wieder neu geben und dabei auch täglich ihre Schuld, ihr Zurückbleiben hinter dem Ziel bekennen.
Auf dem Weg der Kirche zu Gott vollzieht sich anfanghaft die Rückkehr der ganzen Schöpfung zu Gott. Das lenkt unsere Aufmerksamkeit noch auf einen letzten Gesichtspunkt, der den zutiefst geschichtlichen Charakter des christlichen Glaubens zum Ausdruck bringen kann. Auch wenn die Heilsgeschichte nicht die Geschichte schlechthin und die Kirche

nicht das Reich Gottes ist, so ist die Geschichte Gottes mit den Menschen nicht eine partikuläre Geschichte neben anderer Geschichte. Die ganze Schöpfungswirklichkeit ist vielmehr von allem Anfang an auf Christus hin geschaffen (Kol 1,16 f.; Eph 1,10) und damit auf die Heilsgeschichte bezogen. Die Schöpfung ist der äußere Grund des Bundes, der Bund ist der innere Grund der Schöpfung (K. Barth). Damit ist aber schon die Schöpfungswirklichkeit zuinnerst geschichtlich bestimmt.

Die Geschichte wird so zum letzten Horizont aller Wirklichkeit schlechthin. Die Heilige Schrift denkt nicht in allgemeinen, ewigen Natur- und Wesensgesetzlichkeiten; die Welt ist ihr kein Fixum und Faktum; sie ist erst unterwegs, sie wartet in Sehnsucht, sie möchte erlöst werden und liegt deshalb bis zur Stunde in Seufzen und Wehen (Röm 8,19 ff.). Was sich in der Geschichte tut, sind theologisch nicht nur die Oberflächenerscheinungen eines ewigen Wesensgrundes, nicht flüchtige Schattengebilde des Ewigen, sondern die eigentliche »Natur« der Dinge selbst.

Dieser geschichtliche Charakter aller Wirklichkeit ist wohl der tiefste Grund, warum alle Versuche theologisch wie praktisch scheitern mußten, die Fragen des sozialen Lebens, die Probleme der Ehe und der Moraltheologie allgemein *nur* naturrechtlich lösen zu wollen. Statt geschichtlich-dynamisch hat man statisch-naturhaft argumentiert. Dabei ist man immer wieder der Gefahr erlegen, einen bestimmten geschichtlichen Status zu verewigen und bestimmte geschichtliche Verwirklichungsweisen menschlicher Selbstentfaltung zu kanonisieren und zu petrifizieren. Man hat durch dieses im Grund unbiblische Denken gefährliche Konflikte heraufbeschworen mit der dann doch nicht aufzuhaltenden weiteren geschichtlichen Entwicklung des Menschen und seiner äußeren Verhältnisse. Die daraus entstehende Krise ist heute offenkundig.

Es gibt keine metaphysischen Ordnungsgefüge, die man aus aller geschichtlichen und heilsgeschichtlichen Konkretion herauslösen könnte. Es gibt theologisch nur das eine Bleibende, daß der Mensch der von Gott geschichtlich Aufgerufene und zur Antwort Angerufene ist. Diese geschichtliche Wort-

und Antwortbestimmtheit ist seine »Natur«, sie begründet seine je einmalige Würde. Er muß sie in geschichtlichem Gehorsam und in Verantwortung vor Gott je neu verwirklichen.
Wie zum Glauben, gehört also auch zum christlichen Weltverhalten das geschichtliche Wagnis. Der Christ hat es immer mit dem je Neuen zu tun; er soll sich auf das Unerprobte, Unabsehbare einlassen und sich nicht konservativ oder gar restaurativ am Bestehenden und je schon Vergangenen festklammern; er soll offen sein für das Wort Gottes, das Geschichte macht und immer wieder erwählend, verwerfend, deutend, revolutionierend in die Geschichte eingreift. Gegen allen kleingläubigen Immobilismus soll der Christ ein Zeichen der Hoffnung sein in dieser verängstigten und auf Sicherheit bedachten Welt. Wenn gilt, daß Gott der Jüngste von uns allen ist, dann hat der Christ stets jung und beweglich zu bleiben, die »Zeichen der Zeit« zu erkennen und ihnen im Glauben zu entsprechen.
Zusammenfassend können wir also feststellen, daß Geschichte und Geschichtlichkeit in mehrfacher Hinsicht eine Grundkategorie des christlichen Glaubens darstellt. Geistesgeschichtlich gesehen wurde die Kategorie der Geschichte erst im Raum des biblischen Glaubens entdeckt. Das geschichtliche Denken der Neuzeit ist nicht ohne Einfluß dieses biblischen Glaubens entstanden, es stellt gleichsam dessen säkularisierte Auswirkung dar. Das Christentum hat der Menschheit die Kategorie Geschichte gebracht. Das moderne geschichtliche Denken kann deshalb für den Glauben und die Theologie eine neue, positiv einzuschätzende Möglichkeit sein, ihre eigenste Botschaft besser und sachgemäßer zu erfassen und zu formulieren; es darf nicht nur als Bedrohung, sondern es muß primär als Kairos für die Kirche betrachtet werden. Auf der anderen Seite scheint sich aber heute das geschichtliche Denken gegen den christlichen Glauben zu wenden, es scheint ihn auszuhöhlen und zu relativieren. Im modernen geschichtlichen Denken scheint sich das Christentum nun nachgerade selbst aufzuheben und selbst zu widerlegen. Um dieser zwiespältigen Situation und den mit ihr gegebenen

eingangs gestellten Problemen einigermaßen begegnen zu können, wird es nun notwendig, den Begriff der Geschichte und der Geschichtlichkeit noch besser zu klären und kritisch zu begrenzen. Wir müssen das moderne geschichtliche Denken ernst nehmen, es hat auch im Glauben und in der Kirche seinen Platz, aber wir dürfen ihm nicht einfach unkritisch verfallen. Wir müssen jetzt also aufweisen, daß Geschichte und Geschichtlichkeit, richtig verstanden, nicht zu einem Relativismus führen, sondern vorgegebene Tradition und innere, durchhaltende Wesensstrukturen voraussetzt.

III.

Es ging zunächst um die gegenwärtige Erfahrung und Problematik des Glaubens, gleichsam um die »Luft«, die wir einatmen. Das haben wir mit »Vergeschichtlichung« umschrieben. Dann haben wir festgestellt, daß das Phänomen des Geschichtlichen konstitutiv ist für den christlichen Glauben, also den Glauben nicht nur bedrohen kann, sondern ihm auch Möglichkeiten gibt, sich selbst besser zu verstehen. Das Wort Geschichtlichkeit ist jedoch ein Modewort gegenwärtigen philosophischen und theologischen »Jargons«. Für die einen hat dieses Wort und die mit ihm gemeinte Sache etwas Befremdendes und Beängstigendes an sich; sie verwechseln es mit Relativismus, Indifferentismus und Haltlosigkeit. Für die anderen ist dieses Wort schon fast zu einem neuen Glaubensbekenntnis geworden, zum Schibboleth ihrer eigenen Fortschrittlichkeit. So ist dieses Wort belastet mit allen möglichen Affekten und Animositäten. Die Göttinger Akademie der Wissenschaften hat vor einigen Jahren eigens eine Preisarbeit zur Untersuchung des Begriffs Geschichtlichkeit gestellt, wobei einer der Preisträger (G. Bauer) – nicht ohne Schadenfreude, wie es scheint – gleich siebzehn verschiedene Bedeutungen aufgewiesen hat, in denen dieser Begriff gegenwärtig gebraucht wird. Man muß sich also jeweils erst sehr genau fragen, was mit diesem Ausdruck überhaupt gemeint ist.
Das bisher Gesagte war gleichsam noch sehr ins Unreine ge-

sprochen. Wir haben noch sehr undifferenziert von Naturgeschichte, Weltgeschichte, Menschheitsgeschichte, Heilsgeschichte, Dogmengeschichte, Glaubensgeschichte gesprochen. Wir haben die Begriffe Geschichte und Geschichtlichkeit also auf sehr verschiedene Bereiche angewandt, und es ist a priori zu vermuten, daß dies nur in einem sehr unpräzisen und analogen Sinn möglich ist.

Diesem noch ungeklärten Gebrauch liegt zunächst zugrunde, daß alles, was im Bereich des Endlichen ist, von der Zeit bestimmt ist und Zeitstruktur besitzt. Die Zeit ist aber etwas Ursprünglicheres als das bloße Nacheinander der Jahre, Tage und Stunden; die Zeit ist keine vorgegebene Linie, auf die man die Ereignisse dann nachträglich einordnen kann, sie ist kein gleichsam noch unausgefüllter neutraler Fragebogen, sie ist vielmehr eine innere Dimension der Dinge selbst. Alles endliche Sein braucht Zeit, um sich in einem sukzessiven Werden zu den eigentlichen Möglichkeiten seines Seins zu entfalten. Zeit ist von daher ein Sich-Vorstrecken in die Möglichkeiten seines Seins (K. Rahner). Alles Endliche kann grundsätzlich nur in einer zeitlichen Zerspannung existieren. Die Zeit und das Werden ist deshalb eine innere Strukturform des Endlichen. Absolutes ist im Raum des Endlichen grundsätzlich ein Widerspruch in sich. Wenn sich Gott also frei in der Welt unserer Endlichkeit offenbaren wollte, dann muß solche Offenbarung a priori unter dem Gesetz der Zeit und des Werdens, das erst nach seiner Vollendung sucht, stehen.

Alles Endliche existiert also in einem Nacheinander. Zeit ist nach Aristoteles das Maß der Bewegung nach seinem Früher und Später. Das Problem ist heute nur: Woran sollen wir die Zeit messen? Was ist das Absolute in der Zeit? Aristoteles konnte noch nach den Bewegungen der Himmelssphären die Zeit messen; im mechanischen nachkopernikanischen Weltbild galt der mittlere Sonnentag als Maßeinheit, in der heutigen Naturwissenschaft gilt der Radiumzerfall oder die Lichtgeschwindigkeit als Uhrsystem. Das alles sind nur relative Bezugssysteme. Deshalb deutet bereits Aristoteles an, was Augustinus sehr tiefsinnig ausführte, daß es Zeiterfahrung

und ein Messen der Zeit grundsätzlich nur durch den Menschen gibt.
Der menschliche Geist ist aufgrund seiner Freiheit nicht einfach an den »Pflock des Augenblicks« (Nietzsche) gebunden; er kann seine jeweilige Gegenwart übersteigen (transzendieren) und in Erinnerung und Vorausschau Früheres und Kommendes mit dem Gegenwärtigen vergleichen und aneinander messen und so Zeit erfahren. Zeit ist also sowohl eine innere Dimension der Dinge selbst wie eine Stiftung des menschlichen Geistes. Ursprünglich ist die Zeit »distentio animae« (Augustinus), ein Zerspanntsein des menschlichen Geistes in Vergangenheit, Gegenwart und Zukunft. Diese Zeitlichkeit des Menschen ist das Maß, mit dem der Mensch die Zeit der ihm begegnenden Dinge mißt.
Der Mensch rückt damit in die Mitte der Weltwirklichkeit. Das entspricht durchaus der Grundtendenz der biblischen Schöpfungsberichte. Der Mensch ist in einem sehr fundamentalen, wesenhaften Sinn der Herr der Schöpfung. Diese Erkenntnis läßt sich philosophisch noch etwas weiter führen. Nach Thomas von Aquin gilt: quidquid recipitur per modum recipientis recipitur. Nicht nur die Zeiterfahrung, alle Erkenntnis vollzieht sich auf dem Weg einer spezifisch menschlichen Rezeption. Die Forderung nach »reinen Tatsachen« (bruta facta), »Wahrheit an sich« ist eine in sich unmögliche Illusion. Es gibt für uns grundsätzlich nur Wahrheit, die in zeitlich-menschlicher Weise angeeignet ist. Daß dies von der Geschichte und Wahrheit des Heils noch in einem qualifizierteren Sinn gilt, weil es Heilsgeschichte und Heilswahrheit nur im Medium des Glaubens gibt, wurde schon aufgezeigt.
Wir haben bisher die Begriffe der Zeit und der Zeitlichkeit und deren eminente Bedeutung für das Verständnis des Glaubens dargelegt. Die Phänomene der Zeit und der Zeitlichkeit haben uns aber weiterverwiesen an den Menschen und seine Freiheit. Hier begegnen wir über das Phänomen der Zeit hinaus der Wirklichkeit der Geschichte und der Geschichtlichkeit.
Durch seinen Leib nimmt der Mensch an der Zeitlichkeit alles endlichen Seins teil; durch seinen Geist und seine Freiheit

transzendiert er sie jedoch zugleich. Der Mensch ist nicht ausweglos und hoffnungslos in die Zeit eingespannt, er ist vielmehr »in horizonte temporis et aeternitatis existens« (Thomas von Aquin). Der Mensch ist durch seine Freiheit über das jeweils Gegebene hinaus; durch seine geistige Offenheit kann der Mensch von seiner bisherigen Vergangenheit und von seiner Gegenwart Abstand nehmen und sich für neue Ideale, Pläne, für eine neue Zukunft entscheiden; er kann neue Anfänge setzen und so Geschichte machen. Geschichte besagt nicht ein bloßes Nacheinander einzelner geschichtlicher Ereignisse, sondern etwas viel Fundamentaleres; sie wurzelt in der menschlichen Freiheit und bedeutet, daß der Mensch nicht einfach aus den vorgegebenen Wirklichkeiten, aus der Vergangenheit heraus existiert, sondern auch von neuen Zukunftsentwürfen her seine Gegenwart bestimmt; der Mensch ist das Wesen, das grundsätzlich offen ist für Neues und Unableitbares.

Wie kommt der Mensch zu dieser Freiheit einer geschichtemachenden Tat? Indem wir diese Frage stellen und beantworten, gelangen wir zu Erkenntnissen, die aufzeigen, daß das Phänomen der Geschichtlichkeit von seiner eigensten Sache her nochmals über sich selbst hinaus verweist auf vorgegebene Geschichte und Tradition sowie auf innere Wesensstrukturen des Menschseins. Kein Mensch fängt ja am Nullpunkt an; zur Freiheit kommt der Mensch nur in der Begegnung mit anderer Freiheit, indem andere ihm Freiheit vorleben, ihn dazu auffordern, ihn in Freiheit verpflichten. Menschliche Geschichtlichkeit setzt also notwendig Gemeinschaft, Überlieferung, Sprache voraus. Dieses sind Wesensstrukturen und Wesensdimensionen des Menschseins; die Freiheit schafft sie nicht erst, sie ergreift und aktualisiert sie vielmehr. Durch die Tradition und die Gemeinschaft sind dem Menschen konkret aber auch immer schon bestimmte Wahlmöglichkeiten, Ideale, Perspektiven, Motive vorgegeben oder vorenthalten. Die Freiheit besteht konkret darin, daß der Mensch positiv oder negativ, zustimmend oder verwerfend zu diesen Gegebenheiten der Überlieferung Stellung nimmt. Geschichtlichkeit des Menschen ist nur dort möglich, wo der Mensch sich mit der Tradition auseinandersetzt. Vollkommene Traditionslosigkeit wäre ebenso ungeschichtlich wie ein sklavisches und mechanisches Festhalten an einer gesetzlich verstandenen Tradition.

Wir können nun den Begriff Geschichtlichkeit einigermaßen umschreiben (nicht definieren): sie ist jene eigentümliche Verfaßtheit menschlicher Existenz, aufgrund welcher der Mensch immer unterwegs ist zwischen Vergangenheit und Zukunft, Freiheit und Notwendigkeit, Individualität und Sozialität; nur in der ständigen Bewegtheit zwischen diesen Polen seiner Existenz kommt er zu sich selbst. Der Mensch ist nicht einfach »fertig«; sondern er ist sich selbst beständig aufgegeben; er soll werden, was er ist; der Mensch hat nicht Freiheit und Geschichtlichkeit, er ist Freiheit und Geschichtlichkeit in jener eigentümlichen Verschränktheit mit Verfügtheit, Geworfenheit, Notwendigkeit und Tradition. Eine recht verstandene Geschichtlichkeit kann gar nicht in einen schrankenlosen Relativismus umschlagen, in dem alles und nichts mehr gilt, weil alles gleich-gültig geworden ist. Davon unterscheidet sich die Geschichtlichkeit sowohl durch ihre engagierte Wahl, die zugleich Bindung an eine konkrete Tradition besagt als auch durch ihre »metaphysischen« Implikationen.

Diese begriffliche und sachliche Klärung ist auch für das Verständnis des Glaubens bedeutsam. Die Wahrheit des Glaubens gibt es grundsätzlich nur in einer engagierten Wahl und im Wagnis einer Entscheidung. Man kann die Wahrheit des Glaubens nie dadurch nachprüfen, daß man sich denkend, rechnend neben seinen Glauben stellt. Vielmehr gilt hier: »Wer die Wahrheit tut, der kommt zum Licht« (Jo 3,21); »wer an den Sohn Gottes glaubt, der hat das Zeugnis in sich« (1 Joh 5,10); »wenn ihr in meinem Worte bleibt ..., werdet ihr die Wahrheit erkennen« (Jo 8,32). In diesem (aber nur in diesem) Sinn hat S. Kierkegaard recht, wenn er sagt: Die Wahrheit ist die Subjektivität. Die Geschichtlichkeit bedeutet für den Glauben auch, daß dieser immer nur in einer geschichtlichen Perspektivität gegeben ist, daß die Wahrheit, für die wir uns entscheiden sollen, nie anders als durch eine

bestimmte Tradition und damit durch ein bestimmtes geschichtliches Vorverständnis vermittelt ist.
Auch die Wahrheit des Christentums läßt sich nie einfach »chemisch rein« aussagen. Das »Wesen des Christentums«, das »Wesen des Katholizismus« läßt sich nie ein für allemal beschreiben; was Glaube ist, läßt sich grundsätzlich nur in geschichtlicher Gebrochenheit und Vermittlung sagen. Jede Epoche, jeder große Theologe und erst recht jeder der großen epochemachenden Heiligen sieht, realisiert und sagt das Christentum auf neue Weise aus. So ist es prinzipiell nicht auszuschließen, daß bei dem radikalen geistigen Umbruch, wie wir ihn gegenwärtig auf allen Gebieten erleben, ganz neue Aspekte des Christlichen in Sicht kommen und die Kirche eine neue Gestalt annimmt. Der Glaube läßt sich innergeschichtlich nie abschließend auf den Begriff bringen, er stellt sich in der Geschichte erst immer wieder neu heraus. »Jetzt sehen wir wie durch einen Spiegel, rätselhaft, dann aber von Angesicht zu Angesicht; jetzt erkenne ich stückweise, dann aber werde ich ganz erkennen, wie auch ich ganz erkannt bin« (1 Kor 13,12).
Wenn unsere geschichtliche Situation durch einen radikalen Umbruch auf allen Gebieten bestimmt ist, dann fordert das von uns deshalb auch im Glauben Mut und Wagnis zum Neuen. Das Wagnis ist heute der einzige Tutiorismus, der uns erlaubt ist. »Wir müßten fragen: wie weit darf man unter Benutzung aller theologischen und pastoralen Möglichkeiten gehen, weil die Situation des Reiches Gottes sicher so ist, daß wir das Äußerste wagen müssen, um standzuhalten, wie Gott es von uns verlangt. Es schein mir: wenn in diesen und vielen anderen Fragen dieser Tutiorismus angewandt wird, das heißt, wenn man als Imperativ für unsere Zeit, nicht als gültiges Prinzip für alle Zeiten, von der Überzeugung ausginge, daß das Sicherste das Gewagteste ist und die beste Möglichkeit, um alles oder etwas zu gewinnen, nicht die Vorsicht, sondern das gewagteste Wagnis – dann würde doch mancher Gedanke in der Kirche eine andere Form erhalten« (K. Rahner). Daß es sich dabei nicht einfach um eine unverantwortliche Neuerungssucht handeln kann, ist selbstverständlich.

Unsere Situation erfordert deshalb auch Wachsamkeit und Verantwortungsbewußtsein, damit wir als treue Zeugen den Glauben ungeschmälert an eine neue Generation weitergeben. Das führt uns zu der Frage, was im Glauben das Durchhaltende und Bleibende ist, das für das Wesen der Geschichtlichkeit ebenso konstitutiv ist wie der Wandel, die Neuinterpretation, das Wagnis, der Neuanfang und die Aneignung.

IV.

In einem letzten Teil stellt sich uns nochmals die entscheidende und bedrängende Frage nach dem »Absoluten in der Geschichte«, nach dem Halt innerhalb der Geschichtlichkeit, nach dem Unwandelbaren des Glaubens inmitten des geschichtlichen Wandels.

Zunächst läßt sich das formelle kirchliche Dogma von den bloßen Lehr- und Schulmeinungen und frommen Meinungen unterscheiden. Die letzteren können keinerlei Anspruch auf Unwandelbarkeit erheben, und es wird wichtig sein, in Zukunft beides viel strenger auseinanderzuhalten, als es bisher oft geschehen ist. Trotzdem würde man sich die Lösung dieser Frage zu einfach vorstellen, wenn man meinte, man könnte das Wandelbare und das Unwandelbare im Glauben der Kirche reinlich in zwei Bereiche auseinandertrennen. Auch das Dogma kann nicht losgelöst werden von der geschichtlich wandelbaren Interpretation und Rezeption, die es in der Kirche findet. So sehr es etwas Endgültiges zum Ausdruck bringt, ebensosehr redet es in zeitbedingten, verbesserungsfähigen und -bedürftigen und damit vorläufigen Begriffen und Fragestellungen, wobei Form und Inhalt zwar grundsätzlich unterschieden, aber konkret nur sehr schwer getrennt werden können.

Man kann die Frage nach dem Absoluten in der Geschichte also nicht lösen, indem man zu einem ungeschichtlichen Denken zurückkehrt, das einen fix ausgrenzbaren Grundbestand von Glaubenswahrheiten statuiert. Eine Lösung ist nur auf dem Boden eines geschichtlichen Denkens selbst möglich. Ein wesentliches Strukturmoment der Geschichte ist die Hoffnung. Zur Geschichte gehört ja, wie wir gezeigt haben, die Offenheit und Freiheit des Menschen über Vergangenheit und Gegenwart hinaus; zur Geschichte gehört, daß der Mensch sich selbst nie einholen kann, daß er sich selbst transzendent ist. »Der Mensch überschreitet unendlich den Menschen« (B. Pascal). Er ist deshalb stets unterwegs; er ist »homo viator« (G. Marcel), ein Wesen der Hoffnung. Da diese Hoffnung innergeschichtlich unerfüllbar sein muß, ist alles Geschichtliche durch eine ihm wesentliche Vorläufigkeit geprägt. Aber die Hoffnung würde sich selbst aufheben, wenn sie nicht ebenso darum wüßte und darauf vertraute, daß sie eben inmitten dieser Vorläufigkeit der Geschichte schon jetzt Endgültiges und Unaufgebbares erfassen kann. Andernfalls wäre die Hoffnung gegenstandslos und sinnlos. Die Hoffnung als Strukturmoment der Geschichte schließt also beides ein: Endgültigkeit und Vorläufigkeit. Sie besagt aber auch, daß wir beides letztlich nicht ungeschichtlich und objektivistisch auseinanderdividieren können, sondern nur in geschichtlichem, wagendem Vertrauen verbinden können und müssen.

Diese Perspektive entspricht voll und ganz der biblischen Sicht der Dinge. Wahrheit und Geschichte gehören im biblischen Denken ursprünglich zusammen. Wahr im Sinn der Schrift ist nicht so sehr die Übereinstimmung einer Aussage mit dem, was ist, sondern mit dem, was aufgrund der Verheißung Gottes sein wird. Wahr ist, was sich bewährt, was sich in der Geschichte als das herausstellt, was es zu sein beansprucht. Wahrheit ist also immer mit geschichtlicher Treue verbunden, sie ist immer ein Versprechen, eine Verheißung, auf deren Wahrheit man sich im Glauben einlassen muß und deren Gültigkeit sich erst künftig herausstellt; sie ist immer Antizipation der eschatologischen Volloffenbarung. Die Wahrheit des Glaubens ist ein Weg, dessen letzter Horizont eine Verheißung ist. Glauben heißt, sich auf diese Verheißung einzulassen, sich auf den Weg machen, damit sich auf diesem Weg die Wahrheit als das herausstelle, was sie verspricht. Wie bei einer Wanderung ist aber auch hier der Horizont keine starre Grenze; ein Horizont wandert mit, und wir wandern in ihn hinein. So eröffnen sich auf dieser Wanderung immer wieder neue Aspekte und Aussichten. Immer ist die Wahrheit größer als die momentane Erkenntnis. Nie ist die Formel identisch mit der Sache selbst.

Diesen Weg des Einführens in alle Wahrheit (Jo 16,13) kann man aber nicht als isolierter einzelner gehen, man muß ihn gemeinsam gehen; Wahrheit gibt es nur im Dialog, in der Solidarität der gemeinsamen Wahrheitssuche. Damit kommen wir zu einem zweiten Aspekt biblischen Wahrheitsverständnisses: Wahrheit ist immer auf die Gemeinschaft des ganzen Volkes Gottes bezogen; die Kirche als ganze ist der Ort, wo Wahrheit sich ereignet, wo sie verkündet, tradiert und bekannt wird.

Über dem Weg, den die Kirche als das wandernde Gottesvolk geht, steht die Zusage Gottes: »Ich bin, der ich bin« (Ex 3,14). Das will heißen: »Ich werde da sein, wo ich da sein will; ich werde mit euch sein im Hier und Heute eurer Geschichte, frei und unerzwingbar, aber doch gewiß und treu.« Diese Verheißung »ich bin, der ich bin« war für das alttestamentliche Bundesvolk der Name des Bundes-Gottes Jahwe. Gott selbst ist also in seiner Person der Halt in der Geschichte, seine Treue gibt den Glaubenden die Gewißheit, den Wandlungen der Geschichte nicht hoffnungslos ausgesetzt zu sein. Diese Zusage hat Gott in Jesus Christus bestätigt und erfüllt: »Ich bin mit euch bis an das Ende Zeit« (Mt 28,29). Die Kontinuität der Geschichte ist begründet in der Treue Gottes zu seiner Verheißung, in seiner Macht, sie im Heiligen Geist in der Kirche auch durchzusetzen. An ihr, nicht an einem die Geschichte durchschauen-wollenden Wissen hat der Glaube Halt.

Weil Gott in Christus alles Menschliche und damit auch das Fragmentarische der Geschichte »unvermischt und ungetrennt« angenommen hat, kann der Christ in Glaube und Hoffnung die Geschichtlichkeit bejahen und in ihr doch eine untrügliche Verheißung und einen unerschütterlichen Halt finden. Die Geschichte ist kein drückendes Gesetz, unter dem die Kirche steht, vielmehr ist durch das Evangelium über die Geschichte die Hoffnung aufgerichtet.

Hoffnung in der Geschichte haben verbietet aber jede Katastrophentheologie und Katastrophenstimmung, die meint, es sei heute in der Kirche alles im Untergehen, nur weil vieles im Umbruch ist; die christliche Hoffnung und das Vertrauen auf die Verheißung Gottes verbieten aber ebenso die Annahme, alles Bisherige in der Geschichte der Kirche sei eine Katastrophe und es fange erst heute das Licht der Aufklärung an, über der Kirche zu leuchten. Beides ist mangelnder Glaube. Sowohl dem überängstlichen Konservativen wie dem innerkirchlichen Revolutionär fehlt der wirkliche Glaube.
Wer glaubt, der weiß, daß mit Christus die Wahrheit definitiv in die Welt gekommen und der Kirche anvertraut ist, daß die Kirche also nicht mehr definitiv auf den Stand der Synagoge zurückfallen und Christus nicht definitiv verleugnen kann. Das ist sachlich gemeint mit dem nicht ganz glücklichen Ausdruck »Unfehlbarkeit der Kirche«. Keines der kirchlichen Dogmen führt von Christus weg und versperrt den Zugang zu ihm. Das schließt nicht aus, daß diese Dogmen manchmal einen etwas unverständlichen und unvollkommenen Weg zu Christus weisen, der unter anderem auch einmal über »holprige Feldwege« führen kann, daß uns heute neue und bessere Wege erschlossen werden, wobei die neuen Wege freilich am Ende zu demselben Ziel führen müssen und damit der ursprüngliche Sinn der Dogmen durchaus erhalten bleibt. Wer glaubt, hat keine Angst vor der Geschichte, weil er um die Hoffnung über der Geschichte weiß aufgrund der Treue der Verheißung Gottes in Jesus Christus. In ihr allein besteht der Halt in der Geschichte.
Aus dieser Erkenntnis ergeben sich zum Schluß noch ein paar allgemeine Kriterien, die der Orientierung des Glaubens inmitten des Umbruchs der Geschichte dienen können: Als erstes Kriterium ist die Christus- und Schriftgemäßheit zu nennen. Alle Dogmen und Gebote der Kirche haben ihren letzten Sinn nicht in sich selbst; sie sollen Brücke und Krücke sein, die durch Christus zu Gott führt. Gerade heute scheint eine Reduktion der vielen Glaubenssätze auf den einen notwendig zu sein, daß Gott in Christus durch den Heiligen Geist für uns die Liebe ist. Alle anderen Dogmen wollen im Grunde

nur dieses eine Bekenntnis explizieren und absichern. Sie müssen deshalb auch von dieser Mitte her ihr Maß und ihre Ausrichtung erhalten. Auf diese Weise kann der Glaube wieder durchsichtig werden, und zugleich ist ein Kriterium gegeben für das, was echt und zentral, und für das, was peripher und zweitrangig ist.

Person, Wort und Werk Jesu Christi sind uns im Zeugnis der Schrift gültig und normativ bezeugt. Der Gehorsam der Kirche gegenüber Christus konkretisiert sich deshalb im Gehorsam gegenüber der Schrift. Die Schrift ist Kanon, Maßstab, norma normans non normata all dessen, was in der Kirche zu geschehen hat. Alle Reformen und Neuerungsbestrebungen müssen sich immer wieder an ihr ausweisen. Es genügt nicht, daß etwas der Schrift nur nicht widerspricht; es genügt auch nicht, daß eine kirchliche Lehre in entfernter Weise durch scharfsinnige Ableitungen mit der Schrift in Verbindung steht; sie muß vielmehr dem Zentrum, dem Geist, der Gesamtperspektive des apostolischen Zeugnisses entsprechen.

Die christologische Zentralaussage gilt es aber in das jeweilige Heute der Kirche zu übersetzen. Für diese Aktualisierung des ursprünglichen apostolischen Christuszeugnisses in die jeweilige Gegenwart ist noch ein zweites Kriterium maßgebend: die Gemeinschaft der Kirche. Das Glaubenszeugnis ist immer der Kirche als ganzer anvertraut. Kriterium für die Richtigkeit eines Zeugnisses ist, ob es der ekklesialen Liebe dient. Das Zeugnis eines einzelnen muß daran gemessen werden, ob die Gemeinschaft aller Gläubigen es sich zu eigen machen kann oder es wenigstens als Möglichkeit innerhalb ihrer Gemeinschaft anerkennt. Das macht den innerkirchlichen Dialog, das Mithören und Hinhören auf das Zeugnis der anderen notwendig. Jedes Zeugnis ist soviel wert, als es vom brüderlichen Zeugnis aller anderen getragen ist. Das erfordert Feingefühl, Takt und Rücksicht auch auf die Schwachen in der Gemeinde (Röm 14; 1 Kor 8).

Auch in der Kirche können Wahrheiten ihre Zeit haben. Man kann nicht zu jeder Zeit und überall alles sagen. Es kann zum Geschick eines Zeugnisses gehören, daß es seinen Kairos in der Kirche erst in einer viel späteren Zeit hat. Es kann aber auch das Phänomen schuldhafter Selbstverschließung in der Kirche gegen das Charisma geben. Es kann sein, daß eine bestimmte Formulierung in einer geschichtlichen Situation notwendig ist, daß sie später nicht falsch, aber unzulänglich, mißverständlich und für die größere Einheit der Kirche hinderlich wird, daß sie also zwar abstrakt richtig ist, aber nicht mehr konkret hic et nunc Wahrheit in der Liebe erschließt. Wir müssen das Gesagte deshalb noch durch ein drittes Kriterium ergänzen; wir können es das Kriterium der Sendungsgemäßheit nennen.

Dieses Kriterium besagt: Das Evangelium ist dann richtig verkündet, wenn es angesichts der heutigen Welt Glaube, Hoffnung und Liebe weckt, wenn seine Botschaft im Heute vollziehbar und verständlich ist. Nicht dort ist der Glaube am reinsten gegeben, wo man in einer sogenannten ungebrochenen Gläubigkeit, in Wirklichkeit aber in einer bloßen Gettomentalität die heutigen Probleme noch gar nicht zur Kenntnis genommen hat und einfach hinter verschlossenen Türen »weiterglaubt«, sondern dort, wo es aus dem Glauben heraus zu einer wirklichen Auseinandersetzung mit der Zeit kommt, wo das Evangelium entweder bewußte Ablehnung und Auseinandersetzung hervorruft oder echten neuen Glauben weckt. Eine Predigt, die nur orthodox ist und sonst nichts, ist in den Augen der meisten Zeitgenossen ein Relikt aus einer vergangenen Welt, eine quantité négligeable. Wo dagegen die Predigt Beweise des Geistes und seiner Kraft erbringt (1 Kor 2,4), dort ist der ursprüngliche Geist der Urkirche wieder lebendig geworden, da sind die Kontinuität und der Zusammenhang in Glaube, Hoffnung und Liebe mit dem Ursprung gegeben, da geschieht in der Geschichte etwas, dem bleibende Gültigkeit verheißen ist, da ist die Geschichte kein lastendes Gesetz mehr, unter dem wir seufzen, sondern ein Weg, der Weg des Glaubens durch die Zeit, den wir gehen im Vertrauen auf die uns gegebene Verheißung, daß Gott mit uns ist. Wir dürfen uns dann gerne auch den Überraschungen stellen, die uns auf diesem Weg begegnen.

Gott ist immer derselbe, er ist sich und uns treu, aber er ist auch – nach einem Wort Augustins – der Jüngste von uns allen, jeden Tag neu, unerfindlich neu, so daß wir gerade dann, wenn wir meinen, wir hätten Gott begriffen, stets neu erfahren müssen, daß er es nicht war, den wir begriffen haben. Die Geschichte des Glaubens ist ein Weg, der gestern, heute und morgen stets neu ist; doch aufgrund der Treue Gottes ist es stets der eine Weg, der eine Glaube, die eine Kirche, so daß gilt: Christus ist gestern und heute, er ist derselbe auch in Ewigkeit (Hebr 13,8).

Grundlinien einer Theologie der Geschichte*

Die Frage nach dem Sinn der Geschichte stellt sich unserer Zeit auf besonders eindringliche Weise. Das Christentum ist eine geschichtliche Religion. Der Christ bekennt sich zu dem lebendigen Gott, der in der Geschichte gehandelt hat und in Jesus Christus selbst geschichtlich geworden ist. Zeit und Geschichte können deshalb für den Christen nicht bloß etwas Negatives, Unvollkommenes sein, das er möglichst abzustreifen hätte, um mit dem Ewigen, Unwandelbaren eins zu werden. Nichts, das in der Geschichte sich ereignet, kann dem Glauben gleichgültig erscheinen. Die Frage nach dem Sinn der Geschichte und nach der christlichen Bedeutung geschichtlichen Tuns ist darum der Theologie gerade heute gestellt.

Aus dieser Aufgabe heraus sind in der Gegenwart Versuche zu einer Theologie der Geschichte unternommen worden. Auf protestantischer Seite liegen bereits einige großangelegte Entwürfe von K. Barth, O. Cullmann, R. Bultmann, F. Gogarten und verschiedenen anderen vor. Ansätze wie Ergebnisse liegen noch weit auseinander. Auf katholischer Seite stehen sich eine mehr eschatologische Sicht der Geschichte und eine von der Inkarnation herkommende Geschichtstheologie gegenüber.[1] Die erstere betont die Transzendenz des Reiches

* Erstmals veröffentlicht in: *Theologische Quartalschrift* 144 (1964), 129–169.

1 Vgl. die Übersicht bei R. Aubert, *Discussions récentes autour de la Théologie de l'Histoire,* in: *Collectana Mechliensia,* 1948, 129–149; L. Malevez, *La vision chrétienne de l'Histoire* II. *Dans la théologie catholique:* in: *Nouv. Rev. théol.* 71 (1949), 244–264; ders., *Deux théologies catholiques de l'Histoire,* in: *Bijdragen* 10 (1949), 225–240; J. David, *Theologie der irdischen Wirklichkeiten,* in: *Fragen der Theologie heute,* hrsg. v. J. Feiner, J. Trütsch und F. Böckle, Einsiedeln 1957, 560–567; G. Thils, *La théologie de l' Histoire. Note bibliographique,* in: *Ephem. Theol. Lov.* 26 (1950), 87–95. Für eine eingehende Bibliographie sei vor allem

Gottes, das zwar jetzt schon wirkmächtig ist, aber nie innerweltlich aufgewiesen werden kann; nach ihr besteht zwischen Evangelium und Welt immer eine Konfliktsituation, dem Christen ist nur die Haltung des Wartens und Hoffens möglich.

Dieser eschatologischen Sicht stehen andere Theologen gegenüber, allen voran Teilhard de Chardin, für die die Menschwerdung der Anfang einer neuen geschichtlichen Entwicklung der Menschheit bedeutet, in der das Evangelium der Liebe und der Gnade wie ein Sauerteig die Menschheit immer mehr durchdringt.[2] Die Entwürfe von J. Daniélou, Y. Congar, Hugo und Karl Rahner, H. Urs von Balthasar[3] versuchen mit allerdings verschiedenen Akzentsetzungen eine Synthese beider Aspekte. Wir versuchen beim neutestamentlichen Zeitverständnis selbst anzusetzen.

auf den Aufsatz von J. David verwiesen sowie auf die Artikel von A. Darlapp, *Geschichtlichkeit*, in *LThK* IV, ²1960, 780–783 und in: *Handb. theol. Grundbegr.* I, München 1962, 491–497; ders., Art. *Zeit*, in: *Handb. theol. Grundbegr.* II, München 1963, 896–903; Daniélou/Halder/Vorgrimler, Art. *Geschichtstheologie*, in *LThK* IV, ²1960, 793–799.

2 Die erste Lösung vertreten u. a. frühe Veröffentlichungen von J. Daniélou und von P. L. Bouyer (*Christianisme et Eschatologie*, in: *Vie intell.* 16 [1948] 6–38). Der zweiten Richtung gehören u. a. an G. Thils, *Theologie der irdischen Wirklichkeiten*, Salzburg 1955; D. Dubarle, *Optimisme devant ce monde*, Paris 1949; M.-J. Montuclard, *La médiation de l'Église et la médiation de l'Histoire*, in: *Délivrance de l'homme* (Jeunesse de l'Église 7) 1949, 9–33.

3 J. Daniélou, *Das Geheimnis vom Kommen des Herrn*, Frankfurt 1951; ders., *Vom Geheimnis der Geschichte*, Stuttgart 1955; Y. M.-J. Congar, *Der Laie. Entwurf einer Theologie des Laientums*, Stuttgart ²o. J., 128–170; H. Rahner, *Grundzüge katholischer Geschichtstheologie*, in: *Stimmen d. Zeit* 140 (1947) 408–427; K. Rahner, *Hörer des Wortes*, München 1941, 162–211; ders., *Schriften zur Theologie* 1–5, Einsiedeln ²1956–1962, passim; H. Urs von Balthasar, *Theologie der Geschichte. Ein Grundriß*, N. F. (Christ Heute 8), Einsiedeln 1959; *Wort und Geschichte*, in: *Verbum caro. Skizzen zur Theologie I*, Einsiedeln 1960, 28–47; ders., *Das Ganze im Fragment. Aspekte der Geschichtstheologie*, Einsiedeln 1963.
Der Ausdruck »Theologie der Geschichte« wird nicht immer in gleichem Sinn gebraucht. J. Daniélou definiert: »Geschichtstheologie ist jener Zweig der Theologie, dem es um die Eigentümlichkeit und den gleichbleibenden Grundzug dieses göttlichen Handelns geht« (*LThK* IV, ²1960, 793). So verstanden, wird die Theologie der Geschichte zu einer Theologie der Heilsgeschichte. Unsere Frage betrifft die theologische Bedeutung der Geschichte allgemein.

I. Christologischer Ansatz

Der Ausgangspunkt einer Theologie der Geschichte kann nur das zentrale Kerygma des Neuen Testaments sein, daß Jesus der Christus ist.[4] Mit dieser Botschaft ist etwas ausgesagt über ein ganz bestimmtes, einmaliges geschichtliches Ereignis, das sich an einem innerweltlich und weltgeschichtlich einordbaren Zeitpunkt (Lk 3,1 f.), sub Pontio Pilato zugetragen hat. Von diesem Geschehen wird in jenem Urkerygma verkündet, daß es die eschatologische Erfüllung der vorangehenden Verheißungs- und Bundesgeschichte des auserwählten Volkes darstellt, in die die Heidenvölker von vornherein eingeschlossen waren (Gal 3,7 ff.). So haben in Jesus Christus alle Verheißungen Gottes ihr Ja und Amen gefunden (2 Kor 1,19). Der Hebräerbrief kann deshalb abschließend sagen, daß Gott zu verschiedenen Zeiten und auf mannigfache Weise von alters her durch die Propheten zu den Vätern gesprochen habe; am Ende der Tage sprach er (eschatologisch abschließend) zu uns in seinem Sohn (1,1). Diese eschatologischen Tage bilden einen letzten Zeitraum, die Zeit der Geduld Gottes (Röm 2,4; 9,22 u. ö.), die Zeit der Mission, bis die Vollzahl der Heiden sich eingefunden hat (Röm 11,25 f.),

4 J. R. Geiselmann, *Jesus Christus, die Urform des apostolischen Kerygmas als Norm unserer Verkündigung und Theologie*, Stuttgart 1951. – Dieser Ausgangspunkt impliziert eine bestimmte Lösung des Problems »Offenbarung und Geschichte«, das sich heute in der Frage nach dem historischen Jesus zuspitzt. Wir können nur ein paar Abgrenzungen vollziehen, um möglichen Mißverständnissen zu entgehen. Wir gehen davon aus, daß die Botschaft von Jesus Christus zugleich Tatsachenzeugnis und Wahrheitszeugnis ist (H. Strathmann, Art. μάρτυς, in: *ThWNT* IV [1942] 495 f.), Botschaft und Bericht (G. Bornkamm, s. Anm. 17). Damit ist nicht gesagt, daß es neben dem Weg über das Kerygma noch einen Weg über den historischen Jesus zum Glauben gibt (so J. M. Robinson, *Kerygma und historischer Jesus*, Zürich 1960, 95 u. ff.) noch daß die historisch-kritische Forschung den Glauben selbst zu sichern hätte (so P. Althaus, *Zur Kritik der heutigen Kerygmatheologie*, in: *Der historische Jesus und der kerygmat. Christus*, hrsg. v. H. Ristow u. K. Matthiae, Berlin 1962, 239, 251, 257 f.). Die historisch-kritische Forschung geht nicht in die Glaubensgewißheit selbst mit ein, sie begründet höchstens die Glaubwürdigkeit des Glaubens; die Glaubensgewißheit ist allein in der Autorität des sich offenbarenden Gottes begründet (*Denzinger* 1789). Wir grenzen uns aber ebenso ab von einer reinen Kerygmatheologie, für die Offenbarung nur im Wort geschieht.

die Zeit der Kirche.[5] Mit Jesu Kommen ist die Zeit erfüllt (Mk 1,15), d. h., es ist nicht nur das Vollmaß der Zeit erreicht (Gal 4,4), »sondern der von Gott bestimmte, prophetisch bezeugte Heilstermin als Heilssituation der Menschen eingetreten«[6].

Geschichte wird in diesem Kerygma verstanden als gottgesetzter Zeitraum, als inhaltlich qualifizierte Zeit, Zeit der Gnade und der Entscheidung. Die Zeit wird verstanden als gespannte Bewegung von Verheißung auf Erfüllung, von bereits begonnener Erfüllung auf deren endgültiges Offenbarwerden hin. Die Zeit ist im Neuen Testament immer qualitativ gemeint (Zeit der Gnade, des Gerichts, des Heils, der Entscheidung), sie ist durch Gottes Tat gegebene, befristete, anfangende und endende Zeit.[7] Ganz anders ist der aristotelische Zeitbegriff quantitativ kosmisch gedacht als »die Zahl der Bewegung gemäß dem Früher und Später«. Hier ist Zeit Sukzession einzelner Zeitpunkte innerhalb eines von sich her leeren Zeitraumes.[8] Das Zeitempfinden des Neuen Testaments ist gegenüber dem jüdischen wie dem griechischen Denken etwas völlig Neues. Es ist bestimmt vom Christusgeschehen: Zeit ist nicht etwas Vergängliches, ständig Verflie-

5 H. Schlier, *Die Entscheidung für die Heidenmission in der Urchristenheit*, in: Ders., *Die Zeit der Kirche. Exegetische Aufsätze und Vorträge*, Freiburg/Br. ²1958, 90–107, bes. 103–107. Auf das vielschichtige Problem der sog. Naherwartung bzw. Parusieverzögerung kann hier natürlich nicht eingegangen werden, vgl. dazu R. Schnackenburg, *Gottes Herrschaft und Reich. Eine biblisch-theologische Studie*, Freiburg/Br. 1959.

6 R. Schnackenburg, Art. *Kairos*, in: *LThK* V, ²1960, 1242.

7 K. Barth, *Kirchliche Dogmatik* III/2, Zürich ²1952, § 47, 616–780; E. Fuchs, *Hermeneutik*, Bad Cannstatt ²1958, 157, 199, 251 f.

8 Aristoteles, *Physik* IV, 11, 219 b 1; Thomas v. A., *S. th.* I q. 10 a. 1–6; *S. c. g.* I, 15, 55; *In Phys.* IV, 15–23. Zur philosophischen Problematik dieses Zeitbegriffs J. Möller, *Von Bewußtsein zu Sein. Grundlegung einer Metaphysik*, Mainz 1962, 75–80. – Das NT reflektiert auf diesen Zeitbegriff nicht, schließt ihn aber auch nicht aus, sofern damit nicht mehr als ein an sich neutrales Koordinatensystem gemeint wird, wobei nochmals offen bleibt, ob dieses objektive Gültigkeit hat oder nur subjektive Anschauungsform ist. Dem NT würde es jedoch widersprechen, wenn diese äußere Zeit als Macht aufgefaßt würde, unter die der Mensch versklavt ist, als leer verrinnende Zeit (s. u.), oder wenn damit die Gleichwertigkeit aller einzelnen einander sukzedierenden Zeitmomente ausgesagt werden wollte. Mit diesen Interpretationen würde der zunächst nur quantitativ gemeinte Zeitbegriff bereits qualitativ, und d. h. ungläubig ausgelegt werden.

ßendes, nicht der unerbittliche Herr des Menschen, vor dem es kein Zurück gibt, dem der Mensch verfallen ist, Zeit ist Zeit Gottes, Gnade und Geschenk Gottes, erfüllte Zeit, Zeit, in die die Ewigkeit eingebrochen ist.[9]
Dieser christologische Ausgangspunkt unterscheidet eine Theologie der Geschichte von vornherein von der Philosophie der Geschichte, die von den immanenten Strukturgesetzen geschichtlichen Seins, von einer transzendentalen-existentialen Analytik menschlicher Geschichtlichkeit ausgehen muß.[10] »Denn nicht im Seitenblick auf Philosophie sollte die Theologie sich darstellen, sondern im Gehorsamsblick auf Jesus Christus, dessen Stehen in der Zeit und Geschichte sie unmittelbar zu beschreiben hat als Kern und Norm aller Geschichte.«[11] Eine Theologie der Geschichte ist nur möglich durch Aufweis der in der Verkündigung von Jesus Christus liegenden Implikationen, als Analysis der Christologie.[12]
Im Sinn des Neuen Testaments ist die christologische Botschaft aber kein gott-menschliches Prinzip, aus dem sich geschichtstheologische Erkenntnisse einfach deduzieren ließen[13], sondern sie ist als geschichtliches Ereignis der Höhepunkt der Bundesgeschichte zwischen Gott und den Menschen. Die Geschichte ist nicht nur eine Abfolge göttlicher Taten, sondern ebensosehr eine Abfolge menschlicher Antworten.[14] Beide Linien finden im gott-menschlichen Geheimnis der Person Jesu Christi ihre Vereinigung und ihre Erfüllung. Auf diese Dimension der Zeit im Dogma von

9 G. Delling, *Das Zeitverständnis des Neuen Testaments*, Gütersloh 1940, 90, 154.

10 Diesen Weg gehen besonders P. Tillich, *Religiöse Verwirklichung*, Berlin 1930, 110–141; ders., *Der Protestantismus. Prinzip und Wirklichkeit*, Stuttgart 1950, 49–87; K. Rahner und A. Darlapp in den o. Anm. 1 und 3 zitierten Arbeiten.

11 Urs von Balthasar, *Theologie der Geschichte*, 22.

12 Urs von Balthasar, *Die Implikationen des Wortes*, in: *Verbum caro*, 49 f.

13 Hier scheint mir die Gefahr der genannten inkarnatorischen Geschichtstheologie zu liegen; die Inkarnation wird hier leicht zu einem Geschichtsprinzip.

14 J. Daniélou, *Vom Geheimnis der Geschichte*, Stuttgart 1955, 213 f.; ders., *Christologie et eschatologie*, in: *Das Konzil von Chalcedon, Geschichte und Gegenwart*, hrsg. v. A. Grillmeier u. H. Bacht, Bd. 3, Würzburg 1954, 269–286; ders., *Die Gottmenschlichkeit als Formalprinzip der Heilsgeschichte*, in: *Der historische Jesus und der kerygmatische Christus*, 495–508.

Chalcedon hat J. Daniélou mehrfach aufmerksam gemacht.[15]

Das Kerygma von Jesus Christus ist kein feststellbares Heilsfaktum, sondern Zeugnis- und Glaubenswahrheit[16], Heilswahrheit. Der soteriologische Aspekt kommt nicht erst nachträglich als Applikation zum christologischen Kerygma hinzu. Das zeigt sich schon daran, daß die Evangelien primär kein historisches Interesse bekunden und nicht einfach Geschichtsquellen in unserem Sinn darstellen, sondern »in einer merkwürdigen intensiven Verbindung Bericht von Jesus Christus und zugleich Bekenntnis zu ihm, Zeugnis der an ihn glaubenden Gemeinde und Erzählung einer Geschichte«[17]. Für die Evangelien hat die Geschichte Jesu nicht Selbstzweck. »Im Erzählen der Geschichte von einst verkünden sie, wer er ist, nicht wer er war ... immer will das Einst der Geschichte Jesu auf seine Bedeutung für die Gegenwart heute und das Dereinst der Zukunft Gottes befragt und verstanden sein.«[18] Die christologische Botschaft kann weder als Prinzip noch als objektive Geschichtsaussage an sich, sondern nur als die gegenwärtige heilsgeschichtliche Situation qualifizierendes Kerygma Ansatz zu einer Theologie der Geschichte sein.

Die Botschaft vom Einbruch Gottes in die Zeit ist deshalb zugleich Botschaft von der Freiheit des Menschen von den Mächten und Gewalten dieser Weltzeit, von der Knechtschaft unter der Vergänglichkeit und Unumkehrbarkeit der Zeit.[19] Eine Theologie der Geschichte kann deshalb nie nur vom äußeren Zeitbegriff eines reinen Nacheinander von Zeitmomenten, auch nicht von dem einer nur »objektiv abrollenden« Heilsgeschichte ihren Ausgangspunkt nehmen, sie

15 Daniélou, *Vom Geheimnis der Geschichte*, 213 f.

16 Zum Nachweis, daß der Ereignischarakter der Verkündigung ein genuines Element des katholischen Traditionsbegriffs darstellt, vgl. die Arbeit des Vf. *Die Lehre von der Tradition in der Römischen Schule*, Freiburg/Br. 1962, 329–337.

17 G. Bornkamm, *Jesus von Nazareth* (Urban-Bücher 19), Stuttgart ³1959, 12; ders., *Evangelien, formgeschichtlich*, in: *RGG* II, ³1958, 749 f.; ders., *Glaube und Geschichte in den Evangelien*, in: *Der historische Jesus und der kerygmatische Christus*, 281–288; ders., *Geschichte und Glaube im Neuen Testament*, in: *Ev. Theol.* 22 (1962) 1–15.

18 Bornkamm, *Jesus von Nazareth*, 15.

muß ebensosehr und mit dem ersten Ansatzpunkt verschränkt eine subjektive Geschichtlichkeit des Menschen kennen, der durch die Botschaft des Evangeliums zu neuer Freiheit und zu neuem Anfangenkönnen befreit ist. Die Zeit ist im Neuen Testament göttliche Gabe, die dem Menschen zur Aufgabe wird, an der er sich zu entscheiden hat. Der Christ wird von der Sklaverei der Zeit befreit, und doch erhält die Zeit sofort neue Bedeutung, sie wird zur Entscheidungszeit für den Menschen. Der 1. Thessalonicherbrief zeigt, daß der Christ nicht der »Schwärmerei des Versinkens in eine wesenlose Ewigkeit der Idee« verfallen darf.[20] Zeit ist für das Neue Testament von Christus erfüllte Gnadenzeit, letzte Heilsmöglichkeit für den Menschen (Mk 1,15) und Entscheidungszeit, die es auszukaufen gilt (Eph 5,16; Kol 4,5), in einem.[21] Wollte man diesen zweipoligen Ausgangspunkt mit Hilfe philosophischer Begriffe weiter klären, so böte sich die Kategorie der Begegnung an, wie sie die moderne Philosophie und Theologie erarbeitet haben.[22] Sie wäre am besten geeignet, Geschichte im Sinne der Schrift als Bundesgeschichte zu fassen.[23]

19 Hier liegt zweifellos ein berechtigtes Anliegen von Bultmanns Ansatz. So betont auch R. Schnackenburg (*Zum Offenbarungsgedanken in der Bibel*, in: *Bibl. Ztschr.* N. F. 7. [1963] 7), daß die biblische Offenbarung auch in jenem Sinn geschichtlich ist, daß sie den Menschen, der je zwischen Vergangenheit und noch offener Zukunft steht, anruft und in die Entscheidung stellt. Vgl. auch Delling, *Zeitverständnis des NT* 90, 105 f., 110 f., 115, 142 u. ö.; Fuchs, *Hermeneutik*, 198 f., 251 ff. u. ö.; ders., *Das Zeitverständnis Jesu*, in: *Zur Frage nach dem historischen Jesus. Gesammelte Aufsätze* II, Tübingen 1960, 304–376. – Auch dieser zweite Gesichtspunkt des ntl. Zeitbegriffs darf nicht verwechselt werden mit der Zeitlichkeit und Geschichtlichkeit des Menschen, in der sich sein Dasein »auszeitigt«. Dieser Zeitbegriff, der bereits in Augustins »distentio animae« (Conf. XI, 13–29) anklingt, wurde besonders von M. Heidegger (*Sein und Zeit*, Tübingen ^{6}1960, §§ 45 ff., 231 ff.) im Anschluß an W. Dilthey und P. Yorck von Wartenburg erarbeitet. Er bildet für den ntl. Zeitbegriff gleichsam die ontologische Voraussetzung, auf die das NT selbstverständlich nicht reflektiert. Dem NT geht es immer um die (ontische) konkrete Zeit, die Zeit, die dem Menschen gegeben, geschenkt, befristet ist, die er sich nicht selber geben und nehmen kann.

20 Delling, *Zeitverständnis des NT*, 90.

21 Schnackenburg, *Zum Offenbarungsgedanken*, 1243.

22 Von philosophischer Seite kommen dafür in Frage: F. Ebner, M. Buber, K. Jaspers, K. Löwith, R. Guardini, O. F. Bollnow; von theologischer Seite: Th. Steinbüchel, E. Brunner, P. Tillich, O. Semmelroth.

23 Ansätze dazu finden sich bereits in der Föderaltheologie des 16./17. Jahrhun-

Durch den bisher nur angedeuteten Zeit- und Geschichtsbegriff unterscheidet sich das Christentum vom griechischen Denken. Geschichte ist im Christentum »keineswegs mehr, wie für das platonische Denken, bloß ›Bild ohne Ende‹, das ›im Kreis nach den Gesetzen der Zahl abläuft‹, das ἀίδιον als die bloße armselige Spiegelung des αἰώνιον. Das Werden ist nun etwas anderes als eine kreisläufige Folge von Zeugung und Vernichtungen, die sich nach dem Grundsatz verketten, daß ›die stete Wiederholung des Werdens dem ewigen Sein am nächsten kommt‹ ... Circuitus illi iam explosi sunt: das ist der triumphierende Schrei des Christen, dem sich Gott als Schöpfer und Erlöser offenbart hat. Der infernalische Kreis zerspringt. Die Tatsachen sind nicht mehr bloß Erscheinungen, sondern Tat und Ereignis. Unaufhörlich schafft sich etwas Neues.«[24]

Solche in sich kreisende Zeit- und Geschichtsauffassung ist nicht nur eine primitive mythologische Möglichkeit, nicht nur abgetanes antikes Denken, sondern offenbar bleibende denkerische Möglichkeit. Sie findet sich wieder in Nietzsches ewiger Wiederkehr des Gleichen, der gegenüber dem Menschen nur ein heroischer amor fati möglich bleibt.[25] Sie findet sich auch wieder in der Philosophie Hegels, für den die Wahrheit jener »bacchantische Taumel« ist, »an dem kein Glied nicht trunken ist«[26], weil sie alle Begriffe »flüssig« macht und in die Bewegung des absoluten Geistes aufhebt.[27]

derts, die über den Pietismus die geschichtsphilosophischen Ansätze des Deutschen Idealismus noch stark beeinflußte und auch noch bei K. Barth (*Kirchl. Dogmatik* II/2, 109, 119 f., 122 f.; IV/1 57–70) nachwirkt. Sie faßte die Heilsgeschichte als eine Abfolge von Bundesschlüssen auf. Vgl. G. Schrenk, *Gottesreich und Bund im älteren Protestantismus vornehmlich bei J. Coccejus*, Gütersloh 1923.

24 H. de Lubac, *Katholizismus als Gemeinschaft*, Einsiedeln 1943, 125; vgl. außerdem Daniélou, *Vom Geheimnis der Geschichte*, 9 f.; O. Cullmann, *Christus und die Zeit. Die urchristliche Zeit- und Geschichtsauffassung*, Zürich ²1948, 43–52; J. B. Lotz, *Hörer des Logos. Der Mensch bei Heraklit von Ephesus*, in: *Scholastik* 28 (1953) 543–570.

25 K. Löwith, *Nietzsches Philosophie der ewigen Wiederkehr des Gleichen*, Stuttgart 1956.

26 Hegel, *Phänomenologie des Geistes*, ed. Hoffmeister, Hamburg 1952, 39.

27 A. a. O. 40: »Die Wahrheit ist die Bewegung ihrer an ihr selbst«, so werden alle Gedanken »flüssig«, alles Fixe wird aufgegeben, alles wird zu einer Bewegung im Kreise (31). Vgl. *Wissenschaft der Logik* 1, ed. Lasson, Hamburg 1951, 56.

Die Zeit ist dann nur noch etwas Negatives[28], die Veränderung nur ein Kreislauf, die Wiederholung des Gleichen; es geschieht nichts Neues unter der Sonne.[29] In allem Geschehen legt sich der absolute Geist selbst aus, er ist die ewige Rückkehr zu sich selbst und die Geschichte ein Kreislauf auf verschiedenen Stufen.[30] Der alternde Schelling hat in solchem Denken einen heraufziehenden Nihilismus geahnt[31] und wieder betont, daß in Gott Anfang und Ende ist.[32]

Letzteres nannte O. Cullmann die lineare Zeitauffassung des Neuen Testaments.[33] Diese Auslegung besteht insoweit zu Recht, als sie sich von der Reduktion der Geschichte auf eine bloß existentielle Geschichtlichkeit absetzt, in der der Mensch nur noch in der Punktualität eines Je-Jetzt lebt, indem er von einer vorgegebenen Vergangenheit her auf eine besorgte Zukunft hin existiert. Trotzdem kann die Bezeichnung »lineare Zeitauffassung« der Botschaft des Neuen Testaments kaum genügen. Eine solche Zeitauffassung ist gar nicht spezifisch neutestamentlich, sondern vielmehr die Zeitauffassung des »Menschen Jedermann«, sie könnte ebenso die flüchtige, vergehende, leer verrinnende Zeit meinen, die nichtig versinkt.[34] Auch wenn Cullmann seinen Zeitbegriff nicht in dieser Weise verstanden wissen will, sondern als »aufsteigende Linie mit Anfang und Ende«[35], so ist doch das Fließen der Zeit »unzertrennlich verbunden mit der Vergänglichkeit, dem Vorübergehen, dem Nichtverweilen, dem Nicht-zurückkehren-Können zu dem, was gewesen ist, und eben das ist die

28 Hegel, *Die Vernunft in der Geschichte*, ed. Hoffmeister, Hamburg ⁵1955, 153.
29 A. a. O. 70, 72, 149, 153, 181.
30 A. a. O. 183.
31 Schelling, *Zur Geschichte der neueren Philosophie, Münchener Vorlesungen* (1827), in: *Werke* X, ed. Schröter, 160.
32 Schelling, *Philosophie der Offenbarung*, in: *Werke* XIII, 238, 258.
33 Cullmann, *Christus und die Zeit*, 42 u. ö.
34 E. Brunner, *Das Ewige als Zukunft und Gegenwart*, Zürich 1953, 47 f.
35 Cullmann, a. a. O. 44 u. ö. Cullmann betont zweifellos mit Recht, daß mit Christus nicht die Zeit des Kalenders aufgehoben worden ist und daß der Kalender auch für die Heilsgeschichte weitergeht nach Christus. Das ist keine Frage, das Problem ist vielmehr, welche qualitative Bedeutung diese Kalenderzeit besitzt. Cullmann: »Nicht eine ›neue Zeit‹ ist mit Christus geschaffen, sondern eine neue Zeiteinteilung« (80). Ob es dem NT auf eine solche Geometrie der Zeit (K. Barth, *Kirchl. Dogmatik* III/2, 532) ankommt?

Linearität der Zeit«[36]. Der Mensch weiß sich hier unter das Gesetz der Geschichte, das Gesetz einer unumkehrbaren zeitlichen Bewegung von nicht mehr rückgängig machbaren Fakten gebeugt. Niemand hat es so deutlich gemacht wie Nietzsche, wie sehr der Mensch dieser eisernen Notwendigkeit zu entkommen wünscht, wie Glück im Vergessenkönnen und im Freisein von Vergangenheit bestehen würde.[37] Das Neue Testament verkündet die Gnade eines solchen neuen Anfangenkönnens; die Erfüllung der Zeiten schenkt zugleich die Möglichkeit zur Umkehr (Mk 1,15), durch die das Gesetz der zeitlichen Bewegung entmachtet ist.

So haben R. Bultmann und seine Schule recht, wenn sie einem rein objektiven, linearen Zeitbegriff gegenüber die existentielle Zeit, die Zeit, die der Mensch hat, die er sich nimmt und gibt und die ihm gegeben ist, betonen und die rein lineare Zeitauffassung als gesetzliches Denken kennzeichnen. Das Ende des Gesetzes und der Herrschaft der Weltelemente, unter die der Mensch versklavt ist, ist für sie auch das Ende der Geschichte.[38] Eine christologische Bestimmung der Geschichte, wie wir sie zum Ausgangspunkt nahmen, kann tatsächlich nicht absehen vom soteriologischen Aspekt, von je meiner Geschichte, die mir neu geschenkt wird und die ich in der Entscheidung des Glaubens und Unglaubens ergreifen oder ablehnen kann.

Nun gilt aber auch das andere: Eine Theologie der Geschichte darf ebensowenig die Christologie in die Soteriologie auflösen, was die Gefahr Bultmanns ist. Das führt zu einem welt- und geschichtslosen Christentum, das sich auf eine fast pietistische Innerlichkeit der Glaubensentscheidung beschränkt. Das führt vor allem zu einem Dualismus von äuße-

36 Brunner, *Das Ewige als Zukunft*, 47.

37 F. Nietzsche, *Vom Nutzen und Nachteil der Historie für das Leben*, Stuttgart 1960, 6–14.

38 R. Bultmann, *Heilsgeschichte und Geschichte. Zu Oscar Cullmanns Christus und die Zeit*, in: *Theol. Lit.-Ztg.* 73 (1948) 659–666, bes. 655 f. Zum Ganzen: *Geschichte und Eschatologie*, Tübingen 1958; E. Fuchs, *Christus und das Ende der Geschichte*, in: ders., *Zur Frage nach dem historischen Jesus. Gesammelte Aufsätze* II, Tübingen 1960, 79–99.

rer und innerer Geschichte[39], der die Leibverfaßtheit des Menschen wie die Leiblichkeit des Heils in Christus nicht mehr voll ernst nehmen kann. Eine Theologie der Geschichte ist dann nur noch in einem negativ-kritischen Sinn möglich, als Gericht über die Geschichte. Die Kritik an dieser Auffassung meldet sich heute bereits innerhalb der Bultmannschule. Nach E. Fuchs hat Bultmann die Struktur der Entscheidung verfrüht in die theologische Applikation eingebracht, es wird bei ihm nicht deutlich, was in dieser Entscheidung mitentschieden wird, es wird nicht klar, daß es dabei immer auch um eine Entscheidung über die Welt des Menschen geht.[40]

G. Krüger hat mehrfach aufgezeigt, wie solche radikale Geschichtlichkeit sich selbst aufhebt und ins Bodenlose versinkt[41] oder, wie K. Löwith zeigt, der Gefahr eines »Dezisionismus«, einer reinen, auf sich gestellten »Entschlossenheit« ausgesetzt ist, die im Dritten Reich auf so fürchterliche Weise Geschichte gemacht hat.[42] Werden setzt immer etwas voraus, das wird. So ist sich der Mensch in seiner Entscheidung immer schon voraus, er findet sich dabei bereits in einer äußeren Geschichte vor[43], er ist leibhaft und welthaft verfaßter Geist. Ebensowenig kann solche Geschichtlichkeit ein metaphysisches Verständnis des Menschen ausschließen. Die Geschichtlichkeit setzt ja die Transzendenz, das ständige Über-sich-hinaus-Sein des Menschen als innere Ermöglichung voraus.[44]

Für die Theologie entscheidender als solche philosophischen Argumente ist aber die Feststellung, daß eine radikale »Entmythologisierung« der äußeren Zeit dem zentralen Zeugnis des Neuen Testaments von Jesus, dem Christus, widersprechen würde. Tatsächlich will und kann auch Bultmann nicht

39 H. Ott, *Geschichte und Heilsgeschichte in der Theologie Rudolf Bultmanns*, Tübingen 1955.

40 Fuchs, *Hermeneutik*, 66.

41 G. Krüger, *Freiheit und Weltverwaltung*, Freiburg/Br. 1958, 76, 101 f., 110 f.

42 K. Löwith, *Gesammelte Abhandlungen. Zur Kritik der geschichtlichen Existenz*, Stuttgart 1960, 93–126.

43 Krüger, *Freiheit und Weltverwaltung*, 79 ff., 86 f.

44 A. Darlapp. Art. *Geschichtlichkeit*, in: *LThK* IV, ²1960, 781 und in: *Handb. theol. Grundbegr.* I, 495 f.; J. B. Lotz, *Zur Geschichtlichkeit des Menschen*, in: *Scholastik* 26 (1951) 337–341.

absehen von dem »Daß« des Gekommenseins Jesu, in dem Gott eschatologisch gehandelt hat.[45] Die Frage ist nur, warum dann diese Bindung an das Einmalige der Existenz, der Verkündigung und vor allem des Kreuzes Jesu von Nazareth nicht selbst wieder gesetzliches Denken ist. Bultmann kann das von seinen Voraussetzungen aus so wenig begründen wie die Tatsache, daß die Redeweise vom Handeln Gottes nicht selbst wieder mythologische Redeweise ist, in der von Gott weltlich geredet werden muß.[46] So will und kann auch Bultmann die äußere Geschichte nicht ganz eliminieren. Auch er kennt eine heilsgeschichtliche Situation, in die der Mensch sich schon immer durch das ihm schlechterdings vorangehende Handeln Gottes gestellt sieht, durch die über seine Geschichte je schon verfügt ist, die aber anderseits dem Menschen Raum und Möglichkeit gewährt zu neuem Anfang. Was man Bultmann vorwerfen kann, ist nur, daß er diese äußere Geschichte theologisch nicht genügend ins Spiel bringt. Das geschieht heute in der Frage nach dem historischen Jesus. Hier geht es nicht um die Feststellung von »bruta facta« der Vergangenheit, sondern »die Kontingenz der Offenbarung, die sich in ihrer Bindung an eine konkrete Historie bekundet, spiegelt die Freiheit des handelnden Gottes und begründet die Möglichkeit unserer Entscheidung. Anders ausgedrückt: Sie schafft den Kairos, der je nachdem Situation der Gnade oder der Verschuldung ist. Weil die Urchristenheit Jesu irdische Geschichte derartig als Kairos erfuhr, schrieb sie Evangelien, gab sie auch nach Ostern die Evangelien nicht eigentlich preis«. Die Historie hat diese Vorgegebenheit, das extra nos des Heils herauszustellen.[47] Sie sollen bekunden, »daß

45 R. Bultmann, *Neues Testament und Mythologie. Das Problem der Entmythologisierung der neutestamentlichen Verkündigung* (Kerygma und Mythos 1), Hamburg [4]1960, 40 ff. G. Ebeling spricht vom »durchaus orthodoxen Skopus« der theol. Arbeit Bultmanns, weil in seinem Kerygmabegriff »der Bezug zur Geschichte und der Bezug zu Gott zugleich und unabgeschwächt zur Geltung kommt« (*Theologie und Verkündigung. Ein Gespräch mit Rudolf Bultmann* [Hermeneut. Untersuchungen z. Theol.]), Tübingen 1962, 25; vgl. 30 ff., 51.

46 Vgl. R. Bultmann, *Zum Problem der Entmythologisierung* (Kerygma und Mythos 2), Hamburg 1952, 196 ff.

47 E. Käsemann, *Das Problem des historischen Jesus*, in: *Exegetische Versuche und Besinnungen* I, Göttingen 1960, 201; vgl. Ebeling, *Theologie und Verkündi-*

der Glaube nicht mit sich selbst anfängt, sondern von einer vorgegebenen Geschichte lebt«[48].

Damit ist aber auch gegeben, daß jede rein ontologische Analytik der Geschichtlichkeit des Daseins ontisch scheitern muß und darum nicht Ausgangspunkt einer Theologie der Geschichte werden kann. Zwar ist die Geschichtlichkeit und Zeitlichkeit des Menschen die ontologische Voraussetzung seiner konkreten Geschichte, auch seiner Heilsgeschichte, diese Geschichte ist aber ihrerseits wieder die ontische Voraussetzung der Geschichtlichkeit. Als Heils- oder Unheilsgeschichte durchherrscht sie immer schon den Menschen, so daß der Mensch die Zeit entweder als entzogen und flüchtig oder als gnadenhaft geschenkt erfährt. Die philosophische Interpretation der Zeit bleibt hier notwendig zweideutig.[49] Erst das verkündende Wort enthüllt dem Menschen seine konkrete Situation. Die Verkündigung des Christusereignisses impliziert also beides: äußere Geschichtszeit als Geschichtsraum und subjektive Geschichtlichkeit als Augenblick der Entscheidung.

Wollen wir nach diesen klärenden Abgrenzungen unseres Ansatzes aus dem Urkerygma des Neuen Testamentes Ansätze zu einer Theologie der Geschichte entwickeln und dafür zunächst das Wesen der Geschichte theologisch bestimmen, so ist das nur möglich aus der Zweieinheit von Christologie und Soteriologie, dem Mit- und Zueinander der beiden biblischen Begriffe αἰών und καιρός, wobei der erste den gottverfügten Zeitraum, die jeweilige Heils- oder Unheilssituation, der

gung, 75, 79 f. Von hier aus müßte es auch möglich sein, der sog. Historisierung der ntl. Botschaft durch Lukas (H. Conzelmann, *Die Mitte der Zeit. Studien zur Theologie des Lukas* [Beiträge zur hist. Theol. 17], Tübingen ³1960) etwas mehr gerecht zu werden bzw. das theologische Anliegen im historischen zu sehen. Es ging Lk um nichts anderes, als die bleibende Norm des Anfangs in Christus und bei den Aposteln herauszustellen (Vgl. H. Schürmann, *Das Testament des Paulus für die Kirche: Apg 20, 18–35*, in: *Unio Christianorum* [Festschr. f. Erzbisch. L. Jaeger], hrsg. von O. Schilling u. H. Zimmermann, Paderborn 1962, 108–146). Das historische Interesse bedeutet also theologisch, daß unsere gegenwärtige Situation bleibend bestimmt ist von jenem Anfang in Jesus Christus, der unserem Glauben je schon vorgegeben ist. Vgl. auch U. Luck, *Kerygma, Tradition und Geschichte Jesu bei Lukas*, in: *ZThK* 57 (1960) 51–66.

48 Bornkamm, *Jesus von Nazareth*, 20.

49 Fuchs, *Hermeneutik*, 269.

zweite die dem Menschen gegebene Augenblicks- und Entscheidungszeit bedeutet.[50]

Die Äonen sind Zeiträume der menschlichen Geschichte, Weltzeiten.[51] Dabei betrachtet die Schrift die Zeit nicht als eine Größe innerhalb der Welt, sondern die gegenwärtige Welt als eine Größe innerhalb der Zeit, was die gegenwärtige Welt sofort relativiert. Für das Alte und das Neue Testament bedeuten diese Zeiten die Urordnung aller erfahrbaren Wirklichkeit.[52] Gott ist ihr Schöpfer, er hat ihnen Maß und Zeit gesetzt, aber er bleibt ihnen gegenüber doch frei, er wird nicht zum Sklaven seines eigenen Zeitprogramms, er kann die Zeiten verlängern oder abkürzen.[53] Die Äonen sind geradezu personale Machtgebilde, die dem einzelnen als Machtwesen gegenübertreten[54], sie bilden als Zeitgeist, Volksgeist usw. Raum und Atmosphäre, Dimension und Horizont seines Daseinsvollzugs.[55] Als Schöpfung Gottes sind sie zunächst neutral[56], sie können sich aber als Mächte und Gewalten etablieren, indem sie ihr Von-Gott-Sein preisgeben und eigenmächtig werden. Dieses ihr widergöttliches Machtwesen können sie dann im Staat und in anderen Institutionen zur Erscheinung bringen.[57] Sie sind in Christus und auf ihn hin geschaffen, und in ihm finden sie ihre Erfüllung. Sie sind also in jeder Hinsicht geschichtliche Größen. Mit Christus ist das göttliche Prinzip des Daseins in die Zeit eingetreten.[58] Was

50 Die Schrift kennt noch eine ganze Reihe anderer Termini (ἡμέρα, ὥρα, χρόνς, νῦν, σήμερον) und gebraucht auch die beiden genannten in vermischtem Sinn. So bedeutet καιρός auch öfters Zeitraum (Vgl. Delling, *Zeitverständnis des NT*, 89; Art. καιρός in: *ThWNT* III [1938] 463); Doch kreisen alle ntl. Aussagen um diese beiden Bedeutungsgehalte. Vgl. Cullmann, *Christus und die Zeit*, 32 f.; E. Stauffer, *Theologie des Neuen Testaments, Gütersloh* [4]1948, 59–62.

51 H. Sasse, Art. καιρός, in: *ThWNT* I (1933) 202–207; H. Schlier, *Der Brief an die Epheser*, Düsseldorf 1957, 153 Anm. 1.

52 Stauffer, *Theologie des Neuen Testaments*, 59 f.

53 A. a. O. 249, Anm. 195.

54 Schlier, *Brief an die Epheser*, 153 Anm. 1; anders allerdings Sasse, Art. αἰών, 208, er findet diese personale Bedeutung nur in Eph. 2,2.

55 Schlier, a. a. O. 46 f.

56 A. a. O. 113 f.

57 Schlier, *Mächte und Gewalten im Neuen Testament* (Quaestiones disputatae 3), Freiburg/Br. 1958, 11–36.

58 Schlier, *Der Brief an die Galater*, Göttingen [11]1951, 138.

zuvor von den Äonen verborgen war, nämlich ihr Geschaffensein in Christus und auf ihn hin, wird jetzt durch die Kirche offenbar (Eph 3,10).[59]

So wird durch das Kerygma der Kirche die Heilssituation dem einzelnen zum Kairos. Durch Verkündigung und Sakrament wird die allgemeine Heilszeit zum »Nun«, »Jetzt«, »Heute«. Jede geschichtliche Erscheinung und Möglichkeit, jedes Volk hat seinen Tag, jeder Mensch seine Stunde.[60] Auch das profane Griechisch besitzt für die zur Tat günstige Zeit den besonderen Terminus καιρός.[61] Aber der Grieche meint das Gegebensein des Kairos selbst beurteilen zu können. Das Neue Testament nimmt den Begriff auf, prägt ihn aber ganz um, es weiß, daß der Kairos dem Menschen entzogen ist, daß er ganz der Verfügung und Entscheidung Gottes angehört (Jo 7,6.8). »Denn der christliche Kairos wird nicht vom innermenschlichen Blickpunkt aus beurteilt, sondern hat die schlechthinnige Gewißheit der Gottgegebenheit und damit des göttlichen Auftrags. Gegenüber der anthropozentrischen und autonomen Haltung des ›Menschen aus sich‹ steht die theozentrische und theonome Haltung Jesu.«[62]

Zusammenfassend läßt sich sagen: Geschichte ist im biblischen Sinn zu entfalten als der Dialog zwischen Gott und der Menschheit, der sich in einzelnen Zeiträumen auszeitigt. In ihnen findet sich der einzelne vor, er ist in sie hineingestellt, und er hat sich ihnen wieder zu stellen. Zeit und Geschichte ist im Sinn des Neuen Testaments also weder ein gleichmäßiges Weiterfließen eines Zeitstromes noch bloß punktuelle Geschichtlichkeit, vielmehr der durch göttliche Heilsverfügung und menschlichen Gehorsam oder Ungehorsam dem Menschen eröffnete Daseinsraum und Horizont seiner geschichtlichen Existenz.[63] Solche Geschichte ist weder als Linie noch als Kreis, nicht als Spirale, Wellenlinie, Pendelschlag, auch

59 Schlier, *Der Brief an die Epheser*, 154 ff.

60 Stauffer, *Theologie des Neuen Testaments*, 60.

61 Delling, *Zeitverständnis des NT*, und Art. καιρός, in: *ThWNT* III (1938) 456–463.

62 A. a. O. 86 f.

63 Es wäre noch zu untersuchen, ob sich von hier aus das Problem der Erbsünde nicht neu durchdenken ließe. Dabei wäre die durch die Ungehorsamstat des einen

nicht als dialektischer Dreischritt oder als organischer Wachstumsprozeß vorzustellen, höchstens als dialogisch fortschreitendes Spannungsfeld zweier Pole, die eschatologisch-endgültig und unwiderruflich in Christus zusammengebunden sind.

Versuchen wir von diesem Ergebnis her eine erste Antwort auf die Frage nach der Bedeutung und dem Sinn menschlicher Geschichte zu geben! Die Geschichte steht nach dem bisher Gesagten unter der Norm und unter dem Maß Christi. Mit Christus ist sie in ihre letzte und entscheidende Phase eingetreten. Sie kann darum nie autonom und autark auftreten wollen. Wenn deshalb die innerweltlichen Utopien Ausdruck des selbstgewiß sich gebenden Menschen sind[64], so sind sie vom Evangelium her gerichtet. Ja, sie richten sich selbst, weil sie den Menschen immer mehr einem in sich kreisenden Betrieb und Umtrieb ausliefern, einem beständigen Teufelskreis, in dem der Mensch sein Leben menschlicher gestalten und sich vom Druck der äußeren Welt befreien will, indem er sich dabei verliert. Statt zur Freiheit führt solches innerweltliche Denken zu immer größerer Unfreiheit.[65]

So wäre also nur eine negative Antwort auf die gestellte Frage zu geben? Tatsächlich wird sie von vielen eschatologisch ausgerichteten Theologen gegeben. Sie statuieren zwischen Heilsgeschichte und Weltgeschichte einen unheilbaren Dualismus.[66] Diese negative Antwort kann offensichtlich unabhängig davon gegeben werden, ob man die Eschatologie als

Menschen heraufbeschworene allgemeine Unheilssituation nicht nur als eine äußere Bestimmung des Menschen zu denken. Biblisch gesprochen bestimmt diese Situation als σάρξ jeden Menschen in seinem Sein, und insofern ist sie durchaus jedem einzelnen eigen (»unicuique proprium«). Durch seinen Eintritt in diese Menschheit nimmt jeder an der so verstandenen Unheilssituation Anteil, so daß sie sich »propagatione non imitatione« fortpflanzt (D 790). Jedoch bedürfte diese Frage noch einer eingehenden Untersuchung.

64 Brunner, *Das Ewige als Zukunft*, 17.

65 E. Fuchs, *Zum hermeneutischen Problem in der Theologie. Die existentiale Interpretation*, Tübingen 1959, 82, 163; M. Heidegger, *Die Zeit des Weltbildes*, in: ders., *Holzwege*, *Frankfurt* ³1957, 69–104. Vgl. neuerdings: *Die Idee des Fortschritts. Neun Vorträge über Wege und Grenzen des Fortschrittglaubens*, hrsg. v. E. Burck, München 1963.

66 Das ist der Grundtenor beim frühen K. Barth, bei R. Bultmann, K. Löwith, H. Butterfield, E.-C. Rust.

real ausständige Zukunft oder als je meine Zukünftigkeit versteht. Noch einmal zeigt sich die Gefahr einer einseitig objektiven Denkweise. Soll es aber wirklich menschlich zwar verdienstvoll, christlich aber unerheblich sein, mitzuarbeiten, den Hunger und die Seuchen in der Welt zu bekämpfen, weil es sich dabei um eine innerweltliche Utopie, eine säkularisierte Hoffnung handelt? Es läßt sich ganz im Gegenteil zeigen, daß die Säkularisation an sich gar kein genuin widerchristliches Phänomen darstellt, sondern vielmehr eine Folge der Predigt des Evangeliums der Freiheit ist, die den Menschen lehrte, die Welt und die Geschichte nicht als eine numinose Macht und als ein blind verhängtes Schicksal zu sehen, sondern als verantwortbare und verantwortungsbedürftige Aufgabe.[67]

Diese Einsicht hat sich inzwischen auch bei Theologen durchgesetzt, die von der dialektischen Theologie oder der existentialen Interpretation des Neuen Testaments herkommen. Für E. Fuchs ist Christus nur insoweit das Ende der Geschichte, als »die Geschichte als Produkt der Anstrengung zu verstehen ist, die Sünder machen, um leben zu können«[68], aber nicht in dem Sinn, daß die Geschichte uns nichts mehr anginge[69]. »Eschatologie ist darüber hinaus eine Begegnung mit der Geschichte, die um den Entscheidungscharakter des Augenblicks weiß«. Die ganze Geschichte, in der wir leben, in all ihren Dimensionen ist unter diesen totalen Anspruch genommen. Dann steht aber auch unser mitmenschliches Verhalten unter diesem Anspruch.[70] Weil Christus die Zeit als Zeitraum des Heils neu qualifiziert hat, ist die Eschatologie keine Fernsterwartung, sie qualifiziert vielmehr die Gegenwart neu und macht sie zur Entscheidungszeit. Darin besteht die unaufgebbare Bedeutung der Naherwartung.[71]

67 F.Gogarten, *Verhängnis und Hoffnung der Neuzeit. Die Säkularisation als dogmatisches Problem,* Stuttgart 1953, bes. Kap. 5–9; G. Ebeling, *Die Welt als Geschichte,* in: ders., *Wort und Glaube,* Tübingen 1960, 388 ff.; von anderen Voraussetzungen her J. B. Metz, *Weltverständnis im Glauben. Christliche Orientierung in der Weltlichkeit der Welt heute,* in: *Geist und Leben* 35 (1962) 165–184.

68 E. Fuchs, *Zur Frage nach dem historischen Jesus,* Tübingen 1960, 91, 95.

69 Fuchs, *Hermeneutik,* 115.

70 Fuchs, *Zur Frage nach dem historischen Jesus,* 27; vgl. 28 f., 31.

71 Schnackenburg, *Gottes Herrschaft und Reich,* 135–139.

Damit ist allen innerweltlichen Utopien und allen pseudomessianischen Zukunftserwartungen der Boden entzogen. Wenn Zeitlichkeit Existenz im Empfang und im Gehorsam bedeutet, dann ist das Überspringen der Zeit das Wesen des Ungehorsams. Das Hören und der Gehorsam gegen die Stunde, die der Vater festgesetzt hat, ist nach dem 4. Evangelium die Mitte des menschlichen Lebens Jesu.[72] »Daher im Neuen Bund die Wichtigkeit der Geduld, die mehr noch als die Demut zur Grundverfassung christlicher Existenz wird: das Ausharren, Durchhalten, Verbleiben, das Nicht-aus-der-Haut-Fahren, nicht heroisch oder titanisch Vorprellen und Zusammenzwingen, sondern die über alle Heldenkraft hinausliegende Sanftmut des Lammes, das geführt wird.«[73] Der Sinn der geschichtstheologisch so oft in Anspruch genommenen Wachstumsgleichnisse ist ja auch nicht ein stetiges Wachsen bis zum Tag der Ernte, sondern vielmehr das Wartenkönnen und Geduldhaben bis zur Ernte.[74] Der Christ weiß zwar um den endgültigen Sieg des Guten, aber er weiß nichts von einem ständig sich durchsetzenden Fortschritt des Guten. Seine Haltung zur Welt ist darum auch nicht ein Optimismus, sondern christlicher Realismus und christliche Nüchternheit, wissend um die Möglichkeit, daß die gottgesetzte Stunde auch verpaßt und verschlafen werden kann. Nicht der Glaube, sondern die Utopien sind Opium für das Volk. Der Glaube hindert den Christen an einem romantisch-restaurativen Denken wie an einem utopistischen Starren in die Zukunft, er setzt ihn frei, das hier und heute Mögliche zu tun, nicht im Wissen um den Erfolg oder um den konkreten Gang der Geschichte, sondern im Gehorsam auf die Stunde.

Aus dem entwickelten Ansatz heraus ergibt sich noch ein hermeneutisches Prinzip geschichtstheologischer Aussagen. Wir konnten feststellen: Die christologische Botschaft bedeutet die eschatologische Qualifizierung der gegenwärtigen Ge-

72 Urs von Balthasar, *Theologie der Geschichte*, 23–39.

73 A. a. O. 29. Zur Auseinandersetzung mit älteren Evolutions-Deutungen des Christentums auf protest. Seite, vgl. P. Althaus, *Die letzten Dinge*, Gütersloh [7]1957, 231–250.

74 Schnackenburg, *Gottes Herrschaft und Reich*, 98–109, bes. 104 f.

schichte des Menschen; sie wird als Gnaden- und als Entscheidungszeit verkündet. Wie aber theologische Aussagen in der Protologie nur möglich sind als Aitiologie, als Angabe des die Gegenwart tragenden Grundes und Anfangs, wie Aussagen über die Eschatologie nur möglich sind als Projektion des die Gegenwart bestimmenden Christusereignisses und der gegenwärtigen Heilserfahrung des Menschen in den Modus der Vollendung[75], so sind geschichtstheologische Aussagen nur insoweit möglich, als sie sich begreifen lassen als Momente der Christologie und Soteriologie bzw. der theologischen Anthropologie. Sowenig dogmatische Aussagen in der Protologie und Eschatologie einfach reproduzierende oder antizipierende Reportage objektiv wißbarer Gegenstände sein können, ebensowenig erlaubt eine Theologie der Geschichte Aussagen und Wertungen von profangeschichtlichen Zusammenhängen und Tatsachen, die zusätzliche Erkenntnisse im Bereich des Historischen selber erbringen. Solche Offenbarungswahrheiten über konkrete profan-geschichtliche Tatbestände sind uns faktisch nicht gegeben. Eine Theologie der Geschichte kann nur fragen, was die heilsgeschichtliche Situation, innerhalb der wir uns befinden, für unser geschichtliches Tun und Verhalten bedeutet.

II. Theologische Begründung

Der christologische Ansatz führt ganz von selbst über sich hinaus. Das urchristliche Kerygma denkt theozentrisch. Es handelt sich um eine gottgewollte und gottverfügte Geschichte, um die Erfüllung von Gottes Heilsverheißungen und seines Heilsplanes, in ihr handelt Gott selbst.[76] Diese Tatsache gibt der gegenwärtigen Heilssituation ihren Entscheidungscharakter und ihren Ernst. Auch Israel erfuhr die

75 K. Rahner, *Theologische Prinzipien der Hermeneutik eschatologischer Aussagen*, in: *Schriften zur Theologie* 4, Einsiedeln 1960, 401–428.

76 J. R. Geiselmann, *Jesus der Christus*, 174. Solche Theozentrik stellt keinen Gegensatz dar zu einer recht verstandenen Anthropozentrik; vgl. J. B. Metz, *Christliche Anthropozentrik. Über die Denkform des Thomas von Aquin*, München 1958, 141 f.

Geschichtsmächtigkeit Jahwes zuerst innerhalb seiner Geschichte. Diese Souveränität Gottes in der Geschichte konnte ihren Grund aber nur darin haben, daß Jahwe der absolute Herr über die gesamte Wirklichkeit ist, daß alle Wirklichkeit ihren Ursprung der souveränen Initiative Gottes verdankt. Der Schöpfungsglaube hatte ursprünglich also nur dienende Funktion, er sollte das Vertrauen auf die Macht Jahwes stärken.[77] Er besagte, daß alle Wirklichkeit einen Anfang besitzt und deshalb geschichtlich ist. Nichts anderes will auch das kirchliche Dogma sagen, wenn es davon spricht, daß Gott die Schöpfung mit der Zeit geschaffen habe (*Denz.* 428, 1783). Zeitlichkeit wird damit als die umfassende Seinsweise alles kreatürlichen Seins anerkannt.[78]

Die Weltzeiten weisen auf den Schöpfer der Äonen (Hebr 1,2; 11,3) zurück und zum König der Äonen empor (1 Tim 1,17). Diese Souveränität und Zeitüberlegenheit Gottes drückt die Schrift mit αἰώνιος aus. Ewigkeit bedeutet im biblischen Sinn also nicht primär Nichtzeit und Zeitlosigkeit, es ist in erster Linie kein negativer, sondern ein positiver Begriff und meint die Herrschaft Gottes in der Zeit und über die Zeit. Ewigkeit bedeutet weniger Zeitlosigkeit als Zeichtmächtigkeit.[79] Das besagt natürlich auch – und setzt sogar voraus –

77 G. v. Rad, *Theologie des Alten Testaments* 1, München 1958, 141 f. Der »theologische« Hintergrund gibt erst den Heilsereignissen des AT und NT ihre Heilsbedeutung. Die von R. Bultmann aufgeworfene Frage bezüglich Christus »Hilft er mir, weil er der Sohn Gottes ist, oder ist der Sohn Gottes, weil er mir hilft?« (*Das christologische Bekenntnis des ökumenischen Rates,* in: ders., *Glauben und Verstehen* 2, Tübingen ³1961, 252) stellt also eine unnötige Antithese dar.

78 J. Mouroux, *Le mystère du temps. Approche théologique* (Théologie 50), Paris 1962, 35 ff.

79 H. Sasse, Art. αἰών, in: *ThWNT* I (1933) 198–202. Diesen »positiven« Ewigkeitsbegriff vertreten dogmatisch K. Barth, *Kirchl. Dogmatik* II/1, 685 ff.; E. Brunner, *Dogmatik* 1, Zürich ³1960, 272 ff.; J. Ratzinger, Art. *Ewigkeit,* in: *LThK* III ²1959, 1268–1270, J. Mouroux, a. a. O. 16 ff. – Die These Cullmanns, Ewigkeit bedeute in der Schrift unendliche Dauer (*Christus und die Zeit,* 52 ff.), hebt sich dadurch selber auf, daß Cullmann selbst Gottes Herrschaft über die Zeit herausstellt (59 ff.), denn damit ist doch gesagt, daß Gott nicht nur in, sondern auch über der Zeit steht. Seine Forderung, den bibl. Ewigkeitsbegriff möglichst unphilosophisch zu denken (55), ist berechtigt, indem ihn aber Cullmann selbst dem philosophischen Begriff substituiert, macht er unter der Hand aus dem bibl. Begriff einen (pseudo-)philosophischen. In Wirklichkeit widersprechen sich beide Begriffe gar nicht, wenn man erkennt, daß sie gar nicht auf derselben Ebene liegen.

absolute Freiheit von der Zeit und ihrem Nacheinander, in dem sich endliches Sein auslegt und je erst sich einholen muß. Aus dem biblischen Ansatz ergibt sich also, wenn man ihn im Horizont philosophischer Fragestellung nachdenkt und auf seine ontologischen Voraussetzungen befragt, ganz konsequent die klassische Definition des Boethius: »aeternitas est interminabilis vitae tota simul et perfecta possessio«[80]. Die Erkenntnis, daß die Ewigkeit Gottes eine Bestimmung seiner Freiheit und Souveränität darstellt und gerade nicht statisch aufzufassen ist, ist geschichtstheologisch von größter Bedeutung. Die Ewigkeit Gottes als Geschichtsmächtigkeit besagt also gerade nicht Unlebendigkeit und Starre. Allzu leicht wird aus der Absolutheit Gottes eine Beschränkung gemacht, Gott wird dann der Gefangene seines eigenen Seins. Die Freiheit und Absolutheit Gottes erweist sich aber gerade in der Freiheit zur Geschichte, darin, daß sie eben auch in der Zeit und in der Geschichte frei und absolut bleibt. Hier behält die Bestimmung Schellings und Hegels vom absoluten Geist ihr volles Recht.[81] In der theologischen Tradition hat allzu oft der statische Gottesbegriff der antiken Philosophie und des modernen Deismus die Vorstellung beherrscht und den lebendigen Gott der Geschichte, wie er uns in der Schrift verkündigt wird, verdeckt. Es ist schon leicht mißverständlich, dem »nunc fluens« der Zeit das »nunc stans« der Ewigkeit gegenüberzustellen, denn Ewigkeit und Zeit verhalten sich nicht wie stare und fluere. »Aus der babylonischen Gefangenschaft des abstrakten Gegensatzes zum Zeitbegriff muß der theologische Ewigkeitsbegriff befreit werden.«[82]

Diese Lebendigkeit und Geschichtsmächtigkeit Gottes kommt besonders im alttestamentlichen Gottesnamen Jahwe zum Ausdruck. Wie man auch Herkunft und Bedeutung dieses

80 Boethius, *De consolatione philosophiae* V, 6: PL 63, 858. Um eine philosophische Zugänglichmachung dieses Begriffs bemühen sich J. B. Lotz, *Geschichtlichkeit und Ewigkeit*, in: *Scholastik* 29 (1954) 481–505; A. Darlapp, Art. *Ewigkeit*, in: *Handb. theol. Grundbegr.* I, 363–368.

81 K. Rahner, *Zur Theologie der Menschwerdung*, in: *Schriften zur Theologie* 4, 145 ff.; H. Volk, *Kreatürlichkeit*, in: *Gott alles in allem. Gesammelte Aufsätze*, Mainz 1961, 23–25.

82 Barth, *Kirchl. Dogmatik* II/689.

Namens im einzelnen erklärt und Ex 3,15 interpretiert, so besteht doch Übereinstimmung darüber, daß es sich hier um die Verheißung der wirksamen Gegenwart Gottes »im Jetzt und Hier der Geschichte Israels« handelt.[83]

Zeit und Ewigkeit stehen nicht neben- oder übereinander, sondern sie sind ineinander. Die Überzeitlichkeit Gottes besagt zugleich seine In- und Mitzeitlichkeit.[84] Die Ewigkeit Gottes ist nur dialektisch zu fassen: Gott ist so zeitüberlegen, daß er auch in der Zeit nochmals von der Zeit frei ist. Er schließt alle Zeit mit ein und koexistiert mit jedem Zeitpunkt[85], ohne doch von einem von ihnen begrenzt zu werden. Es ist deshalb kein Widerspruch – wiewohl ein undurchdringliches Geheimnis –, daß Gott Mensch wird, zeitlich wird, sich unter uns Zeit nimmt und doch ewig bleibt.

Dieses positive Verhältnis Gottes zur Zeit hat seinen inneren Ermöglichungsgrund in der immanenten Selbstaussage Gottes in der Trinität, in der die Einheit und Simultaneität Gottes durch das – freilich nicht zeitliche, aber auch nicht bloß logische – Auseinander der drei Personen nicht aufgehoben wird, sondern erst in ihrer Absolutheit und inneren Freiheit offenbar wird.[86] K. Barth glaubt in seiner Prädestinationslehre noch einen Schritt weiter gehen zu können. Die ewige Erwählung als die »Summe des Evangeliums«[87] ist ihm kein abstraktes Heilsdekret, sondern ein Concretissimum, Jesus Christus in Person.[88] In der ewigen Erwählung des Menschen Jesus Christus, in dem wir alle erwählt sind, hat Gott nicht nur über diesen, sondern in grundlegender Weise auch über sich selbst bestimmt.[89] Barth spricht von einer Ur- und Grundentscheidung Gottes[90], von einem Urwort, in dem

83 F. Stier, *Geschichte Gottes mit dem Menschen* (Die Welt der Bibel), Düsseldorf 1959, 23; J. Mouroux, *Le mystère*, 18; einen Überblick über die verschiedenen Deutungen gibt H. Haag, *Bibellexikon*, Einsiedeln 1956, 766–769.

84 Barth, *Kirchl. Dogmatik* II/1, 702.

85 Thomas von Aquin, *Summa theologiae* I q. 10 a. 2 ad 4; q. 57 a. 3. c. a.; *Summa contra gentes* I, 66; In I Sent. d. 37, q. 2, a. 1 ad 4.

86 Barth, *Kirchl. Dogmatik* II/1, 693 f; K. Rahner, *Theologie der Menschwerdung*, 149 ff.

87 Barth, a. a. O. II/2, 1 (These) u. ff.

88 A. a. O. 101 ff.

89 A. a. O. 1, 108 u. ö.

90 A. a. O. 53, 110, 138 u. ö.

Gott zugleich aus sich herausgeht und doch bei sich selbst bleibt.[91] Von diesem höchsten Punkt aus fällt Licht auf die gesamte Wirklichkeit.[92] Der Grat ist allerdings sehr schmal geworden, auf dem ein Absturz in die Philosophie und Gnosis droht. Diese Konzeption erinnert deutlich an die idealistische Methode des sich selbst setzenden und voraussetzenden Prinzips, an Hegels Bestimmung des absoluten Geistes.[93] Jetzt wird verständlich, warum Barth jeden »neutralen« Zeitbegriff ablehnen muß, warum Zeit für ihn einfach Jesus Christus besagt.[94] Aber gerade hier droht der so konkrete Ansatz ins ungeschichtliche Gegenteil umzuschlagen, weil Geschichte dann nur noch die Ausführung und das Inerscheinungtreten jener ewigen Urentscheidung darstellt. Ist so die Inkarnation wirklich noch unableitbares Geheimnis, oder ist sie nicht bereits spekulativ übergriffen?

E. Brunner sieht hier eine Eigentümlichkeit der Theologie Barths am Werk, seinen »Objektivismus, das heißt die Auseinanderreißung von Offenbarung und Glaube«, die Unterbewertung des subjektiven Elements, des Glaubens.[95] Um mehr als eine gefährliche Tendenz dürfte es sich indes bei Barth nicht handeln. Immerhin bleibt für unseren Zusammenhang wichtig, daß die Geschichte kein Monolog Gottes ist, in dem der Logos monos spricht, sondern Dialog, der seinen Höhepunkt in der freien personalen Gehorsamstat des Menschen Jesus Christus dem Vater gegenüber fand. Beide Freiheitstaten, die der ewigen Erwählung und die des zeitlichen Gehorsams, lassen sich aber nicht in einem höheren Ganzen aufheben. So führt gerade jener höchste Punkt, auf den bei Barth alles gestellt ist, über dessen »christologische Engführung«[96] hinaus zu einer relativen Eigenständigkeit

91 A. a. O. IV/1, 27 ff.; III/1, 123.

92 Vgl. H. Urs von Balthasar, *Karl Barth. Darstellung und Deutung seiner Theologie*, Köln ²1962, 230; ders., *Christlicher Universalismus*, in: *Verbum caro. Skizzen zur Theologie* I, 269 f.

93 Urs von Balthasar, *Karl Barth*, 218.

94 Barth, *Kirchl. Dogmatik* I/2, 50 ff.

95 Brunner, *Dogmatik* I, 355; vgl. W. Breuning, *Neue Wege der protestantischen Theologie in der Prädestinationslehre, in: TThZ* 68 (1959) 193–210.

96 Urs von Balthasar, *Karl Barth*, 210, 253, 255.

und Eigenwertigkeit der menschlichen Geschichte.[97] Sie ist notwendig, wenn das »Unvermischt« von Chalcedon nicht gefährdet werden soll.

Erst die in Jesus Christus bejahte Freiheit der menschlichen Natur verleiht der Geschichte vor der Ewigkeit ihren Wert und ihre Gültigkeit; sie bewirkt, daß diese Geschichte von der Ewigkeit nicht aufgesogen und wie von einem unendlichen Moloch verschluckt wird. Die freie Entscheidung des Menschen besitzt, wenn sie endgültig und definitiv vollzogen wird, eine Würde und Gültigkeit, die von Gott respektiert wird. Die Frucht solcher Entscheidung bleibt dem Bestand der Geschichte bleibend eingestiftet.[98] Diese bleibende Gültigkeit hat Gott der Geschichte in der Menschheit Christi von Ewigkeit her eingeräumt; sie stellt darum auch keine Gegenposition gegenüber Gott dar. Gott bleibt auch in und über der so ernst genommenen Geschichte frei und souverän, ja er erweist sich gerade in ihr als der Herr dieser Geschichte. Weil alle Schöpfung von vornherein in Jesus Christus Bestand hat (Kol 1,17), hat Gott auch die Sünde des Menschen von vornherein aufgefangen und überboten.[99]

So ist jede Zeit nicht nur von der Ewigkeit Gottes umgriffen, sondern auch von Jesus Christus qualifiziert. Schon die Tatsache, daß die Geschichte trotz der Sünde weitergeht und weiterdauert, hat ihren Grund allein in Christus. Gott läßt dem Menschen Zeit, weil er die ganze Geschichte auf die Wiederherstellung in Christus hingeordnet hat, weil er nicht

97 Urs von Balthasar, *Christlicher Universalismus*, 272 f. Balthasar verweist ebenso darauf, daß »Gott, obwohl er die Allheit ist, des Menschen Partner zu werden sich würdigt, ist das paradoxeste Wunder . . .«.

98 K. Rahner, *Zur Theologie des Todes* (Quaestiones disputatae 2), Freiburg/Br. 1958, 17–30.

99 Damit ist die Frage nach dem Motiv der Menschwerdung weder im thomistischen noch im skotistischen Sinn entschieden, da sich diese Kontroverse auf der rein hypothetischen Ebene bewegt. In unserem Zusammenhang geht es aber darum, zu sagen, daß in der faktischen Heilsordnung der ewige Ratschluß der Menschwerdung zugleich den Ratschluß zur Erlösung bedeutete, die darum auch schon von Anfang an vorauswirkte. Vgl. Urs v. Balthasar, *Karl Barth*, 336 ff.; H. Küng, *Rechtfertigung. Die Lehre Karl Barths und eine katholische Besinnung*, Einsiedeln 1957, 144 ff.; F. Malmberg, *Über den Gottmenschen* (Quaestiones disputatae 9), Freiburg/Br. 1960 ff.

den Tod des Sünders will. So partizipiert schon die verlorene und Gott sich verschließende Geschichte in ihrem Weiterbestehen und Bleiben an der Gnade der Erlösung. »Jesus Christus, als die eine große gratia praeveniens, kommt dem Vernichtungswerk der Sünde zuvor«. In ihm hat Gott von Ewigkeit den Sündenfall nicht nur vorausgesehen, sondern aufgefangen und es ermöglicht, daß ihn seine Schöpfung des Menschen nicht zu gereuen brauchte (Gen 6,7.13).[100] Der menschlichen Freiheit in der Geschichte ist damit nichts von ihrem Ernst genommen, sie ist aber ein Erweis der je größeren Herrlichkeit und der alles überbietenden Gnade Gottes.

Darf oder muß man an diesem Punkt noch weiterdenken und fragen, ob Gott nicht, wenn er am Ende durch Christus wieder alles in allem sein wird und sein Triumph über die Sünde offenbar sein wird (1 Kor 15,24 ff.), dann nicht auch alles in Christus wiederherstellen wird? Die Frage der Apokatastasis muß sich an dieser Stelle ebenso notwendig stellen, wie sie sogleich im Glauben abgewiesen werden muß. Sie droht den Glauben in ein Wissen zu verwandeln. Sie macht den Glauben und seine Entscheidung im Grunde unernst, sie nimmt der Geschichte ihren Wert und ihre Endgültigkeit vor Gott. Wieder zeigt sich die Gefahr eines rein objektivierenden geschichtstheologischen Denkens, das aus der Relation des Glaubens herausspringen will, um als neutraler Beobachter den Gang der Geschichte zu überschauen.[101] Im Glauben dürfen wir wohl das Heil aller erhoffen, wie wir mit der Möglichkeit der Verdammung rechnen müssen.[102] Im Grunde zeigt sich in der Lehre von der Apokatastasis ein ungeschichtliches Denken. Die Heilsgeschichte ist »keine in sich kreisende ewige Wiederkehr, auch keine geradlinige Bewegung, die in ein entpersönlichtes All-eins mündet ... Die Freiheit der Geschöpfe wird als Freiheit auch gegenüber Gott ernst genommen. Die Entscheidung des Augenblicks hat Ewigkeitsbedeutung.«[103]

100 Küng, a. a. O. 163 f. u. das ganze Kap. 23.

101 Brunner, *Dogmatik* I, 354 f., 358 f.

102 H. Urs von Balthasar, *Umrisse der Eschatologie,* in: *Verbum caro. Skizzen zur Theologie* I, 288 f.

103 L. Loosen, Art. *Apokatastasis, in: LThK* I ^{2}1957, 712.

»Hier wäre der geschichtstheologische Ort, wo über die theologische Lehre vom Verdienst des Menschen gesprochen werden müßte und gezeigt werden könnte, daß es der je größeren Ehre Gottes keinen Abbruch tut[104], wo aber auch klar würde, daß es sich dabei nicht nur um eine theologisch zwar richtige, aber doch etwas bürgerlich-kleingeistige Angelegenheit handelt, sondern um eine Sache, von der her der Sinn und die Gültigkeit menschlicher Geschichte in rechter Weise aufgelichtet werden könnte. Die Allwirksamkeit Gottes bedeutet nicht Alleinwirksamkeit Gottes.

Versuchen wir unsere Position kurz abzugrenzen, so findet sie ihren Gegensatz nicht nur in den dualistischen Weltanschauungen und Denksystemen, die die Reinigung von allem Zeit-Geschichtlichen zur Voraussetzung für das Eingehen in das Ewige machen, auch nicht nur in irgendeinem der monistischen Systeme, die entweder pantheistisch-idealistisch die Geschichte im Absoluten aufheben oder materialistisch das Jenseits zum Überbau ökonomischer Entwicklungen machen oder nihilistisch das Ewige in die ewige Wiederkehr des Gleichen eingehen lassen.[105] Die theologische Gegenposition stellt ebensosehr ein radikaler Eschatologismus dar, der, wie K. Barth in Auseinandersetzung mit seiner eigenen Vergangenheit gezeigt hat, nicht mehr ernst damit macht, daß die Ewigkeit Gottes nicht »auf den Nenner der Nachzeitlichkeit, einer ewigen Zukunft zu bringen« ist, sondern daß Gott jedem Augenblick der Zeit koexistent und inexistent ist.[106] Ein radikaler Eschatologismus und eine radikal dialektische Auffassung des Verhältnisses zwischen Gott und der Welt heben sich im Grunde selber auf, weil sie die Absolutheit Gottes gerade von der Welt und der Geschichte her sofort wieder beschränken.

Ausdruck solcher Sicht der Geschichte und der Urerfahrung der Menschheit, daß die Zeit nicht ins Leere hineinverrinnt, sondern im Ewigen fest-steht, sind die Fest-zeiten. Feste und

104 Küng, *Rechtfertigung*, Kap. 32, 257 ff.; K. Rahner, *Trost der Zeit*, in: *Schriften zur Theologie* 3, 169–188.

105 Zu diesen verschiedenen typischen Lösungen J. B. Lotz, *Geschichtlichkeit und Ewigkeit, in: Scholastik* 29 (1954) 484–488.

106 Barth, *Kirchl. Dogmatik* II/1, 715.

Feiern sind ebenso wie Angst und Sorge ursprünglicher Ausdruck alltäglicher Zeit- und Daseinserfahrung. Sie machen deutlich, daß der Mensch schon rein »natürlich«[107] die Zeit nicht nur als besorgte Zeit, sondern ebenso als geborgene Zeit erfährt, als Zeit, die geborgen und erfüllt ist im Ewigen. Ein Fest »ist ein Ausschnitt aus der Zeit, der sich mit der Ewigkeit berührt«[108].

Der Mensch ist nach Thomas von Aquin »quasi in horizonte existens aeternitatis et temporis«[109]. Die oft gehörte pastoralaszetische Weisung, alles im Lichte der Ewigkeit zu betrachten, wird verkehrt, wird sie nicht ergänzt durch die Mahnung, die Ewigkeit in der Zeit zu finden, in die sich Gott in Christus eingelassen hat. Das Leben erschöpft sich nicht im Aufgehen in der jeweiligen Stunde, im Besorgen und Fürsorgen. Jede der Stunde gestellte Aufgabe ist vielmehr umgriffen von der Ewigkeit Gottes. Das bedeutet aber gerade nicht eine Entwirklichung der Zeit, sondern deren bleibende Gültigkeit.[110] Hier gilt, was H. Rahner im Anschluß an die Grabinschrift des Ignatius von Loyola sagt: »›Nicht eingegrenzt werden vom Größten und dabei doch eingeschlossen bleiben ins Kleinste, das wäre göttlich.‹ Jenseits denken und doch Mensch bleiben; sich bescheiden und dennoch erhaben sein; das wäre die hohe Kunst christlicher Wertung der Geschichte.«[111] Das ist es auch, was christlichen Humor und Realismus von verächtlicher Ironie und gläubige Gelassenheit von Interesselosigkeit und Resignation unterscheidet.

So kann auch der Satz Rankes, daß jede Zeit unmittelbar zu Gott ist[112], theologisch richtig verstanden werden, auch

107 Man könnte auch hier durchaus von einem übernatürlichen Existential des Menschen im Sinne K. Rahners sprechen, vgl. *Schriften zur Theologie* 1, 338 ff.; 4, 229 ff.

108 J. A. Jungmann, *Das kirchliche Fest nach Idee und Grenze*, in: *Verkündigung* und Glaube (Festgabe für F. X. Arnold), hrsg. v. Th. Filthaut u. J. A. Jungmann, Freiburg/Br. 1958, 164; vgl. J. Pieper, *Muße und Kult*, München 1949; O. F. Bollnow, *Neue Geborgenheit. Das Problem einer Überwindung des Existentialismus*, Stuttgart ^{2}1960, 213 ff.

109 Thomas von Aquin, *Summa contra gentes* II, 81.

110 M. Schmaus, *Katholische Dogmatik* I, München ^{6}1960, 545 f.

111 H. Rahner, *Grundzüge katholischer Geschichtstheologie*, in: *StdZ* 140 (1947) 427.

112 L. v. Ranke, *Über die Epochen der neueren Geschichte*, München 1917, 17.

wenn ihm ursprünglich eine zeitlose Auffassung Gottes zugrunde liegen mag. Er kann besagen, daß jede Epoche ihren eigenen und vor Gott gültigen Sinn hat. Er kann uns daher sichern »gegen alle solche Betrachtungen der Weltgeschichte, welche unter optimistischen oder pessimistischen Vorzeichen das Weltgericht vorwegnehmen, hier eine Zeit eigenmächtig erhöhen und dort eine andere eigenmächtig erniedrigen möchte«[113]. Keine Zeit ist nur Moment innerhalb einer konstruierbaren Bewegung der Geschichte. Keine wird deshalb vom bloßen Fortgang der Weltgeschichte als dem Weltgericht einfach gerichtet. Eine theologische Konstruktion, Periodisierung oder Gesamtwertung der Geschichte, auch der Kirchengeschichte, ist deshalb so lange unmöglich – von den von der Geschichtsforschung aufgeworfenen Problemen ganz abgesehen[114] –, wie nicht Gott selbst das letzte Wort (eschatos logos) gesprochen hat. Nur soweit uns dieses Wort verhüllt in Christus schon offenbar ist, ist ein Urteil über die konkrete Geschichte theologisch möglich. Damit ist aber das »ewig sein in jedem Augenblick« Schleiermachers[115] nicht die letzte Auskunft, die der Glaube über die Geschichte vermitteln kann. Sie wäre entweder Pietismus oder Kulturchristentum. Die Geschichte ist unterwegs auf ein letztes Urteil und Gericht hin, das nicht aus ihren immanenten Strukturgesetzlichkeiten zu erschließen ist, das nicht bloß die Verlängerung der in ihr wirkenden Kräfte ist, sondern das Gott in souveräner Freiheit über sie sprechen wird. Die theologisch-abstrakte Betrachtung von Zeit und Ewigkeit muß so erweitert werden durch die konkrete heilsgeschichtliche Schau.

113 Barth, *Kirchl. Dogmatik* II/1, 704.

114 Dazu R. Wittram, *Das Interesse an der Geschichte. Zwölf Vorlesungen über Fragen des zeitgenössischen Geschichtsverständnisses*, Göttingen 1958. bes. Kap. X u. XII.

115 F. Schleiermacher, *Über die Religion. Reden an die Gebildeten unter ihren Verächtern*, Hamburg 1958, 74.

III. Heilsgeschichtliche Ausweitung

Das Verhältnis Zeit-Ewigkeit darf nicht statisch-ungeschichtlich aufgefaßt werden. Der ewige Heilsratschluß Gottes geht auf eine Person und legt sich in der Geschichte aus. Zwar ist die Geschichte schon in jedem Augenblick erfüllt und umgriffen von der Ewigkeit, und doch ist sie auch erst unterwegs zu ihrem eschatologischen Ziel; erst dann wird Gott alles in allem sein (1 Kor 15,28). Wie von der rein futurischen Auffassung der Eschatologie wird man sich auch von der rein präsentischen Auffassung absetzen müssen, wie sie innerhalb der angelsächsischen Theologie als »realized eschatology« vertreten wird.[116] Für die neutestamentliche Theologie ist das Spannungsverhältnis von »Schon« und »Nochnicht« konstitutiv.[117] Die Gottesherrschaft ist zwar mit Christi Wort und Werk schon angebrochen, und ihre Kräfte wirken schon in die Gegenwart herein, sie läßt sich aber weder mit der Kirche identifizieren noch sonstwo im irdischgeschichtlichen Raum lokalisieren. Weder die Kirchengeschichte noch erst recht die Weltgeschichte kann einfachhin als organische Entfaltung und fortschreitende innere und äußere Verwirklichung der Herrschaft Gottes betrachtet werden. Zwischen der Herrschaft Gottes und der Welt- und Kirchengeschichte steht das Gericht.[118] Neben dem Fortschritt steht immer die Schuld und die Notwendigkeit stetiger Erneuerung und Umkehr.

Bis zu dem Tage, da Gott alles in allem sein wird, wird es darum einen stetigen Antagonismus in der Geschichte geben zwischen Gut und Böse, Gott und Welt, Licht und Finsternis. Neben charismatischen und verheißungsvollen Aufbrüchen und Durchbrüchen wird es immer wieder Erschlaffungen, Verengungen und Degeneration geben. Bis zur endzeitlichen Vollendung muß es auch einen legitimen, weil heilsgeschicht-

116 Vor allem C. H. Dodd, *The Parables of the Kingdom*, London ²1948; ders., *The Apostolic Preaching and its Developments*, London ²1944.

117 Einen Überblick über die verschiedenen Lösungen gibt R. Schnackenburg, *Gottesherrschaft und Reich*, 77 ff.

118 A. a. O. 78; ders., *Die Kirche im Neuen Testament* (Quaestiones disputatae

lich notwendigen Pluralismus geben von Schöpfungs- und Erlösungswirklichkeit, Natur und Gnade, Kirche und Welt, Heilsgeschichte und Weltgeschichte.[119] Die die Geschichte der Kirche ständig begleitende Versuchung des Integralismus ist im Grunde Ungehorsam, Ungeduld, eigenmächtig versuchte Vorwegnahme der eschatologischen Vollendung (praesumptio). Der Versuch schlägt nur allzu leicht in sein Gegenteil um: Läßt man die Weltgeschichte in der Kirchengeschichte aufgehen, die Welt in der Kirche, verschlingt die Übernatur die Natur und ihre Eigengesetzlichkeit und Eigenständigkeit, dann ist die Umkehrung dieses Verhältnisses nicht mehr weit, dann wird bald das Heil im geschichtlichen Fortschritt (Gefahr der angelsächsischen Theologie[120]) gesehen; dann wird die Kirche verweltlicht und die Gnade naturalisiert werden. Tatsächlich ist die abendländisch-europäische Geistesgeschichte diesen Weg weitgehend gegangen.[121]

Unterscheidung besagt nicht Scheidung und Trennung. Die eschatologische Betrachtung der Geschichte begründet nicht nur einen legitimen Pluralismus, sondern auch die innere Zuordnung und Einheit der verschiedenen Bereiche. Die innere Zuordnung von Schöpfung und Erlösung, Natur und Gnade ist heute zu einem großen Teil Allgemeingut katholischer wie protestantischer Theologie geworden.[122] Auch wenn innerhalb der katholischen Theologie in der Verhältnisbestimmung von Natur und Gnade noch nicht in allen

14), Freiburg/Br. 1961, 107 ff.

119 Diese Begriffspaare decken sich jedoch nicht ganz, sie visieren dieselbe Sache von verschiedenen Seiten an; vgl. K. Rahner, *Erlösungswirklichkeit und Schöpfungswirklichkeit,* in: *Sendung und Gnade,* Innsbruck 1959, 53 ff.

120 Damit setzt sich vor allem R. Niebuhr (*Glaube und Geschichte. Eine Auseinandersetzung zwischen christlichen und modernen Geschichtsauffassungen,* München 1951) auseinander. Demgegenüber werfen angelsächsische Theologen »der kontinentalen Theologie die Veranstaltung eines ›theologischen München‹ mit den Geistern von Tübingen als Diktatoren (D. M. Mickinnon)« vor (W. Philipp, Art. *Geschichte,* in: *RGG* II ³1958, 1484 f.).

121 K. Löwith, *Weltgeschichte und Heilsgeschehen,* Stuttgart ⁴1961.

122 Von kath. Seite vgl. bes. M. Schmaus, *Katholische Dogmatik* II/1 ⁵1954, 177–215; K. Rahner, *Erlösungswirklichkeit und Schöpfungswirklichkeit,* 51–88; H. Küng, *Rechtfertigung,* 127–150; L. Scheffczyk, *Die Idee der Einheit von Schöpfung und Erlösung in ihrer theologischen Bedeutung, in: ThQ* 140 (1960) 19–37.

Einzelheiten Übereinstimmung erzielt worden ist, so besteht Übereinkunft doch insoweit, als man jeden Extrinsezismus ablehnt, der beide Wirklichkeitsbereiche nur äußerlich, fast wie zwei einander aufgesetzte Stockwerke, verbindet.[123] Die Theologie nimmt heute wieder ernst, daß alles durch Christus und auf ihn erschaffen wurde und daß das All in ihm seinen Bestand hat (Kol 1,17). Die Schöpfung besitzt eine innere Hinordnung, ein desiderium naturale (Thomas von Aquin) auf Christus, eine potentia oboedientialis, die nicht nur negativ Nicht-Widersprüchlichkeit zur Gnade besagt, sondern innere Finalisiertheit.[124] Da diese Hinordnung auf beiden Seiten eine personale ist, besagt sie keine naturnotwendige Exigenz der Gnade von der Natur her; sowohl Gott wie der Mensch sind und bleiben frei. Der Mensch bleibt auch dann Mensch, wenn er sich der Gnade verschließt; er behält die perfectio formae, wenn auch nicht die perfectio finis.[125] Eine solche relative Eigenständigkeit der Schöpfung ist die äußere Voraussetzung des Heilsgeschehens, das, was die Heilsgeschichte sich selbst voraussetzen muß als Medium, in das hinein sie sich vollziehen kann und das Gott dann in der Menschwerdung annimmt, um es unverkürzt und unvermischt zu bewahren. Man kann also mit K. Barth sagen, die Schöpfung sei der äußere Grund des Bundes und der Bund der innere Grund der Schöpfung.[126]

Die innere Zuordnung von Schöpfung und Erlösung ist geschichts-theologisch von höchster Bedeutung. Die Zieleinheit von Schöpfung und Erlösung schließt Heils- und Profangeschichte zusammen. Das bedeutet, daß die Geschichte nicht ins Leere hinein verläuft und nicht im Bodenlosen und Sinnlosen versinkt, sondern sich in Christus und auf Christus hin bewegt.[127] Dieser Zusammenhang ist jedoch in der gegen-

123 H. d. Lubac, *Surnaturel. Études historiques*, Paris 1946.

124 K. Rahner, *Über das Verhältnis von Natur und Gnade*, in: *Schriften zur Theologie* 1, 324; ders., *Natur und Gnade, in: Schriften zur Theologie* 4, 234.

125 H. Volk, *Gnade und Person, in: Gott alles in allem*, 113–129; J. Alfaro, *Gnade und Person*, in: *MThZ* 11 (1960) 1–9; ders., Art. *Gratia supponit naturam*, in: *LThK* IV ²1960, 1169–1171.

126 Barth, *Kirchl. Dogmatik* III/1 § 41, 44 ff.

127 Scheffczyk, *Die Idee der Einheit*, 34 f.

wärtigen heilsgeschichtlichen Situation innergeschichtlich nie einfach nachweisbar, er bleibt verhüllt und nur im Glauben erfaßbar. Alle Versuche, bestimmte geschichtliche Ereignisse, seien es Katastrophen und nationale Niederlagen oder Siege und Erfolge eindeutig heilsgeschichtlich zu deuten, sind entweder pure geistreiche Spielerei oder aber, wenn sie ernst gemeint sind, sie versuchen das Urteil Gottes vorwegzunehmen und vergessen den Verborgenheitscharakter wie die Ambivalenz und Zweideutigkeit alles Geschichtlichen. Trotzdem ist im Glauben alle Profangeschichte schon in einem allgemeinen Sinn auch Heilsgeschichte, weil sie von Christus angenommen ist und auf ihn ausgerichtet ist.[128]

Die Botschaft, daß Gott nicht nur der Heilsgeschichte, sondern auch der Profangeschichte in Christus Bestand verleiht, ist die Grundlage der Hoffnung für das Heil der Nichtchristen. Christus ist der einzige Mittler zwischen Gott und den Menschen (1 Tim 2,5). Aber er ist nicht nur der Mittler des Heils, sondern auch der Schöpfung; deshalb gründet auch die Offenbarung außerhalb des Alten und des Neuen Bundes letztlich in ihm. Wo immer also Menschen ihr Leben an letzten Werten orientieren, da stehen sie bereits in einer »transzendentalen Christusgläubigkeit« und einer »anonymen Christlichkeit«. Ein solcher Akt vollzieht sich nicht bloß in der Innerlichkeit des Herzens, sondern er verwirklicht und verleiblicht sich notwendigerweise wieder in irgendwelchem religiösen oder auch nur menschlichen Verhalten und begründet damit nicht nur eine geistige, sondern auch eine anfanghaft sichtbar werdende Kirchengliedschaft ex desiderio (*Denz.* 1947. 1677, 1716f, *Neuner-Roos* 3989).[129] So erhalten auch die nichtchristlichen Religionen ihre geschichtstheologische Bedeutung.[130]

128 A. Darlapp, Art. *Heilsgeschichte*, in: *Handb. theol. Grundbegr.* I, 675–677.

129 K. Rahner, *Die Gliedschaft in der Kirche nach der Lehre der Enzyklika Pius'* XII. *›Mystici Corporis Christi‹*, in: *Schriften zur Theologie* 2, 7–94; ders., *Der Christ und seine ungläubigen Verwandten*, in: *Schriften zur Theologie* 3, 419–439; ders., *Dogmatische Randbemerkungen zur Kirchenfrömmigkeit*, in: *Schriften zur Theologie* 5, 397–410; M. Seckler, *Das Heil der Nichtevangelisierten in thomistischer Sicht*, in: *ThQ* 140 (1960) 38–69; ders., Art. *Nichtchristen*, in: *Handb. theol. Grundbegr.* II, 239–242 (Lit.).

Das begründet keinen Relativismus und keinen verwaschenen Humanismus, denn alle diese Aussagen können nur innerhalb einer Theologie der Geschichte gemacht werden, die von vornherein auf ein Ziel angelegt ist, die Heilsgeschichte im eigentlichen und besonderen Sinn. Sie ebnen den Unterschied von Religionsgeschichte und Heilsgeschichte nicht ein, sondern setzen ihn eben voraus.

Der Terminus Heilsgeschichte ist in der gegenwärtigen Theologie sehr umstritten und mit mancherlei Mißverständnissen belastet.[131] Mit der Ablehnung eines extrinsezistischen Supernaturalismus ist aber eigentlich schon gegeben, daß die Heilsgeschichte nicht eine aus der allgemeinen Geschichte und Geschichtlichkeit ausgrenzbare Geschichte mit Sondergesetzen sein kann. Sie ist nicht der allgemeinen Geschichtlichkeit enthoben und stellt nicht irgendeine Übergeschichte dar.[132] Das »Unvermischt« von Chalcedon macht es sogar geradezu notwendig, daß die Heilsgeschichte in ihrer geschichtlichen Kontingent belassen bleibt. Sie kann deshalb auch nicht von vornherein der historisch-kritischen Erforschung entzogen sein, wie es sowohl vom Standpunkt einer monophysitischen Christologie wie einer starren supernaturalistischen Orthodoxie gefordert wird.[133]

Der Ausdruck Heilsgeschichte stellt keine illegitime Objektivierung des Heils dar, wie immer wieder behauptet wird[134], denn das Heil wird dadurch ja nicht feststellbar für jeden, der offene Augen hat.[135] Heilsgeschichte besagt doch gerade

130 K. Rahner, *Das Christentum und die nichtchristlichen Religionen,* in: *Schriften zur Theologie* 5, 136–158.

131 Vgl. den Überblick in den entspr. Art. im *RGG* III ³1959, 187–189 (H. Ott) und *Ev. Kirchenlex.* II, 1958, 87–89 (K. G. Steck).

132 Dieser Vorwurf wird seit E. Troeltsch (*Historische und dogmatische Methode in der Theologie,* in: *Werke* II, Tübingen 1922, 740 ff.) immer wieder erhoben; vgl. G. Ebeling, *Die Geschichtlichkeit der Kirche und ihrer Verkündigung als theologisches Problem* (Sammlung gemeinverständl. Vorträge ... 207/208), Tübingen 1954, 59 ff. Dazu von kath. Seite Schmaus, *Kath. Dogmatik* II/1, 205 ff.

133 J. Levie, *L'Écriture Sainte, parole de Dieu, parole d'homme,* in: *Nouv. Rev. Théol.* 78 (1856) 561–592; J. Schmid, Art. *Bibelkritik,* in: *LThK* II ²1958, 363 f.

134 H. Ott, Art. *Heilsgeschichte,* in: *RGG* III, ³1959, 188 f.

135 So W. Pannenberg, *Dogmatische Thesen zur Lehre von der Offenbarung,* in: *Offenbarung und Geschichte,* hrsg. v. W. Pannenberg (Kerygma und Dogma, Beiheft 1), Göttingen 1961, 98.

im Gegenteil, daß das Heil in der Kontingenz und Zweideutigkeit der Geschichte begegnet. In einem richtig verstandenen Sinn kann man da von einem Paradox sprechen, weil etwas gegen den Schein geschieht. Die Redeweise von »Heilstatsachen«[136] wirkt hier leicht verwirrend und mißverständlich, weshalb man sie eher unterlassen sollte. Das Heil ist keine Sache, die festgestellt werden könnte. Sosehr das Heil sich innerhalb der Geschichte ereignet, muß es als Heilsereignis doch immer erst im Wort bezeugt werden und kann nur im Glauben an das verkündende und bezeugende Wort angenommen werden. Nur im Glauben an die Autorität des sich offenbarenden Gottes *(Denz.* 1789), der in und durch menschliches Zeugnis sich vernehmen läßt, kann geschichtliches Ereignis als Heilsereignis erfahren werden.[137]

Offenbarung ist im katholischen Sinn also weder bloße Abfolge von objektiven Heilsfakten noch bloße Belehrung über übernatürliche, dem Menschen sonst nicht zugängliche Wahrheiten, sie ereignet sich vielmehr in geschichtlichen Heilstaten und im Wort. Beide bilden eine innere Einheit: Gottes Machttaten haben Wortcharakter, und das Wort hat Geschehnischarakter, es bewirkt, was es bezeugt.[138] Diese Auffassung wird sich heute gegen zwei Mißverständnisse abzugrenzen haben: Offenbarung ist nicht nur Geschichte[139], sie

136 *Ein Wort lutherischer Theologen zur Entmythologisierung,* hrsg. v. E. Kinder, München 1952. Der Terminus stammt aus der Repristinationstheologie des 19. Jahrhunderts und kam in Abwehr gegen die Bewußtseinstheologie Schleiermachers auf; vgl. bes. A. Vilmar, *Die Theologie der Tatsachen wider die Theologie der Rhetorik,* Marburg 1956. G. Ebeling macht jedoch darauf aufmerksam, daß auch R. Bultmann diesen und ähnliche Ausdrücke öfters gebraucht. Vgl. *Theologie und Verkündigung,* 30 Anm. 2.

137 Damit ist natürlich nicht ausgeschlossen, daß es »Zeichen« der Offenbarung gibt. Aber diese Zeichen haben eine doppelte Funktion, sie machen einerseits den Menschen auf die Offenbarung aufmerksam, sofern sie aber Heilszeichen sind, können sie selbst nur im Glauben erfaßt werden. Vgl. G. Söhngen, *Wunderzeichen und Glaube,* in: *Die Einheit in der Theologie,* München 1952, 265–285.

138 Schmaus, *Kath. Dogmatik* I [6]1960, 13 f.; J. R. Geiselmann, Art. *Offenbarung,* in: *Handb. theol. Grundbegr.* II, 242–250; Barth, *Kirchl. Dogmatik* I/1, 136–148, 148–168; P. Althaus, *Die christliche Wahrheit. Lehrbuch der Dogmatik,* Gütersloh [5]1959, 25–29. R. Latourelle, *Révélation. Histoire et Incarnation,* in: *Gregorianum 44* (1963) 225–262.

139 So in dem Sammelband *Offenbarung als Geschichte,* hrsg. v. W. Pannenberg (Kerygma und Dogma, Beiheft 1), Göttingen 1961.

darf aber ebensowenig in ein bloßes Wortgeschehen und ein Sprachereignis aufgelöst werden.[140] Der Geschehenscharakter bewahrt die Offenbarung vor einem einseitigen doktrinellen Mißverständnis und besagt, daß Offenbarung nicht nur Belehrung ist oder in Existenzdialektik aufgeht. Er sichert das ante et extra nos des Glaubens, so wie der Wortcharakter das in nobis und pro nobis zum Ausdruck bringt. Das Wort macht die Offenbarung zur personalen Anrede, zur unmittelbaren Gegenwart und verleiht ihr Entscheidungscharakter. Dieses Wort ist nicht nur historischer Bericht von einem »Es war einmal«, sondern Anamnese, wirkmächtiges und vergegenwärtigendes Ausrufen der Heilstaten hier und heute.[141]

Die vollzogene Unterscheidung von Weltgeschichte und Heilsgeschichte ist geschichtstheologisch von Bedeutung. Durch sie wird die Geschichte entmythologisiert und entnuminisiert. Das geschichtliche Tun des Menschen wird so im besten Sinne zu weltlichem Tun, das seine eigenen geschichts- und sachimmanenten Strukturen besitzt. Aber dieses geschichts- und sachgerechte Weltverhalten ist für den Christen nicht das Letzte. Die hier sich auftuende Spannung zwischen christlicher Glaubensexistenz und sachgerechtem Weltverhalten ist innergeschichtlich nie ganz aufzuheben. Die eschatologische Spannung soll den Menschen immer wieder über sich hinausführen. Das bedeutet keine Zerstörung des echt Menschlichen. Eben wenn menschliches Dasein Ek-sistenz, Über-sich-hinaus-Sein besagt, dann bedeutet diese eschatologische Spannung die letzte Erfüllung der menschlichen Personalität.

Aus der beschriebenen, durch die heilsgeschichtliche Situation gegebenen Spannung ergibt sich, daß es zumal bei der immer größer werdenden Kompliziertheit der gegenwärtigen Welt nicht nur subjektiv unvollziehbar ist, alles weltliche Tun mit

140 E. Fuchs, *Hermeneutik*; ders., *Zum hermeneutischen Problem in der Theologie. Die existentiale Interpretation*, Tübingen 1959; G. Ebeling, *Wort und Glaube*, Tübingen 1960.

141 H. Schlier, *Wort Gottes. Eine neutestamentliche Besinnung* (Rothenfelser Reihe 4), Würzburg 1958.

christlicher Gesinnung zu durchdringen und zu heiligen, sondern daß es auch objektiv gar nicht möglich ist. Zweifellos gibt es schon jetzt die Mächtigkeit der Gnade und damit anfanghafte und bruchstückhafte Verwandlung und Vorwegnahme der endgültigen Wiederherstellung, biblisch gesprochen: Früchte des Geistes (Gal 5,22 f.). Sie können nicht nur den Menschen selbst, sondern über ihn auch seine familiären, sozialen, politischen Institutionen prägen und mitbestimmen. Aber solche Ansätze werden immer ambivalent bleiben; es gibt vor allem kein organisch fortschreitendes Wachstum und keine schrittweise Vergeistigung und Verwandlung der Welt.[142] Der jeweilige Kairos erfordert immer neuen Gehorsam, ständigen Aufbruch, ständige Bereitschaft zum Zurücklassen des bisher Erreichten und Gehorsam gegenüber der neuen Stunde.[143] Wir können das Material zwar jeweils ein wenig bereiten, Gott wird das gelten lassen, aber den endgültigen Neubau und die Form des Ganzen können wir weder vorherwissen noch irgendwie aufrichten.

Die Spannung wird noch erhöht durch die Sünde. Der Christ begegnet nicht einer »Welt an sich«, die er dann auch »an sich« betrachten könnte, er begegnet immer einer Welt, die sich in ihrer Weltlichkeit versteift und Gott gegenüber verschlossen hat, der Welt, die die Schrift mit dem Ausdruck κόσμος qualifiziert.[144] Kosmos ist für die Schrift ein geschichtlicher Begriff[145]; er ist durch die geschichtliche Ungehorsamstat des Menschen mitgeprägt. Der Weg der Gnade geht darum jeweils über diese »zweite Natur«, über das Aufbrechen der harten Schale der Selbstherrlichkeit, welche die Gottesherrlichkeit im Menschen überdeckt.[146] Hier helfen alle Abstraktionen von der Welt, wie sie uns konkret in der Schrift verkündet wird und wie sie uns auch täglich begeg-

142 Congar, *Der Laie*, 140 f., 156 ff.

143 Daniélou, *Vom Geheimnis der Geschichte*, 35; Schmaus, *Kath. Dogmatik* II/1, 208 ff.

144 H. Sasse, Art. κόσμος, in: *ThWNT* III (1938) 889–896.

145 R. Bultmann, *Theologie des Neuen Testaments*, Tübingen ²1954, 250.

146 J. Ratzinger, *Gratia supponit naturam. Erwägungen über Sinn und Grenze eines scholastischen Axioms*, in: *Einsicht und Glaube*, hrsg. v. J. Ratzinger und H. Fries, Freiburg/Br. 1962, 148.

net, wenig. Der Weg der Gnade ist noch einmal geschichtlich, es ist der Weg des Kreuzes, und der christliche Humanismus muß immer ein bekehrter Humanismus sein. J. Ratzinger hat gezeigt, daß solches Kreuz keine Kreuzigung des Menschen besagt, sondern sogar die Erfüllung des in der menschlichen Transzendenz angelegten Über-sich-hinaus-Bezogenseins bedeutet. Dann aber entsprechen sich die Ekstasis des Geistes und der Exodus, mit dem die Offenbarung bei Abraham beginnt (Gen 12,1), und das Hintersichlassen aller Sicherungen und falscher Zufriedenheiten, der ständige Aufbruch im Gehorsam gegen die Stunde, das ständige Pascha wäre die Erfüllung menschlicher Geschichtlichkeit.[147]
Die äonische Spannung in der gegenwärtigen Geschichtszeit und der Paschaweg, auf dem sie sich befindet, findet in der Zweiheit und der ständig notwendigen Spannung zwischen Kirche und Welt ihre konkreteste Darstellung. Diese Polarität kann nicht zugunsten irgendeines ekklesiologischen Monismus aufgehoben werden. Sie ist aber auch keinesfalls identisch mit der Spannung zwischen dem alten und dem neuen Äon. Die Kirche selbst ist noch unterwegs, sie ist pilgernde Kirche, ringende, suchende, ja sündige Kirche.[148] Die Kirche ist nicht das Reich Gottes, aber in ihr sind die Kräfte des Reiches Gottes schon wirksam[149] und nur insofern kann man sie mit Origenes als die zur Ordnung gekommene Welt bezeichnen.[150] Ihr eschatologischer Charakter äußert sich in der Wirkkraft ihrer Verkündigung und ihrer Sakramente, in der bleibenden Gültigkeit ihrer Glaubensaussagen, dann, wenn

147 Ebd. Dieser Gesichtspunkt wird bes. betont von E. Przywara, *Deus semper maior. Theologie der Exerzitien* I, Freiburg/Br. 1938, 69–74; ders., *Alter und neuer Bund. Theologie der Stunde*, Wien–München 1956, 525 ff.

148 K. Rahner, *Die Kirche der Sünder*, in: *Stimmen der Zeit* 140 (1947) 163 bis 177; H. Urs v. Balthasar, *Casta Meretrix*, in: *Sponsa Verbi. Skizzen zur Theologie* II, Einsiedeln 1961, 203–305; H. Küng, *Konzil und Wiedervereinigung. Erneuerung als Ruf in die Einheit*, Freiburg ³1960, 38–50; ders., *Strukturen der Kirche* (Quaestiones disputatae 17), Freiburg/Br. 1962, 23 f. (Lit).

149 Schnackenburg, *Die Kirche im Neuen Testament*, 128 ff.

150 Origines, *Das Evangelium nach Johannes*, übers. u. eingef. v. R. Gögler (Menschen der Kirche in Zeugnis und Urkunde N. F., hrsg. v. H. Urs v. Balthasar), Einsiedeln 1960, 23. – Zum folgenden A. Auer, *Kirche und Welt*, in: *Mysterium der Kirche in der Sicht der theologischen Disziplinen*, hrsg. v. F. Holböck u. Th. Sartory, II, Salzburg 1962, 479–570.

sich die Kirche in ihnen definitiv festlegen will[151], aber er äußert sich dann doch wieder in jeweils geschichtlicher Vorläufigkeit. Die Kirche bleibt die ecclesia semper reformanda, sie bleibt auch immer die angefochtene und bedrängte Kirche.

Die Sendung der Kirche betrifft den Dienst des Wortes und der Sakramente. Durch beide Dienste macht sie die Zeit Jesu Christi zum Hier und Heute unserer Geschichte und universalisiert sie die einmalige Existenz Christi. Das Einmalig-einzelne ist hier nicht eine Konkretisierung des Allgemeinen, sondern das All-gemeine eine Generalisierung und Universalisierung des einzelnen.[152]

Die Kirche ist also in erster Linie der neuen Schöpfung verpflichtet. Da aber die neue Welt einmal die ganze Schöpfung mitumfassen soll und da das Haupt der Kirche, Christus, auch das Haupt der Schöpfung ist, kommt der Kirche zugleich eine kosmische Stellung zu. In ihr und durch sie will Christus die Welt hereinholen in seine Herrschaft.[153] So besitzt die Kirche einen legitimen Weltauftrag und eine Weltverantwortung. Sie ist aber nicht zum Herrschen, sondern zum Dienen da.[154] Sie darf die eschatologische Einheit nicht vorwegnehmen wollen, sie hat den Pluralismus der verschiedenen Bereiche zu wahren. So kann Philosophie nicht Theologie, Wirtschaft nicht Caritas, Wissenschaft nicht Frömmigkeit werden. In allen diesen Bereichen kann die Kirche nur das lebendige Gewissen der Menschheit sein. Sie kann hier nicht konkrete Imperative vermitteln, sondern nur Prinzipien[155], oder besser: ihre Aufgabe ist die Paraklese.

151 K. Rahner/H. Vorgrimler, *Kleines Theologisches Wörterbuch*, Freiburg/Br. 1961, 74, 199, 319, 369.

152 Urs v. Balthasar, *Theologie der Geschichte*, 61 ff.; ders., *Wort, Schrift, Tradition*, in: *Verbum caro*, 15 ff. Diese radikale Umkehr des hegelschen Denkens in Begriffen und damit im Allgemeinen war eine der letzten Einsichten Schellings, vgl. *Über die Quelle der ewigen Wahrheiten*, in: *Werke* XI, 586 bis 589.

153 H. Schlier, *Die Zeit der Kirche. Exegetische Aufsätze und Vorträge*, Freiburg/Br. 1956, 159–186; 299–314; ders., *Der Brief an die Epheser*, 205–207; V. Warnach, *Kirche und Kosmos*, in: *Enkainia*, hrsg. v. H. Emonds, Düsseldorf 1956, 170–205; Cullmann, *Christus und die Zeit*, 157–189. Anders urteilt allerdings F. Mussner, *Christus, das All und die Kirche. Studien zur Theologie des Epheserbriefes*, Trier 1955.

Daraus folgt nicht, daß die einzelnen Christen oder Gruppen von ihnen nicht konkrete Verantwortung übernehmen könnten oder sogar müßten. Es folgt nur, daß christliches Handeln und kirchliches Handeln sich nicht schlechterdings dekken[156] und daß dem einzelnen Christen in der Bewältigung seiner Weltaufgabe Eigenständigkeit und Eigenverantwortung zukommen. In diesem heilsgeschichtlich bedingten Pluralismus ist letztlich auch die Toleranz begründet, die jeder ehrlichen Überzeugung geschuldet wird. Der Irrtum hat »an sich« keinesfalls das gleiche Recht wie die Wahrheit, aber konkret heilsgeschichtlich betrachtet, hat er nach dem Evangelium Zeit bis zur eschatologischen Vollendung, die allein Gott heraufführen kann (Mt 13,29 f.). Auch hier gilt es, nicht vor der Zeit zu richten (1 Kor 4,5).

Wie Ranke sagt, jede Zeit sei unmittelbar zu Gott, so läßt sich aus der heilsgeschichtlichen Perspektive ebenso sagen, jede Zeit sei gleich weit entfernt von ihrer eschatologischen Vollendung.[157] Keine Zeit und keine Epoche kann absolut gesetzt werden, jede muß, will sie die Stunde nicht versäumen, über sich selbst hinausschreiten. Neben der Naturgerechtheit und Sachgerechtheit des Handelns muß die Geschichtsgerechtheit stehen.[158]

Für den Christen folgt daraus nicht Skepsis und Resignation, sondern Hoffnung. Solche Hoffnung ist kein Optimismus und noch weniger ein Utopismus. Sie läßt sich nie innerweltlich ausweisen und »festnageln« (Röm 4,18; 8,24); sie bezieht

154 Vgl. die beiden Voten: *Die Herrschaft Christi über die Kirche und die Welt. Ein ökumenisches Studiendokument*, in: *Herder-Korrespondenz* 12 (1957/58) 435 bis 437; *Die Herrschaft Christi über die Kirche und die Welt. Ein katholisches Votum für ein ökumenisches Thema, in: Herder-Korrespondenz* 14 (1959/60) 278 bis 281; ebs. *Die gemeinsame Botschaft der Konzilsväter des Vatikanum II*, in: *Herder-Korrespondenz* 17 (1962/3) 101–103.

155 Zu dieser Unterscheidung K. Rahner, *Das Dynamische in der Kirche* (Quaestiones disputatae 5), Freiburg/Br. 1958, 14–37.

156 Rahner, *Erlösungswirklichkeit und Schöpfungswirklichkeit*, 55 f.; 78 f.; Auer, *Kirche und Welt*, 556.

157 R. Spaemann, *Weltgeschichte und Heilsglaube*, in: *Hochland* 50 (1957/8) 306.

158 L. Strauss, *Naturrecht und Geschichte*, Stuttgart 1953. Vgl. auch K. Rahners Vorstöße zu einer Existentialethik: *Das Dynamische in der Kirche*, 74 bis 148; *Über die Frage einer formalen Existentialethik*, in: *Schriften zur Theologie* 2, 227–246.

sich allein auf das Vertrauen, daß der, der an uns sein Werk jetzt schon begonnen hat, es auch vollenden wird bis zum Tage Jesu Christi (Phil 1,6).
Gegen alle Utopien, Wunschträume, Ideologien, Geschichtsmythen und Illusionen samt ihren Radikalismen stellt der Christ die Nüchternheit und die Annahme der Wirklichkeit, die Gelassenheit, den überlegenen Humor und die unzerstörbare Hoffnung. Gegen traditionalistische Restauration und erstarrten Konservatismus stellt er die eschatologische Offenheit für das Kommende und für das je Größere seiner Berufung, gegen zerstörerische Neuerungssucht und fanatischen Messianismus den Gehorsam gegenüber der jeweiligen Stunde und die Geduld des Warten-Könnens, bis es Zeit ist.
Wir können die christliche Haltung gegenüber der Geschichte nur dialektisch beschreiben. So stellt sich für eine Theologie der Geschichte am Schluß noch eine wichtige Aufgabe, nämlich die Erarbeitung genuin geschichtstheologischer Kategorien. In der christlichen Sicht der Geschichte steht nicht das Konkrete unter der Norm des Allgemeinen, es ist nie bloßer »Fall«, vielmehr steht alles in der Geschichte unter der Norm des einen Concretissimum Jesus Christus. Die Geschichte ist nichts anderes als die Universalisierung der »Stunde Christi«[159] und seines Pascha. Geschichtlichkeit und Ek-sistenz des Menschen ist dann der persongewordene Ruf zum Nachvollzug dieses Pascha Domini, des Exodus in ein anderes Land, das wir erst im Glauben und in der Hoffnung kennen, der gehorsamen Hinnahme des Paradoxes des Kreuzes. Zwischen Geschichtlichkeit und Glaube, Geschichte und Heilsgeschichte waltet Analogie im ursprünglichen Sinn des Wortes des über-sich-hinaus Hinauf-Bezogenseins: Analogia historiae.

159 Urs v. Balthasar, *Theologie der Geschichte*, 61 ff.; J. B. Metz, *Die ›Stunde Christi‹. Eine geschichtstheologische Erwägung*, in: *Wort und Wahrh.* 12 (1957) 5–18.

Unsere Gottesbeziehung angesichts der sich wandelnden Gottesvorstellung*

Die gegenwärtige theologische Diskussion ist seit einiger Zeit sehr energisch zu ihrer ureigensten Sache zurückgerufen worden. Von allen möglichen Randfragen und praktischen Reformfragen wurde sie wieder auf ihr zentrales Thema hingeführt: Zur Frage nach Gott.[1] Theologie treiben heißt ja von Gott reden und dieses Reden menschlich-intellektuell verantworten. Aber gerade wenn man diese zentrale Aufgabe der Theologie erkennt, weiß man zunächst nicht, ob man sich über die neu aufgebrochene, ins Zentrum führende Diskussion über die Gottesfrage[2] freuen soll oder ob man nicht zutiefst erschrocken sein muß. Denn das Reden über Gott ist in eine tiefe Krise geraten; die Frage, ob und wie der Mensch,

* Erstmals veröffentlicht in: *Catholica* 20 (1966) 245–263.

1 Die folgenden Ausführungen beanspruchen in keiner Weise zu allen Fragen dieser Diskussion Stellung zu nehmen. Sie sind entstanden aus Vorträgen vor Studenten und haben primär die gegenwärtig oft gestellte, bedrängende Frage im Auge, wie angesichts der gegenwärtigen geistigen Situation und mancher Strömungen in der modernen Theologie ein »persönliches Gebet« noch möglich sei. Dieser Frage sollte hier jedoch nicht durch praktische Ratschläge und Anweisungen, sondern durch grundsätzliche Überlegungen nachgegangen werden.

2 Als Auswahl aus einer fast uferlos gewordenen Literatur sei genannt: H. de Lubac, *Die Tragödie des Humanismus ohne Gott. Nietzsche, Feuerbach, Comte und Dostojewskij als Prophet*, Salzburg 1950; ders., *Über die Wege Gottes*, Freiburg/Br. 1958; K. Rahner, *Schriften zur Theologie* 1, Einsiedeln 1954, 91 bis 168 (u. ö. in den folgenden Bänden); ders., *Bemerkungen zur Gotteslehre in der Katholischen Dogmatik*, in: *Catholica* 20 (1966) 1–18; H. U. v. Balthasar, *Die Gottesfrage des heutigen Menschen*, Wien-München 1955; J. Lacroix, *Wege des heutigen Atheismus*, Freiburg/Br. 1960; E. Schillebeeckx, *Personale Begegnung mit Gott*, Mainz 1964; ders., *Neues Glaubensverständnis*, Mainz 1964; B. Welte, *Auf der Spur des Ewigen*, Freiburg/Br. 1965; G. Hasenhüttl, *Der unbekannte Gott?*, Einsiedeln 1965; W. Strolz, *Menschsein als Gottesfrage*, Pfullingen 1965; J. L. Murray, *Das Gottesproblem gestern und heute*, Freiburg/Br. 1965, 227–241; außerdem *Concilium* I (1965) 6. Heft und 2 (1966) 6. Heft.
Zur Diskussion auf protestantischer Seite: H. Braun, *Gesammelte Studien zum*

auch der gläubige Mensch, von Gott reden kann, wird heute nicht nur von außen, von der Philosophie und den empirischen Wissenschaften gestellt, sie entsteht heute innerhalb der Theologie selbst. Damit ist die Theologie als Theologie sich selbst fragwürdig geworden.

Die Krise der Theologie ist nur Ausdruck und Folge einer viel schwerer wiegenden Krise des Glaubens an Gott und der Verkündigung von Gott. Das Problem des Atheismus, des Nicht-mehr-vom-persönlichen-Gott-reden-Könnens ist heute eine Bedrohung des Glaubens selbst geworden. Des Glaubens eigentliches Problem ist heute weniger der Atheismus der anderen, sondern der Atheismus des eigenen Herzens. Schon wird uns gesagt: »Nur ein Atheist kann ein guter Christ sein«[3], oder Gott sei »eine bestimmte Art der Mitmenschlichkeit«[4]. Das hat manchen ernsthaften Christen zu einer Krise seines Betens und seiner persönlichen Gottesbeziehung geführt, die als ein ernstes Alarmzeichen gewertet werden muß.

I.

Diese ganze Krise wurde offenkundig und in breitere Kreise getragen durch das Buch *›Honest to God‹*[5] des anglikani-

Neuen Testament und seiner Umwelt, Tübingen 1962, bes. 243 ff., 299 ff., 325 ff., R. Bultmann, *Der Gottesgedanke und der moderne Mensch, in: ZThK* 60 (1963) 335–348; K. H. Miskotte, *Wenn die Götter schweigen,* München 1963; W. Knevels, *Die Wirklichkeit Gottes,* Stuttgart 1964; H. Gollwitzer, *Die Existenz Gottes im Bekenntnis des Glaubens,* München [4]1964; ders., *Gottes Offenbarung und unsere Vorstellung von Gott,* München 1964; E. Jüngel, *Gottes Sein ist im Werden,* Tübingen 1965; G. Ebeling, *Wort und Glaube,* Tübingen 1960; ders., *Existenz zwischen Gott und Gott, in: ZThK* 62 (1965) 86–113; D. Soelle, *Stellvertretung. Ein Kapitel Theologie nach dem ›Tode Gottes‹,* Stuttgart–Berlin 1965; C. H. Ratschow, *Gott existiert,* Berlin 1966; J. Moltmann, *Theologie der Hoffnung,* München 1964; ders., *Gottes Offenbarung und Wahrheitsfrage,* in: *Parrhesia* (Festschr. f. K. Barth), Zürich 1966, 149–172; H. Zahrnt, *Die Sache mit Gott. Die protestantische Theologie im 20. Jahrhundert,* München 1966.

3 E. Bloch, *Tübinger Einleitung in die Philosophie* 2, Frankfurt/M. 1954, 176.

4 Braun, *Gesammelte Studien zum NT,* 341.

5 Dt.: *Gott ist anders,* München 1963; außerdem: *Kann ein redlicher Zeitgenosse etwas anderes als Atheist sein?,* in: *Eine neue Reformation,* München 1965, 113–130; dazu: *Diskussion zu Bischof Robinson's ›Gott ist anders‹,* hrsg. v. W. *Augustin.* München 1964.

schen Bischofs von Woolwich, John A. T. Robinson, dem wir uns zunächst zuwenden wollen, um uns von dort die Probleme stellen zu lassen. Dieses Buch ist mehr Anlaß als Ursache dieser Diskussion gewesen. Es gibt auf weite Strecken nur etwas vergröbernd wieder, was andere zuvor schon mindestens ebenso radikal gedacht und geschrieben haben. Allzu oft kämpft Robinson gegen Windmühlen und rennt offene Türen ein, denn der Hinweis, daß die Vorstellung von Gott als dem alten Man mit dem weißen Bart im Himmel droben nicht die eigentlich christliche Gottesvorstellung ist, versteht sich doch wohl von selbst. Man könnte sich deshalb zunächst mit H. Gollwitzer mokieren: »Nicht, daß ein Bischof das schreibt, sondern daß es sensationell wirkt, wenn ein Bischof das schreibt, ist mir das Unerwartete ... Daß in der evangelischen Theologie seit der Aufklärung und seit Schleiermacher solche Sätze teils selbstverständlich, teils, wenn auch umstritten, so doch allgemein geläufig sind, hat sich offenbar noch nicht herumgesprochen.«[6] Man wird noch weiter gehen dürfen und sagen müssen, daß gerade der kundige Leser von Robinsons Buch sich in einer nicht unerheblichen Schwierigkeit befindet: Robinson beruft sich mehrfach auf P. Tillich, D. Bonhoeffer und R. Bultmann. Nun verhalten sich aber zumindest die theologischen Entwürfe von Tillich und Bonhoeffer weitgehend gegenläufig, sie lassen sich kaum auf einen Nenner bringen. Damit wird auch der sachliche Aussagegehalt von *›Honest to God‹* sehr zweideutig.

Robinson übernimmt bekanntlich von Tillich die These, Gott sei eine Aussage über die Tiefe unserer personalen Beziehungen, eine Auslegung für die absolute Gültigkeit des Personalen, Gott bedeute, daß die letzte Wahrheit und Wirklichkeit in der Tiefe Liebe ist; die Aussage, daß Gott personal sei, bedeute, daß die Wirklichkeit in ihrem innersten Wesen personal ist, daß das Personale eine letztgültige Bedeutung in der Struktur der Welt hat und ihr letzter Sinn ist, daß das Sein letztlich Liebe ist und Gott nur im Zwischenmenschlichen als dessen Tiefe und letzter Sinn aufgeht. Diese an P. Tillich, aber auch an M. Buber angelehnten Thesen widerstreiten

6 A. a. O. 119.

aber den von D. Bonhoeffer entlehnten, die von einer nicht-religiösen Interpretation des Christentums sprechen. Denn das Unbedingte im Bedingten zu finden und anzuerkennen, ist ja eben der Weg der Religion und der Metaphysik und nicht der Weg der christlichen Offenbarung, die Gott im kontingenten Ereignis Jesus Christus erkennt, die von Christus aus als der einzig gültigen theologischen Perspektive die Welt betrachtet und von da aus zu einer Entdivinisierung der Welt gelangt. Man muß deshalb fragen, ob nicht gerade Robinson den christlichen Glauben metaphysiziert, ihn zu einer Religion macht, die in allem und überall Gott als dem Unbedingten im Bedingten begegnen will, ob er also nicht gerade das getan hat, was er überwinden wollte. Ist denn seine Bestimmung des Gebets als Bereitschaft, dem Unbedingten im Bedingten zu begegnen, das tägliche Leben in der Tiefe zu erkennen, noch spezifisch christlich? Inwiefern braucht es da noch Christus, um die Tiefe zu erkennen, inwiefern ist Christus noch der Weg zum Vater?
Robinson wäre nicht unschuldig, wenn wir ihn so mißverstehen würden, wie er oft mißverstanden wurde und es noch wird. Seine Thesen könnten so, wie sie dastehen, leicht als eine philosophische Uminterpretation, ja geradezu als eine allgemein-religiöse Interpretation des Christentums erscheinen und eben nicht als nicht-religiöse, weltliche Interpretation, wie er im Anschluß an D. Bonhoeffer vorgibt.
Zu diesem Mißverständnis hat ein weiterer Umstand erheblich beigetragen: Robinson schrieb unmittelbar beim Erscheinen seines Buches in dem englichen Magazin *›Observer‹* (jenem englischen Blatt, »das die angelsächsischen Intellektuellen und diejenigen, die Wert darauf legen, zu ihnen gerechnet zu werden, allwöchentlich zu konsumieren pflegen«) einen Artikel, in dem er den Inhalt seines Buches zusammenzufassen versuchte, unter der Überschrift »Our Image of God must go« (»Unsere Vorstellungen von Gott müssen weg«). Dieser etwas reißerische Titel wurde ihm vom Chefredakteur des Observer vorgeschlagen, und Robinson ist unter Zeitdruck darauf hereingefallen.[7] Er mußte damit den unzutref-

7 Dazu: Augustin, *Diskussion*, 24 ff.

fenden Eindruck erwecken, als gehe es ihm tatsächlich primär um eine neue Gottesvorstellung, um eine Neuinterpretation des Christentums, als sei es sein Grundanliegen, das Bild von der Höhe, vom Jenseits, durch das von der Tiefe zu ersetzen. Damit hat er es seinen Kritikern sehr leicht gemacht, denn es ist ja allzu offensichtlich, daß auch die Tiefe nur ein Bild sein kann und als solches ebenso wie das von der Höhe und vom Jenseits richtig wie falsch verstanden werden kann. Durch seine Neuinterpretation wäre also nichts oder doch nur sehr wenig gewonnen.

Allein, mit solchen gewiß sachlich berechtigten Feststellungen hat man sich die Auseinandersetzung mit Robinson doch etwas zu leicht gemacht. Sein Problem ist gar nicht das einer Veränderung der Gottesvorstellung und einer Neuinterpretation des Christentums. In einem nach seinem Buch erschienenen Artikel[8] hat Robinson sein eigentliches Anliegen präzisiert. Er spricht dort von einer Art Währungskrise aller unserer Aussagen von Gott. Unsere gängigen Aussagen von Gott sind nicht mehr »gedeckt«. Die Deckung geschieht bei theologischen Aussagen durch den existentiellen, engagierten Glauben. In diesem Sinn müssen wir fragen, ob Dogmen, Liturgie, moralische Systeme, Strukturen und Strategien unseres kirchlichen Lebens tatsächlich bezogen sind auf unser tiefstes Gebundensein an Jesus Christus. Robinson betrachtet *›Honest to God‹* als ein Stück missionarischer Theologie, die sich bemüht, den tradierten christlichen Glauben in einer Sprache zu verkünden, die dem Menschen heute verständlich sein könnte. Robinsons Anliegen ist also keineswegs revolutionär, sondern zutiefst konservativ, und darin ist er ganz Engländer und Anglikaner. Er will in keiner Weise die christliche Lehre von Gott verändern, sondern er will verhüten, daß sie zusammen mit veralteten Weltbildern und einer unverständlich gewordenen Sprache untergeht. Nachdrücklich verteidigt er deshalb das Gebet zu Gott dem Vater, und er zeigt sich an irgendwelchen vagen, nicht-personalen, pantheistischen Begriffen nicht im geringten interessiert. Gott ist für ihn der Gott Abrahams, Isaaks und Jakobs, der Gott und

8 J. A. T. Robinson, *Das Gespräch geht weiter*, in: Augustin, *Diskussion*, 23–58.

Vater unseres Herrn Jesus Christus und nicht der Gott der Philosophen.[9]

So sehr man dieses missionarisch-pastorale Anliegen Robinsons natürlich höchst ernst nehmen und bejahen wird, weiß man nach dieser Auskunft nun doch (ein zweites Mal) nicht, ob man sich darüber freuen oder ob man unzufrieden sein soll. Man kann sich freuen, weil am Ende doch alles nicht so schlimm ist und weil alles Bisherige, wenn auch in besserer »Verpackung«, nach wie vor gelten soll: der persönliche Gott, der in Christus Mensch wird und zu dem man persönlich beten kann und soll. Man kann aber auch zutiefst unbefriedigt sein und fragen, ob sich denn auf dem Weg einer bloßen Umformulierung die Probleme lösen lassen, die nun einmal anstehen. Ohne deren wirkliche Beantwortung bleibt aber Robinsons missionarische Theologie eine bloß verbale Scheinlösung, und dies wird man der Sache wegen bedauern müssen.

Zumindest ein ernsthaftes Problem hat Robinson nämlich aufgeworfen, das es wert wäre, mit aller Anstrengung des theologischen Denkens weitergedacht zu werden. Er stellt fest, daß sich anstelle eines Gottes, der im wortwörtlichen oder räumlichen Sinn über der Welt wohnt, sich in unserer Vorstellung ein Gott angesiedelt hat, der im geistigen oder metaphysischen Sinn außerhalb der Welt existiert. Das Bild vom Oben, das zunächst Gottes Überlegenheit über alles Irdische ausdrücken sollte, wurde zum Jenseits; damit wurde Gott aus dem Diesseits hinauskomplimentiert; der jenseitige Gott ist nicht mehr – wie noch der überirdische Gott – mitten in dieser Welt gegenwärtig. Gott wird hier zu einem Wesen neben anderen Wesen, neben der Welt, er wird höchstens noch an den Grenzen der Welt angesiedelt als ein Deus ex machina für Grenzsituationen des menschlichen Daseins. Robinson verweist dafür auf Bonhoeffer: »Wenn man auch in allen weltlichen Fragen schon kapituliert hat, so bleiben doch immer die sogenannten letzten Fragen – Tod, Schuld –, auf die nur ›Gott‹ eine Antwort geben kann und um derentwillen

9 A. a. O. 47 f.

man Gott und die Kirche und den Pfarrer braucht.«[10] Oder wie es Bonhoeffer noch drastischer sagt: »Die Verdrängung Gottes aus der Welt, aus der Öffentlichkeit der menschlichen Existenz, führte zu dem Versuch, ihn wenigstens im Bereich des ›Persönlichen‹, ›Innerlichen‹, ›Privaten‹ noch festzuhalten ... Die Kammerdienergeheimnisse – um es grob zu sagen – d. h. also der Bereich des Intimen (...) werden das Jagdgebiet der modernen Seelsorger.«[11]

Damit hat Robinson ein legitimes Problem gestellt. Es geht um die Frage, wie wir heute den Gedanken eines jenseitigen persönlichen Gottes, der uns hilfreich gegenwärtig ist in unserem Alltag, zu dem wir in unseren Alltagsnöten beten, noch realisieren können. Können wir als Christen unserer säkularisierten Welt entfliehen und einen solchen Deus ex machina annehmen? Wie läßt sich der Gedanke an einen persönlichen Gott heute noch realisieren, ohne auf den schwächlichen Ausweg der »Letzten Fragen« zu verfallen und damit im Grunde doch zu kapitulieren? Oder mit Robinsons eigenen Worten: »Kann ein redlicher Zeitgenosse etwas anderes als ein Atheist sein? Ich glaube nämlich, daß ein Mensch, der ganz und gar unserer Zeit angehört, in einer wichtigen Hinsicht Atheist sein muß oder es wenigstens sein darf, ehe er Christ sein kann. Ich meine damit, daß für den heutigen Menschen am Atheismus vieles einfach wahr ist, daß für ihn der christliche Glaube nur dann gültig sein kann, wenn er post mortem Dei, also nach dem Tod Gottes – so wie ›Gott‹ traditionell verstanden wurde – einsetzt.«[12]

Dieses Problem der Realisierbarkeit des Glaubens an den persönlichen Gott ist es wert, daß wir uns über Robinson hinaus und gründlicher als er damit befassen. Dazu ist es notwendig, daß wir uns erst einmal das Wesen des modernen Atheismus vergegenwärtigen, gleichsam das Problem in seiner ganzen Tiefe stellen, weil man der Meinung sein kann, Robinson habe nur seine Oberflächendimension wahrgenommen.

10 D. Bonhoeffer, *Widerstand und Ergebung*, München 1962, 216.

11 A. a. O. 233.

12 Robinson, *Kann ein redlicher Zeitgenosse etwas anderes als Atheist sein?*, 113.

II.

Die Grunderfahrung des heutigen Menschen wird immer wieder mit dem Satz Nietzsches angedeutet »Gott ist tot«. M. Buber spricht von der Gottesfinsternis unserer Zeit[13], M. Heidegger vom »Fehl Gottes«[14]. Mit dem Wort vom Tod Gottes soll nach B. Welte weniger eine Aussage mit logischer Geltung gemacht werden als eine Aussage über die tatsächliche geschichtliche Ohnmacht Gottes in dieser Zeit.[15] Gott scheint den meisten ein leeres Wort, eine Schale ohne Inhalt geworden zu sein, ein Begriff, dem keine lebendige, vitale Erfahrung entspricht, ein Name, von dem kein Leben, keine Impulse mehr ausgehen.

So verstanden entspricht das Wort »Gott ist tot« jenem szientistischen Atheismus, den Laplace gegenüber Napoleon zum Ausdruck brachte: »Ich brauche diese Hypothese nicht«[16], und J. Huxley sagt: »Die Hypothese Gott hat für die Deutung und das Verständnis der Natur keinerlei pragmatischen Wert mehr, ja sie steht einer besseren und wahreren Deutung häufig im Weg.«[17] Man könnte auch von einem methodischen Atheismus sprechen, dessen Ziel es ist, die einen Gegebenheiten der Welt durch die anderen und so die Welt aus sich selbst zu erklären. Diese Art von Atheismus ist mit unserer säkularisierten Welt[18] gegeben; in ihr ist kein Raum mehr für den Gott, der überall seine Finger mit im Spiel hat. Der heutige Mensch begegnet in der Welt unmittelbar gar nicht mehr den Spuren Gottes, sondern zunächst seinen eige-

13 M. Buber, *Gottesfinsternis. Betrachtungen zur Beziehung zwischen Religion und Philosophie*, in: *Werke* I, München 1962, 501–603.

14 M. Heidegger, *Erläuterungen zu Hölderlins Dichtung*, Frankfurt/M. 1963, 27.

15 Welte, *Auf der Spur des Ewigen*, 232.

16 Zit. Murray, *Das Gottesproblem*, 130.

17 Zit. Robinson, *Eine neue Reformation*, 115.

18 Dazu: H. Lübbe, *Säkularisierung. Geschichte eines ideenpolitischen Begriffs*, München 1965; F. Gogarten, *Verhängnis und Hoffnung der Neuzeit. Die Säkularisierung als theologisches Problem*, Stuttgart 1953; J. B. Metz, *Die Zukunft des Glaubens in einer hominisierten Welt*, in: *Weltverständnis im Glauben*, hrsg. v. J. B. Metz, Mainz 1965, 45–62; H. Cox, *Stadt ohne Gott?* Stuttgart 1966; F. P. Fiorenza, *Das soziale Evangelium und die säkularisierte Stadt*, in: *StdZ* 177 (1966) 383–388.

nen Spuren und Leistungen, und diese eigenen Leistungen sind es, die ihn faszinieren; dort wo sie noch scheitern und unzulänglich sind, da führen sie gewöhnlich nicht zum Gebet um die Hilfe Gottes, sondern zu verstärkter menschlicher Anstrengung, die sich meist unbewußt von einem innerweltlichen Fortschrittsoptimismus leiten läßt.

In diesem Sinn gilt das Wort »Gott ist tot« in gewissem Sinn auch für den gläubigen Christen. Auch er muß in der heutigen Welt weitgehend leben »etsi Deus non daretur«; er muß in den weltlichen Dingen weltlich, d. h. technisch, wirtschaftlich, politisch, psychologisch, soziologisch usw. denken, und er kann solches sachliche Denken und Können nicht durch Gebet und Vertrauen auf ein Eingreifen Gottes ersetzen. Er kann nichts, was er mit seinen profanen Methoden findet, Gott nennen. Das persönliche Gebet in den Dingen des Alltags um Hilfe Gottes scheint deshalb vielen unredlich zu sein.

Mit dieser Erfahrung einer säkularisierten, humanisierten Welt haben wir aber erst die äußerste Dimension des gegenwärtigen Atheismus beschrieben. Wir müssen diesen ersten Gesichtspunkt nun noch durch einen zweiten ergänzen. Der Tod Gottes, wie Nietzsche ihn beschreibt, ist nicht eine Art Schicksalsnotwendigkeit, er ist unsere eigene Tat. Nicht umsonst beginnt Nietzsches toller Mensch seine Botschaft vom Tod Gottes so: »Wir haben ihn getötet – ihr und ich! Wir alle sind seine Mörder! . . . Wie trösten wir uns, die Mörder aller Mörder? Das Heiligste und Mächtigste, was die Welt bisher besaß, es ist unter unsern Messern verblutet – wer wischt dies Blut von uns ab? Mit welchem Wasser könnten wir uns reinigen? Welche Sühnefeiern, welche heiligen Spiele werden wir erfinden müssen? Ist nicht die Größe dieser Tat zu groß für uns? Müssen wir nicht selber zu Göttern werden, um nur ihrer würdig zu erscheinen? Es gab nie eine größere Tat – und wer nur immer nach uns geboren wird, gehört um dieser Tat willen in eine höhere Geschichte, als alle Geschichte bisher war.«[19] Der Tod Gottes ist Tat der Menschen; sie führt gar

19 F. Nietzsche, *Die fröhliche Wissenschaft*, in: *Werke*, hrsg. v. K. Schlechta, II, München 1955, 127.

nicht in die Bodenlosigkeit, Verzweiflung und Leere, wie man meist meint; sie ist vielmehr ein neuer Anfang, Voraussetzung für das Kommen des Übermenschen, für das Gottsein der Menschen selbst. »In der Tat, wir Philosophen und ›freien Geister‹ fühlen uns bei der Nachricht, daß der ›alte Gott tot‹ ist, wie von einer neuen Morgenröte angestrahlt; unser Herz strömt dabei über von Dankbarkeit, Erstaunen, Ahnung, Erwartung – endlich erscheint uns der Horizont wieder frei, gesetzt selbst, daß er nicht hell ist, endlich dürfen unsere Schiffe wieder auslaufen, auf jede Gefahr hin auslaufen, jedes Wagnis des Erkennenden ist wieder erlaubt, das Meer, unser Meer liegt wieder offen da, vielleicht gab es noch niemals ein so ›offenes Meer‹.«[20]

Die Entscheidung zum Atheismus gründet in der Entscheidung zur eigenen Freiheit des Menschen. Nur wenn Gott nicht ist, kann der Mensch wirklich frei sein. Daß Gott nicht ist, ist ein Postulat der Freiheit, kann J. P. Sartre sagen in völliger Umkehrung des entsprechenden Gedankens bei Kant. Ähnlich sagten dies schon der junge Schelling[21] und N. Hartmann. Gott wird hier verstanden als der Feind des Menschen, als ein Parasit und Neider. Was man Gott gibt, meint man den Menschen zu nehmen. Der Wille zur Freiheit und Mündigkeit ist also zugleich eine Entscheidung gegen Gott; der Wille, Atheist zu sein, ist der Wille, Mensch zu sein; der Wille zur Macht ist der Ursprung des Todes Gottes.

Im neuzeitlichen Atheismus ist also eine fundamentale Grundentscheidung wirksam für ein autonomes Verständnis der Menschen. Sie richtet sich aber gegen einen Gott, der im Grunde gar keiner ist, sondern ein jämmerlicher Götze. Auf diesen Aspekt hat vor allem M. Heidegger aufmerksam gemacht in seinem Aufsatz über Nietzsches Wort »Gott ist tot«.[22] Das führt uns zu einem dritten Aspekt des gegenwärtigen Atheismus.

20 A. a. O. 206.

21 Dazu: W. Kasper, *Das Absolute in der Geschichte. Philosophie und Theologie der Geschichte in der Spätphilosophie Schellings*, Mainz 1965.

22 M. Heidegger, *Nietzsches Wort »Gott ist tot«*, in: ders., *Holzwege*, Frankfurt/M. ^{3}1957, 193–247.

Für Heidegger ist Nietzsches Wort nur ein Exponent eines umfassenderen epochalen wahrheits- und seinsgeschichtlichen Wandels, den er als das Ende der Metaphysik beschreibt. Das metaphysische Denken entsprach nach Heidegger einem Aufstand des Menschen, der die Wirklichkeit nicht mehr bloß empfangend, bewahrend, dankend hinnimmt, sondern sich ihrer bemächtigt, sie zum Objekt, zum Material und Feld seiner Herrschaft macht. Dieses autonome Subjekt Mensch hat sich auch Gott verfügbar gemacht, indem es ihn zu einem höchsten Wesen machte. Ein solches ens perfectissimum steht zwar an der höchsten Stelle aller Seienden, aber es ist doch auch nur das höchste Wesen und damit ein Seiendes neben anderen Seienden, eine endliche Sache, die das menschliche Denken von außen betrachten und beurteilen kann. Hier ist im Grund das Denken das Übergeordnete und Beherrschende, das bestimmt, was als Gott zu gelten hat. »Zu diesem Gott kann der Mench weder beten, noch kann er ihm opfern. Vor der Causa sui kann der Mensch weder aus Scheu ins Knie fallen, noch kann er vor diesem Gott musizieren und tanzen.«[23]

Der Tod und die Tötung dieses Gottes bedeutet im Grunde nichts anderes, als daß der Mensch seinen eigenen Götzen wieder verwirft, er bedeutet das Ende des Gottes der Philosophen und zugleich der Anfang einer neuen Möglichkeit, das Heilige wieder ursprünglicher zu erfahren. Der Tod Gottes bedeutet also noch in einer zweiten Hinsicht etwas Positives, er befreit den Menschen nicht nur zu sich selbst, sondern auch für ein anfänglicheres Erfahren Gottes. Darum geht es dem gegenwärtigen Atheismus letztlich, es geht ihm um die Absolutheit des Absoluten selbst.

E. Biser[24] und in ähnlicher Weise B. Welte[25] haben aufgewiesen, daß schon bei Nietzsche hinter der Verkündigung des Todes Gottes die Sehnsucht nach der Transzendenz, nach dem je größeren Gott steht. Nietzsche hat diesen positiven

23 M. Heidegger, *Identität und Differenz*, Pfullingen ²1957, 70.

24 E. Biser, *Gott ist tot. Nietzsches Destruktion des christlichen Bewußtseins*, München 1962.

25 B. Welte, *Auf der Spur des Ewigen*, 228–261.

Aspekt, von dem der Tod Gottes nur die negativ-destruktive Seite und Voraussetzung ist, beschrieben als den großen Mittag. E. Biser hat sogar auf J. Scotus Eriugena und Meister Ekkehart verwiesen, für die Gott ein Nichts ist und kein Seiendes. Eine solch extrem negative Theologie, ein Pathos und eine Leidenschaft für den je größeren Gott steht auch hinter dem modernen Atheismus. Das klingt schon an in den frühen Briefen Schellings an Hegel, wo es heißt: »Wir reichen weiter noch als bis zum persönlichen Wesen.«[26] Solche Gedanken stehen hinter dem Atheismusstreit um Fichte; sie finden sich heute wieder bei K. Jaspers und E. Bloch, die im Gedanken vom persönlichen Gott eine Verdinglichung und Verendlichung des Absoluten erkennen.

Die Leidenschaft für den je größeren Gott kann neben den intellektuell-mystischen Motiven auch ein moralisches Pathos annehmen, wie wir es etwa bei A. Camus finden. Der moderne Mensch erkennt das Absurde, das Unsinnige in dieser Welt; die unsinnigen Kriege und die Greuel in den Konzentrationslagern, die geschändete Unschuld, verratene Treue, besudelte Liebe, verleumdete Ehre, die Mißerfolge, Niederlagen, Krankheiten und schließlich den Tod in seinen vielfältigen Formen. Ein allmächtiger Gott, der all dieses Übel sieht, es zuläßt und nicht ändert, wäre ein im Grunde unerträglicher Gedanke; ihm müßte all dieses Unheil zugelastet werden, ja, er würde es sogar durch seine Autorität decken und gewissermaßen rechtfertigen. Ein solcher Gott würde den Menschen hindern, gegen dieses Unrecht anzugehen, die Not zu lindern, die Strukturen der nationalen, gesellschaftlichen, wirtschaftlichen Ordnung zu ändern. Die Religion sanktioniert die bestehenden Herrschaftsformen, sie ist Opium des Volkes (K. Marx). Man muß also Gott entthronen, um in der Welt mehr Gerechtigkeit herstellen zu können. Der Atheismus wird damit aus innerer Konsequenz zum politischen Programm, das sich in den Dienst der Menschlichkeit des Menschen stellt, das aber letztlich von einem Protest gegen Gott für Gott lebt. Die Bejahung des Todes Gottes entspringt

26 *Briefe von und an Hegel* I, hrsg. v. J. Hoffmeister, Hamburg 1952, 22.

paradoxerweise der leidenschaftlichen Bejahung des Reiches Gottes (E. Bloch). Gott, das Absolute, das Reich wird nun aber zur Aufgabe der gesamten Menschheit, Gott wird Zukunft; erst am Ende wird Gott sein (Schelling). Der persönliche Gott und das Beten zum persönlichen Gott muß damit um Gottes willen selbst abgelehnt werden.

Ein viertes und letztes Merkmal soll nun noch die gemeinsame Wurzel der bisher behandelten drei Aspekte des gegenwärtigen Atheismus aufzeigen. Der Wille zur Freiheit des Menschen und die Leidenschaft für den Gott über Gott gehören offensichtlich zusammen und bedingen sich gegenseitig, wie umgekehrt zwischen menschlicher, politischer, wissenschaftlicher Unfreiheit und der Annahme eines persönlichen Gottes ein Zusammenhang gesehen wird. Gott wird hier verstanden als Exponent des Menschen, der von sich selbst entfremdet ist, der seine eigene Unendlichkeit über sich hinausprojiziert in ein jenseitiges Wesen. Gott ist nichts anderes als ein falsches Bewußtsein, eine universale Neurose (S. Freud). Der Atheismus von L. Feuerbach, F. Nietzsche, K. Marx und S. Freud beabsichtigt nichts anderes, als auf dem Umweg über eine Kultur- und Gesellschaftskritik und über ein Psychoanalyse die »Genealogie« der Religion aus diesem falschen Bewußsein aufzuweisen und so den Menschen zu sich selbst zu befreien. Der Atheismus vindiziert die Werte und Güter, die der Mensch illegitimerweise an Gott »verschwendet«, die er ihm aufgeopfert hat, wieder für den Menschen als den ursprünglichen und rechtmäßigen Eigentümer. Das Pathos des Absoluten ist deshalb identisch mit dem Pathos des absoluten Humanismus.

Diese Art zu denken ist, wie W. Schulz gezeigt hat[27], in der neuzeitlichen Geistesgeschichte von langer Hand vorbereitet. Wir finden sie schon angedeutet bei Nikolaus von Kues; in seinem Werk ›*De visione Dei*‹ ist Gott unser Sehnen, die Ermöglichung, das Licht unseres Sehens. Immer mehr wird in der neuzeitlichen Geistesgeschichte Gott zum Grund und Horizont, zum Apriori des geistigen Selbstvollzugs des Men-

27 W. Schulz, *Der Gott der neuzeitlichen Metaphysik*, Pfullingen [3]1957,11–30.

schen, bis dann L. Feuerbach alle Theologie als Anthropologie entlarvte. Je nachdem kann dann Gott mehr idealistisch als Auslegung der Unendlichkeit des menschlichen Geistes verstanden werden oder mehr existentialistisch als Ausdruck der Grenze, an die der Mensch immer wieder stößt und an der er immer wieder seine Endlichkeit als solche erfährt. Die Transzendenz ist dann Ausdruck eines beständigen Genarrtseins unserer Existenz; der Mensch erscheint hier gleichsam als der gekreuzigte Gott; als endlicher Mensch leidet er am Unendlichen. Christus, Prometheus und Sisyphus werden zu Symbolen des einen und ewigen Menschen.

Man kann fragen: Ist dies alles im Grunde nicht eher eine Rechtfertigung des Glaubens? Bedeutet dies nicht die wahre Erfüllung des »Cur Deus homo«? Wenn aber der Mensch – jeder Mensch – irgendwie Menschwerdung Gottes ist und Gott in leidender menschlicher Gestalt darstellt, gilt dann nicht: »›eritis sicut Deus‹ ist die Frohbotschaft des christlichen Heils«[28]? Solche Gedankengänge mögen auf den ersten Blick absurd erscheinen, und apologetische Theologen, die ihnen manchmal erstaunlich nahe kommen, müßten sich energisch an Kierkegaards Wort erinnern lassen, der Gott-Mensch sei nicht die Einheit von Gott und Mensch, sondern die Einheit von Gott und einem einzelnen Menschen und eben darin bestehe das nicht zu beseitigende Ärgernis des christlichen Glaubens.[29] Soviel dürfte trotzdem klar geworden sein: Der gegenwärtige Atheismus ist in all seinen Erscheinungen keine bloße Laune des Augenblicks; unsere gegenwärtigen theologischen Fragen sind nicht nur Eintagsfliegen, sondern sie entspringen dem Grundansatz neuzeitlichen Denkens. Ja, der Atheismus ist sogar eine wahrhaft menschliche Möglichkeit. Er hat seine Wurzeln im Wesen des Menschen selbst. Weil der Mensch (christlich gesprochen) Bild Gottes ist, kann er nun umgekehrt Gott nach seinem Bild entwerfen und Gott als sein Abbild verstehen. Auch im Atheismus zeigt sich ein Stück menschlicher Größe. Noch in der

28 E. Bloch, *Das Prinzip Hoffnung*, Frankfurt/M. 1959, 1504.

29 S. Kierkegaard, *Einübung ins Christentum*, hrsg. von W. Rest, Köln 1951, 132 f.

Leugnung Gottes preist das Geschöpf Mensch auf verkehrte, aber doch reale Weise seinen Schöpfer.
Noch mehr werden wir sagen müssen: In dieser radikalen Form ist der Atheismus nicht nur eine menschliche Möglichkeit, sondern eine christliche Möglichkeit, ein nur nachchristlich mögliches Phänomen. Nur wo Gott radikal behauptet und bezeugt wird, wo er so radikal als Gott geglaubt und bekannt ist, kann er so radikal geleugnet werden.[30] In der Gottesleugnung des modernen Atheismus ist noch etwas lebendig von der Radikalität des ersten und zweiten Gebotes; vielleicht ist dort davon manchmal mehr lebendig als in manchen Lehrbuchtraktaten über Gott. Noch der Atheismus kommt her von der Offenbarung Gottes. Er ist ein Stück Theologie im Exil.
Das bedeutet aber: Dieser Atheismus ist unsere ureigenste Möglichkeit. Ein Gespräch zwischen Christen und Atheisten ist immer auch ein Gespräch mit uns selbst. Im modernen Atheismus sind ursprünglich christliche Motive selbständig weitergedacht worden, die wir heute wieder zurückholen können, die uns hilfreich sein können, unseren eigenen Glauben zu läutern. Erst wo wir dieses Gespräch so verstehen, wird es sinnvoll; erst so verstanden ist eine gemeinsame Basis vorhanden und ist ein gegenseitiges Geben und Nehmen möglich.

III.

Wir werden die Antwort auf die in unserem Thema gestellte Frage nicht anders formulieren können als dadurch, daß wir die Anfragen des Atheismus ernst, sehr ernst nehmen. Wir werden Robinson hier durchaus recht geben müssen, wenn er sagt, daß wir heute nur noch Christen sein können post mortem Dei, nach dem Tod Gottes. Wir haben keinen Anlaß, das zu verteidigen, was der Atheismus als Gott leugnet; es ist nicht der christliche Gott, sondern ein Götze, der Atheismus verteidigt in vielem unsere ureigenste Sache. Aber daß es zu

30 G. Ebeling, *Wort und Glaube*, 358 ff.

diesem Mißverständnis, zu dieser merkwürdigen Vertauschung der Fronten überhaupt kommen konnte, daran sind wir Christen nicht unschuldig. Das Vatikanum II spricht ausdrücklich von dieser Mitschuld der Christen am Phänomen eines weltweiten Atheismus.[31] Wir Christen haben den Namen Gottes nicht selten »eitel genannt« und für alle möglichen Zwecke mißbraucht. In den autobiographischen Fragmenten von M. Buber findet sich dazu ein erschütterndes Zeugnis:

»Gott ist das beladenste aller Menschenworte. Keines ist so besudelt, so zerfetzt worden ... Die Geschlechter der Menschen haben die Last ihres geängstigten Lebens auf dieses Wort gewälzt und es zu Boden gedrückt; es liegt im Staub und trägt ihrer aller Last. Die Geschlechter der Menschen mit ihren Religionsparteiungen haben das Wort zerrissen; sie haben dafür getötet und sind dafür gestorben; es trägt ihrer aller Fingerspur und ihrer aller Blut. ... sie zeichnen Fratzen und schreiben ›Gott‹ darunter, sie morden einander und sagen ›in Gottes Namen‹ ... Wir müssen die achten, die es verpönen, weil sie sich gegen das Unrecht und den Unfug auflehnen, die sich so gern auf die Ermächtigung durch ›Gott‹ berufen; aber wir dürfen es nicht preisgeben. Wie gut läßt es sich verstehen, daß manche vorschlagen, eine Zeit über von den ›letzten Dingen‹ zu schweigen, damit die mißbrauchten Worte erlöst werden. Aber so sind sie nicht zu erlösen. Wir können das Wort ›Gott‹ nicht reinwaschen, und wir können es nicht ganz machen; aber wir können es, befleckt und zerfetzt wie es ist, vom Boden aufheben und aufrichten über eine Stunde großer Sorge.«[32]

Das Wort Gott, welches das Größte ausdrückt, was Menschen aussprechen können, ist zu einem Wort geworden, das auch die Schuld vieler Geschlechter auf sich geladen hat. Aber es ist auch ein Wort, das in der Schuld immer wieder Hoffnung erweckt. Auch die Schuld am Tode Gottes, von

31 Pastoralkonstitution über die Kirche in der Welt von heute ›*Gaudium et spes*‹, Nr. 19.

32 M. Buber, *Begegnung. Autobiographische Fragmente,* Stuttgart ²1961, 43 f.

der Nietzsche so eindringlich redet, kann eine felix culpa werden. Der Tod Gottes – so wie er gewöhnlich verstanden wird – kann Anlaß zu einer neuen Hoffnung werden. Das kann dann geschehen, wenn uns unsere Situation zur Metanoia, zur Besinnung auf die wahren Ursprünge unseres christlichen Redens von Gott wird. Wenn das der Fall sein sollte, dann könnte der Tod Gottes eine Gnadenstunde auch für uns Christen sein.

Wenn wir uns auf die Ursprünge unseres christlichen Redens von Gott besinnen, dann erhält das Wort vom Tod Gottes auch eine christlich mögliche Dimension. Auch als Christen sprechen wir davon, daß Gott gestorben sei. »Gott selbst ist tot«, heißt es in einem alten Kirchenlied. Dieser Tod Gottes, der freilich nie von der Auferweckung Jesu Christi getrennt werden darf, ist der einzig legitime Ausgangspunkt unseres christlichen Redens von Gott. Der Christ spricht von Gott von Christus, von Kreuz und Auferstehung her. Christus als die vollkommenste Offenbarung des Vaters kann allein die zerstreuten, in sich zwiespältigen Spuren, die von der Welt zu Gott führen, wieder zum Leuchten und zur Eindeutigkeit bringen. In der christlichen Rede vom Tode Gottes kann das legitime Anliegen der atheistischen Rede vom Tod Gottes aufgegriffen und zugleich überwunden werden. Die Antithesen, die der Atheismus aufstellt, fügen sich hier zusammen zu einer Einheit, die wir freilich nur im Glauben erfassen können, weil sie das Geheimnis der göttlichen Liebe ausmacht.

Erst am Kreuz geht uns die ganze Radikalität dessen auf, was Gott heißt, nämlich absolute, grenzenlose Freiheit, Freiheit bis zur Selbstentäußerung in das Gegenteil dessen hinein, was Gott zu sein scheint, Freiheit bis in den Tod hinein. Gott besagt Freiheit, die selbst nochmals den Tod umgreift, möglich macht und damit erlöst. Aber diese unbegreifliche Größe der Herrlichkeit und Souveränität der Freiheit Gottes ist keine Gefahr und Infragestellung für den Menschen, wie der Atheist befürchtet; diese Freiheit Gottes, wie sie uns am Kreuz aufgeht, ist eine gnädige Freiheit. Gott tut solches für den Menschen. Die Würde des Menschen wird hier nicht zerstört, sondern in unbegreiflicher und unerfindlicher Weise erhöht.

Die Würde Gottes und die Würde des Menschen sind hier kein Widerspruch, sondern geeint in der Herrlichkeit der gnädigen Liebe Gottes. Es ist nicht so, daß man Gott nimmt, was man dem Menschen gibt, und daß man dem Menschen nimmt, was man Gott gibt. Am Kreuz gehört beides unlösbar zusammen. Am Kreuz haben beide auch ihren Ursprung. Daß Gott solche absolute Freiheit ist, wissen wir letztlich erst seit Jesus Christus. Ebenso ist die volle Erkenntnis der Würde des Menschen, seiner Einmaligkeit und Unantastbarkeit eine Konsequenz des Evangeliums von der persönlichen Liebe Gottes zu jedem Menschen.

Wenn der Atheist von der Absolutheit des Absoluten und von der Freiheit und Würde des Menschen spricht, dann tut er im Grunde nichts anderes, als daß er ursprünglich christliche Größen aus ihrem christlichen Zusammenhang löst. Das aber ist das eigentlich Unmögliche und Widersprüchliche an ihm. Freiheit kann nämlich nur wieder in Freiheit erfahren und Liebe kann nur wieder in Liebe erkannt und beantwortet werden. Man kann die christliche Rede deshalb nicht herauslösen aus dem Ereignis der Freiheit Gottes in Jesus Christus und vom Vollzug des antwortenden freien und liebenden Glaubens. Vollzieht man diese Abstraktion trotzdem, so müssen sich notwendigerweise Aporien, Widersprüche und Unstimmigkeiten ergeben.

Das bedeutet aber auch, daß man den Glauben grundsätzlich nicht von außen andemonstrieren kann, man muß ihn leben, ihn vollziehen, um seine tragende Kraft zu erfahren. Rein intellektuell kann der Glaube den Atheismus nicht überwinden. Ein objektives Beweiswissen würde den Glauben nur aufheben. Man kann dem Unglauben nur aufweisen, daß auch er nicht beweisbar ist, daß auch er gewählt hat, daß auch er auf einer Grundentscheidung aufruht und daß er die wahren Anliegen des christlichen Glaubens falsch versteht, daß er sich meist gegen einen Glauben wendet, der im Grunde gar keiner ist. Man kann weiter aufzeigen, daß die wahren Anliegen des Unglaubens im Glauben nicht nur gewahrt, sondern sogar besser aufgehoben sind als im Unglauben, ja, daß der Glaube Antworten kennt auf die Fragen des Menschseins, die allein zu tragen vermögen und die faktisch nirgends sonst gegeben sind.

Konkret ist ein solcher Glaube an die Selbstentäußerung Gottes im Kreuz Jesu Christi nichts anderes als die Antwort, der Nachvollzug dieser Selbstentäußerung, die zugleich Gottes wie des Menschen Größe bezeugt. Der Glaube überantwortet aus Freiheit seine eigene Freiheit an die Freiheit Gottes, um darin die wahre menschliche Freiheit zu erlangen. Indem der Glaube so Gott recht gibt, rechtfertigt er sich selbst; indem er Gott die Ehre gibt, wirkt er sein eigenes Leben und Heil. Ein so verstandener Glaube bewegt sich also zwischen Freiheit und Freiheit, er bedeutet den Selbstvollzug der menschlichen Freiheit angesichts der göttlichen Freiheit, um in Freiheit von Gottes gnädiger Freiheit die eigene Freiheit zu empfangen.

Ein so verstandener Glaube ist aber in sich wesentlich Gebet. Gebet ist hier nicht nur Stunde der Besinnung, Einkehr, Meditation, Einübung ins weltliche Christsein; Gebet ist hier wesentlich und notwendig persönliches Gebet mit dem persönlichen Gott. Dieses persönliche Gebet ist die wesentliche Form, in der der Glaube sich selbst artikuliert; es ist die Form, wie der Glaube allein er selbst ist. Das persönliche Gebet wird so zur Herzmitte des Glaubens selbst.

Begreifen wir das Gebet aus diesem umfassenden Zusammenhang heraus, dann wird auch das Bittgebet wieder verständlich und legitim. Beim Bittgebet könnte ja noch am ehesten der Eindruck erweckt werden, Gott werde hier zum Handlanger des Menschen, hier projiziere der Mensch seine eigenen Wünsche in Gott hinein, hier sei ein mythologisches Denken am Platz, das Gott zu einem Deus ex machina degradiere. Wohl ist das Bittgebet oft in solch unzulänglicher Weise verstanden worden; es kann aber auch theologisch richtig gedeutet werden. Es hat sein Recht, wenn man es versteht als ein Teilmoment jener Selbstentäußerung des Menschen vor Gott, in der und durch die der Mensch seine wahre menschliche Erfüllung geschenkt erhält. Das Bittgebet besteht darin, daß der Mensch sich, seinen Alltag mit all den kleinen und großen Dingen, die ihn eben ausmachen, in Gott hinein birgt; er stellt Gegenwart und Zukunft einfach Gott anheim; er gibt darin Gott die Ehre und anerkennt, daß er im letzten sein Leben nicht selbst gewinnen kann, wenn er es nicht an Gott verliert. Das Hineinbergen des Alltags in Gott ist dann zugleich von dem Vertrauen getragen, daß in Gott alles am besten geborgen ist. Es mögen dann sehr alltägliche Dinge sein, »um die wir Gott bitten«, wenn sich dieses Bitten als ein Teilmoment des Selbstvollzugs des Glaubens versteht, dann steht es zugleich in einer grenzenlosen Offenheit des Vertrauens und des Offenlassens, das weiß, daß man Gott nichts vorschreiben kann und braucht, weil er selbst am besten für uns sorgen kann.

IV.

Wenn das persönliche Verhältnis zu Gott die Mitte des Glaubens selbst ausmacht und geradezu zum »sachgerechten« Selbstvollzug des Glaubens wird, dann ist das für uns ein Anlaß, noch ein wenig mehr über Möglichkeit und Sinn unseres Redens vom persönlichen Gott nachzudenken und unser Reden abzuschirmen gegen Mißverständnisse und Einwände, die ihm heute oft begegnen. Was meinen wir denn näherhin, wenn wir vom persönlichen Gott reden? Dem Vorwurf, es handle sich hier um eine Verendlichung, Verniedlichung und Anthropomorphisierung Gottes, können wir nur dadurch begegnen, daß wir uns nochmals auf den Ursprung dieser Redeweise besinnen.

Das christliche Reden von Gott geht aus von der Erfahrung der gnädigen, unerfindlichen Freiheit Gottes, die vollkommen unableitbar und unerzwingbar ist. Dieser innerweltlich unableitbare Charakter des souveränen Handelns Gottes an uns kann der Mensch nicht anders zum Ausdruck bringen, als indem er sagt: Gott ist jenseits, d. h. er ist hoch erhaben »über« alles Innerweltliche, sein Tun und sein Wort ist unableitbar aus der Welt, er steht »über« Welt und Geschichte. Die Worte »oben«, »jenseits« sind hier keine räumlichen Aussagen, sie sind Bilder aus dem räumlichen Bereich, die in der religiösen Sprache aber zu Symbolen werden für das, was dem Menschen schlechterdings überlegen ist, was ihn überragt und überdauert.[33] Die Rede vom jenseitigen Gott bedeutet ursprünglich also eben nicht, daß Gott fern ist, sondern daß alles in der Welt unter der Herrschaft der Gnade steht, daß Gott aus gnädiger Freiheit mit uns und bei uns ist.

Wo diese Herrschaft Gottes im Glauben frei angenommen wird, da bedeutet sie die innerste, wenn auch nicht aus dem Innersten des Menschen ableitbare Erfüllung des Menschen. Diesen Aspekt kann das Symbol der Tiefe zum Ausdruck bringen. Auch das Bild von der Tiefe hat christlich sein Recht, es kann sogar eine notwendige Korrektur des Bildes von der Höhe bedeuten. Die Rede von der Höhe und vom Jenseits ist in der Gefahr, daß aus ihr ein Gott wird, der dem Menschen fern ist, der ihn tyrannisiert, es kann im Sinn eines Zweistockwerkschemas mißverstanden werden. Hier setzt das andere komplementäre Bild von der Tiefe ein und sagt: Gott ist uns innerlicher als wir uns selbst (Augustinus). Gerade im Überstieg über alle menschlichen Möglichkeiten, im Glauben, gelangen wir bei uns selbst an, kommen wir zu uns selbst, wird uns Leben und Heil geschenkt, werden die Tiefen unseres eigenen Wesens erfüllt.

Wollen wir beides zusammennehmen, das Freie, Unableitbare und das innerlich in der Tiefe Erfüllende, das uns in der Begegnung mit Gott widerfährt, dann können wir nicht anders sagen als: Gott handelt an uns in personaler Weise. Er handelt an uns in ähnlicher Weise, wie personale Begegnungen beschaffen sind: frei und innerlich bereichernd. Der Personenbegriff wird so zu einem unumgänglichen Interpretament unserer Gotteserfahrung. Er hat die Funktion, die gnädige

33 R. Guardini, *Welt und Person. Versuche zur christlichen Lehre vom Menschen*, Würzburg [4]1952, 45–70.

34 Auf diesen Aspekt weisen vor allem protestantische Theologen der Gegenwart hin: E. Schlink, *Die Struktur der dogmatischen Aussage als ökumenisches Problem*, in: ders., *Der kommende Christus und die kirchlichen Traditionen*, Göttingen1961, 24–79; W. Pannenberg, *Analogie und Doxologie*, in: *Dogma und Denkstrukturen*, hrsg. v. W. Joest u. W. Pannenberg, Göttingen 1963, 96 bis 115; W. Gloege, *Der theologische Personalismus als dogmatisches Problem*, in: ders., *Heilsgeschehen und Welt* I, Göttingen 1965, 53–76; H. Gollwitzer, *Die Existenz Gottes im Bekenntnis des Glaubens*, München [4]1964, 169 ff.

Freiheit und das innerlich Erfüllende der Gottesbegegnung auszusagen.

Wenn wir den Personenbegriff als ein solches Interpretament innerhalb des Glaubensvollzugs und aus ihm heraus verstehen, dann haben wir seiner mißverständlichen Ausdeutung von vornherein gewehrt. Als Interpretament darf dieser Begriff ja nie Selbstzweck werden. Wir deuten nicht Gott von einem vorgegebenen Begriff aus, sondern von Gott her prägen wir den Personbegriff neu. Wenn Gott Person ist, dann ist er immer auf göttliche Weise Person, und das heißt, auf ganz andere Weise als Menschen Personen sind. Daß der Personbegriff auf Gott nur in sehr analoger und gebrochener Weise angewandt werden kann, bezeugt auch die theologische Tradition; sie spricht nämlich nicht vom einen persönlichen Gott, sondern von drei Personen in Gott. Das macht deutlich, daß im Hinblick auf Gott die Unähnlichkeit unserer menschlichen Begriffe und Bilder je größer ist als die Ähnlichkeit (*DS* 806), daß die Begriffe, die wir von Gott benützen, zwar notwendig sind als Interpretamente, daß sie aber im Letzten ungenügend sind und über sich hinausweisen ins Geheimnis der Liebe hinein.

In demselben Sinne müssen wir noch von einem anderen Interpretament sprechen, nämlich von der Seinsaussage für Gott. Inwiefern können wir sagen: Gott »ist«? Sicher nicht in der Weise einer objektiv-neutralen Feststellung nach der Art »es gibt Gott«. Den Gott, den es gibt, den gibt es nicht! Von Gott kann man nur reden in einem engagierten Glauben, der nicht »es« sagt, sondern für den Gott ein »Er« und ein »Du« ist. Wer von Gott redet, ohne von ihm betroffen zu sein, der hat Gott im Grunde bereits verfehlt. Wenn wir sagen, daß wir nur im Glauben wirklich wissen, daß Gott ist, so bedeutet dies indes nicht, daß Gott nur innerhalb unseres Glaubens ist, im Gegenteil, gerade im Glauben wissen wir auch, daß Gott »ist«, daß er schon vor und außerhalb unseres Glaubens ist, daß er schon war, als wir noch nicht von ihm wußten, daß er uns schon liebte und um unsere Liebe warb, als wir ihn noch nicht kannten, und daß er uns noch lieben wird, wenn wir ihn auch einmal vergessen sollten. Wir wissen nur in der Liebe etwas von der Liebe Gottes, aber darin wissen wir auch von der Freiheit der Liebe *Gottes*, und d. h., wir wissen, daß Gott nicht in seiner Liebe aufgeht, daß seine Liebe kein notwendiges Sich-selbst-Verströmen ist, sondern ungeschuldet und unableitbar ist. Dies alles können wir nicht anders ausdrücken als mit dem nicht umkehrbaren Satz »Gott ›ist‹ die Liebe«.

Wenn wir in dieser Weise Gott Sein zusprechen, dann stülpen wir ihm nicht einen neutralen, Gott und Welt nochmals übergreifenden Seinsbegriff über, wie manchmal vorgeworfen wird, sondern dann macht auch diese Seinsaussage eine Aussage des Glaubens. Die Seinsaussage ist dann im Grunde Doxologie[34], Lobpreisung, sie ist Eucharistie und Liturgie: »Wir danken Dir für Deine große Herrlichkeit«. Sie ist dann ein Bekenntnis zu dem je größeren Gott, der immer größer und reicher ist, als wir denken und glauben können. Auch mit der Aussage »Gott ist« versuchen wir auf unsere menschliche Weise, Gott zu preisen und zu loben.

Unser Thema war »Unsere Gottesbeziehung angesichts der sich wandelnden Gottesvorstellung«. Dieses Thema hat sich uns aber im Verlauf der Überlegungen umgedreht. Die Gottesbeziehung des Glaubens ist nicht eine Funktion eines vorliegenden Gottesbildes, sondern umgekehrt gilt, daß die Gottesbeziehung die Wurzel des christlichen Gottesbildes ist. Das Gebet wird damit zur Mutter der Theologie. Von Gott kann man nur reden, wenn man sich von Gott immer wieder anreden läßt und wenn man versucht, auf dieses Reden persönlich zu antworten. Wer dieses persönliche Reden mit Gott aufgibt oder es sogar theologisch als illegitim bezeichnet, der reißt dem Glauben und der Theologie seine Herzmitte aus, der schneidet Glaube und Theologie ab von ihrem Ursprung und von der Quelle, aus der sie sich immer wieder regenerieren müssen.

Das Reden vom persönlichen Gott ist gewiß mißverständlich, weil es eben nur Bild ist und weil jedes Bild falsch ausgelegt werden kann. Trotzdem können wir vom absoluten Geheimnis, das Gott für uns ist, nicht anders reden als in Bildern und Gleichnissen. Wo diese falsch verstanden und mißbraucht werden, da kann der Atheismus ein reinigendes Gericht bedeuten. Wo sie aber recht verstanden werden, da hat der Glaube eine Position inne, die vom Atheismus gar nicht erreicht wird. Letztlich verständlich sind diese Aussagen nur für den, der immer wieder betet, der im Gebet die objektive Aussage überschreitet und sich von ihr zum Geheimnis selbst hinführen läßt. Im Gebet findet deshalb wahre Theologie ihren Ursprung und ihre Grenze. Sie kann nicht selbst Gebet sein. Sie muß nüchterne Anstrengung des Denkens um den Glauben bleiben. Richtig ist aber nur die Theologie, die sich fähig erweist, das recht verstandene Gebet zu ermöglichen und immer wieder zu ihm hinzuführen.

Möglichkeiten der Gotteserfahrung heute*

I. Das Problem der Erfahrung in der gegenwärtigen Theologie

Eine Reihe von pastoral-soziologischen Untersuchungen der letzten Zeit haben darauf aufmerksam gemacht, daß zwischen dem, was amtlich als Glaube der Kirche gelehrt, und dem, was faktisch in der Kirche geglaubt wird, eine geradezu beängstigende Diskrepanz besteht. Es wäre sicher zu einfach und kurzschlüssig, diese Diskrepanz bloß auf mangelhafte Glaubensinformation oder auf moralische Unzulänglichkeiten hinsichtlich der konkreten Realisierung des Glaubens zurückführen zu wollen. Erst recht macht man es sich zu leicht, wenn man zu rasch von einem Geist des sich auch in die Kirche einschleichenden Unglaubens, von lautlosem Abfall und Randchristentum spricht. Das gibt es zweifellos auch. Aber das eigentliche Problem liegt tiefer und ist umfassender. Es handelt sich um die nicht nur intellektuelle, sondern lebensmäßige Unfähigkeit, die amtliche Glaubenslehre mit der alltäglichen menschlichen Erfahrungswirklichkeit zu integrieren. Es handelt sich um ein existentielles Nichtverstehen- und Nichtrealisierenkönnen dessen, was als »klerikales« Glaubensverständnis verkündet wird.

Es ist üblich geworden, diese Krise in der Kirche als Autoritätskrise zu bezeichnen. Doch mit dieser Charakterisierung bleibt man an den Oberflächenphänomenen und an den Symptomen hängen, ohne zu der eigentlichen Wurzel des Problems vorzudringen. Das hierarchische Verständnis der Kirche hat seine Wurzeln in einem hierarchischen Verständnis der Wirklichkeit insgesamt. Das zeigt sich besonders deutlich bei Dionysius Aeropagita, der um die Wende des 5./6.

* Erstmals veröffentlicht in: *Geist und Leben* 42 (1969) 329–349. Die Anmerkungen sind neu hinzugefügt worden.

Jahrhunderts den Begriff der Hierarchie aus der neuplatonischen Emanationslehre in die Ekklesiologie eingeführt hat. So konnte sich die kirchliche Hierarchie lange Zeit verstehen als Abbild und Vergegenwärtigung der hierarchischen Ordnung der Wirklichkeit, die letztlich in Gott aufgipfelt. Die Krise bzw. das Ende dieses hierarchisch gestuften Wirklichkeitsverständnisses mußte dann allerdings auch die Krise des hierarchischen Amtsverständnisses mit sich bringen. Das bedeutet, daß man der gegenwärtigen innerkirchlichen Krise weder durch Appelle an den kirchlichen Gehorsam noch durch Demokratisierungspostulate allein beikommen kann. Es geht letztlich um eine fundamentale Neuorientierung des Glaubens innerhalb einer veränderten Lebens- und Erfahrungswelt der Menschen. Das eigentliche Problem ist die Frage, wie sich von unserer Erfahrungswirklichkeit her in neuer Weise ein Zugang zu einem menschlich realisierbaren, verständlichen und verantwortlichen Sprechen von Gott eröffnen läßt. Von dorther läßt sich dann auch in sinnvoller Weise kirchliche Autorität wieder neu begründen.

In der Tat zeigt sich die angedeutete Diskrepanz zwischen Glaubenslehre und Glaubenserfahrung angesichts des Gottesproblems am deutlichsten und am dringlichsten. Es geht dabei gar nicht in erster Linie um die derzeit etwas Lärm verursachenden Formen einer sogenannten radikalen Theologie, die die Rede von Gott für eine weltbildhaft bedingte geschichtliche Vorgabe halten, die wir heute, wie manches andere auch, entschlossen zu entmythologisieren hätten, um dadurch erst das eigentlich und unterscheidend Christliche zurückzugewinnen. Diese theologische Problematik ist im Grunde nur die Folge einer viel fundamentaleren Krise im Glaubensbewußtsein selbst. Das Wort Gott ist für viele heute zu einer nichtssagenden Vokabel geworden, welche die Wirklichkeit, in der sie leben, nicht mehr trifft und die in ihrem Erfahrungskontext keinen Ort mehr findet. Wir alle machen in der Gegenwart diese Erfahrung der Abwesenheit Gottes. Unser Sprechen von Gott und noch mehr unser versuchtes Sprechen mit Gott scheint ins Leere hineinzugehen. In dieser Erfahrung sind heute Gläubige und Atheisten weitgehend einig und solidarisch; sie deuten sie nur verschieden. Es geht also gar nicht so sehr um den Atheismus der andern, um ein Grenzproblem zur modernen Philosophie oder Naturwissenschaft; es geht um eine Frage, die in der Kirche selbst aufgebrochen ist, es geht um den Atheismus des eigenen Herzens. Durch diesen Ausfall an Gotteserfahrung droht das Wort Gott zu einer blassen Abstraktion oder gar zu einem bloßen ideologischen Überbau zu werden und ideologischem Mißbrauch ausgeliefert zu werden. Die Frage nach dem Verhältnis von Glaube und Erfahrung ist deshalb heute ein äußerst dringendes Problem, an dem sich das wahre Heutigwerden der Kirche und ihres Glaubens entscheidet.

Der Hintergrund dieser Krise besteht darin, daß wir uns heute einer Welt gegenübersehen, die wir qualitativ anders erfahren als früher. Diese Welt ist für uns nicht mehr jene numinöse Welt, die voll des Göttlichen ist, in der Göttliches und Weltliches sich dämmernd ineinander verlieren. Sie ist auch nicht mehr jener wohlgeordnete Kosmos, wo alles, auch Gott, seinen festen Platz hat, in dem alles, je nach den verschieden hierarchisch gestuften Ordnungen des Seins, diaphan ist für Gott. Sie ist auch nicht mehr eine von Urzeiten bestehende, göttliche sanktionierte Ordnung, die es nur zu bewahren gilt. Es ist vielmehr eine uns gegebene und aufgegebene Welt; sie ist Bauplatz und Material für unser geschichtliches Werk, durch das wir erst eine menschliche Ordnung schaffen müssen. In dieser geschichtlich werdenden Welt begegnen wir deshalb nicht so sehr den Spuren Gottes als unseren eigenen Spuren. Wir betrachten sie nüchtern und sachlich, je nach ihren immanenten naturwissenschaftlichen, politisch-soziologischen und anthropologischen Sachgesetzlichkeiten. Mit einem Wort: Es handelt sich um eine ganz und gar weltliche Welt, nicht um einen harmonischen, aber statischen Kosmos, sondern um werdende Geschichtswelt. In dieser Welt kommt Gott zunächst nicht vor. Weder in unserem wissenschaftlichen Welterkennen noch in unserer weltverändernden Praxis können wir uns unmittelbar auf ihn berufen. Beides wäre unehrlich und verdächtig. Damit wird jedoch Gott aus dem Bereich unserer menschlichen Erfahrung hinausgedrängt. Die

Wirklichkeit Gottes hat sich dadurch für den Menschen immer mehr verflüchtigt.
Auf diese Situation des Auseinanderfallens von menschlicher Erfahrung und Gottesglaube hat die Theologie bisher in verschiedener Weise geantwortet. Teilweise hat sie zunächst apologetisch reagiert. Sie hat versucht, Gott in den jeweiligen Lücken und Grenzen unserer weltlichen Erkenntnis und unseres praktischen Vermögens anzusiedeln. Auf diese Weise ist die Theologie im Verlauf der Neuzeit in ein nicht gerade rühmliches Rückzugsgefecht verwickelt worden, an dessen Ende sie erkennen mußte, daß ein solcher Lückenbüßergott im Grunde gar nicht Gott wäre, sondern ein ärmlicher Götze, eine Wunsch- und Ersatzbefriedigung des Menschen. Deshalb hat man diese apologetische Tendenz heute im allgemeinen wohl aufgegeben. Dafür sucht man heute meist biblisch und dogmatisch so zu antworten, daß die Wirklichkeit Gottes den Bereich menschlicher Erfahrung grundsätzlich übersteige; Gott sei der ganz andere, der Jenseitige, der Geheimnisvolle, der Verborgene; seine Erkenntnis bestehe in der personalen Anerkenntnis, im existentiellen, in der persönlichen Entscheidung, sie sei kein Schluß, sondern ein Beschluß, sie sei letztlich das unableitbare übernatürliche Geschenk des Glaubens. Das ist theologisch alles wahr, aber es ist nicht die ganze Wahrheit. Hier wird aus der faktischen Diskrepanz zwischen Glauben und Erfahrung eine grundsätzlichere Unterscheidung gemacht und das Auseinanderfallen von Glaubens- und Lebenswirklichkeit dogmatisch geradezu kanonisiert. Ein solcher Offenbarungspositivismus und solche fideistischen Tendenzen scheinen heute recht verbreitet zu sein. Sie lassen jedoch außer acht, daß der Glaube auch beansprucht, ein voll und ganz menschlicher Akt zu sein, der, soll er nicht geradezu unsittlich sein, menschlich verantwortet werden muß. Außerdem erhebt der Glaube einen universalen Anspruch; man kann ihn nicht auf die im Grunde beliebige und private personale Innerlichkeit beschränken. Deshalb muß es vom Selbstverständnis des Glaubens her einen Zusammenhang zwischen unserer Daseinserfahrung und der Wirklichkeit des Glaubens geben. Andernfalls droht der Glaube zu einer Ideo-

logie zu werden; er ist dann nur noch die Sanktionierung, die feierliche Ergänzung, der Trost- und Rechtfertigungsgrund der jeweils bestehenden Welt. Wo man jedoch – wie in der Schultheologie – einen solchen letztlich konservativ-ideologischen Fideismus vermeidet und sich um sogenannte Gottesbeweise bemüht, verbleibt man gewöhnlich in einer erfahrungslosen begrifflichen Abstraktheit und produziert weitgehend Leerformeln. Begriffe ohne Anschauungen sind nach dem bekannten Wort Kants leer; ohne Erfahrungshintergrund fehlt ihnen die nötige Lebens- und Überzeugungskraft.

Diese Einsicht hat sich eine dritte Weise theologischer Reaktion auf die aufgewiesene Situation einer zunehmenden Entfremdung von Glaubens- und Erfahrungswirklichkeit zu eigen gemacht: die sogenannte Theologie nach dem sogenannten Tod Gottes. Aber auch hier wird die phänomenale Ebene der Erfahrung der Abwesenheit Gottes überschritten zugunsten einer grundsätzlichen Interpretation und Schlußfolgerung, die mit der Erfahrung selbst nicht unmittelbar gegeben ist, nämlich der Behauptung, daß Gott tot sei. Damit wird jedoch unsere gegenwärtige gesellschaftliche Situation in anderer Weise ein zweites Mal ideologisiert. Die extremen Säkularisierungstheologien stellen im Grunde so etwas wie eine Naturreligion unserer modernen Gesellschaft dar. Wenn der Glaube in dieser unmittelbaren Weise in die gegenwärtige Erfahrungswirklichkeit nivellierend eingeordnet wird, wenn er nur noch mit etwas anderen Worten mystisch verbrämt dasselbe sagen darf, was alle anderen auch schon sagen, dann ist er im Grunde nicht aktuell, sondern höchst unaktuell und völlig überflüssig geworden. Wenn das Wort Gottes überhaupt noch einen Sinn haben soll, dann muß es »etwas« besagen, was mit dem Menschsein, der Welt und der Geschichte nicht unmittelbar mitgesetzt ist.

Alle drei Weisen der theologischen Reaktion auf die moderne Situation lassen eine grundsätzliche Reflexion auf das Verhältnis von Glaube und Erfahrung vermissen. Deshalb kommen sie entweder zu einer naiven Einordnung und Gleichstellung oder zu einer radikalen Gegenüberstellung beider Größen. Eine der entscheidenden Aufgaben der Theologie ist es heute, dieses Verhältnis prinzipiell zu klären und – bevor sie die eigentlichen Aussagen von Schrift und Tradition über Gott interpretierend wiederholt – zuerst die Erfahrungs-Dimension wieder freizulegen, in der es sinnvoll und verständlich ist, von Gott zu reden. Bei allem Bewußtsein, daß es sich dabei um theologische Vorfragen und noch nicht um den eigenen inneren Gegenstandsbereich der Theologie handelt, müssen diese hermeneutischen und fundamental-theologischen Fragen heute doch im Vordergrund stehen. Theologiegeschichtlich heißt das, daß wir heute in kritischer Weise die Problemstellungen des 19. Jahrhunderts wieder aufgreifen müssen. Sowohl in der liberalen Theologie auf protestantischer Seite wie in der modernistischen Theologie auf katholischer Seite war das Problem der Erfahrung ja sehr zentral. Leider ist es dann in der ersten Hälfte unseres Jahrhunderts unerledigt liegengeblieben. Sowohl die dialektische Theologie wie die neuscholastische Schultheologie haben es zugunsten eines einseitigen dogmatisch-biblizistischen Positivismus und Supernaturalismus vernachlässigt. Selbstverständlich können wir heute nur kritisch und eigenständig-schöpferisch an der Problematik von damals anknüpfen. In erster Linie geht es uns um die Probleme von heute und nicht um die von damals.

II. Begriff und Formen der Erfahrung

Wenn wir also das Thema Glaube und Erfahrung bzw. hier konkret das Thema Gott und Erfahrung aufgreifen, dann scheint in dieser Doppelaussage zunächst nur die eine Hälfte, nämlich Gott, die Unbekannte zu sein, während der Begriff Erfahrung mehr oder weniger geklärt zu sein scheint. Davon, daß dem nicht so ist, kann jedoch jeder oberflächliche Blick in ein philosophisches Wörterbuch überzeugen. Der Begriff Erfahrung gehört zu den allerdunkelsten philosophischen Begriffen überhaupt. Eine umfassende Klärung dieses Begriffs ist in diesem Zusammenhang selbstverständlich nicht mög-

lich; es sollen lediglich ein paar Elemente herausgegriffen werden, die für unser Thema von Bedeutung sind.
Zunächst ist es wohl klärend, kurz anzudeuten, worum es alles nicht geht. Es geht nicht um eine erlebnishafte, gefühlsmäßige innere Gotteserfahrung, auch nicht um mystische Erfahrungen oder gar um okkulte Erfahrungen. Es geht auch nicht um die religiöse Erfahrung, wie sie in der Religionspsychologie und -phänomenologie behandelt wird, also um die Erfahrung des Heiligen und Numinosen im Sinn eines Machtphänomens. Damit unterscheidet sich dieser Ansatz von der Art der Erfahrungstheologie, wie sie im Gefolge Schleiermachers aufgekommen ist und wie sie auch den Modernismus beeinflußt hat. Schließlich geht es nicht unmittelbar um das, was man die transzendentale und ontologische Erfahrung nennt. Daß es dies alles gibt, soll nicht geleugnet werden; es steht hier aber nicht zur Debatte. Es geht uns sehr schlicht und ganz allgemein um die Weise, wie wir heute unserer Wirklichkeit innewerden, wie wir heute in der Welt sind und wie die Welt bei uns ist. Es geht um die Frage, wie in dieser heutigen Welterfahrung wenigstens spurenhaft Gott erfahren werden kann.
Wir gehen damit aus von der etymologischen Grundbedeutung des Wortes Erfahrung: durch Fahren, d. h. durch Wandern eine Sache erkunden und kennenlernen.[1] Erfahrung meint damit nicht nur ein theoretisches, aus Büchern gewonnenes, sondern ein praktisches, aus konkretem Umgang mit Sachen und Personen erworbenes Wissen. Erfahren ist in diesem Sinn soviel wie Erproben. Dazu gibt es ein bezeichnendes Wort Martin Luthers: »Im deutschen Sprichwort sagt man von einem jungen Arzt, daß er einen neuen Kirchof haben müsse; von einem jungen Juristen, daß er alles in Streitigkeiten verwickle; von einem jungen Theologen, daß er die Hölle mit Seelen fülle. Denn sie wollen alles ohne die Erfahrung, die allein klug macht, nach ihren Gesetzen und Regeln fertigbringen; darum laufen sie an und irren, sehr den Menschen zum Schaden wie der Sache.«[2]

1 Vgl. L. Richter, Art. *Erfahrung*, in: *RGG* II, [3]1958, 55.
2 WA 42, 505.

Dieser Erfahrungsbegriff ist philosophisch gar nicht so naiv, wie es zunächst scheinen möchte. Auch Aristoteles unterscheidet die Erfahrung von der bloßen sinnlichen Einzelwahrnehmung; sie ist ihm die Zusammenfassung vieler Wahrnehmungen gleichartiger Fälle, in der das Gemeinsame in einem schematischen Bild festgehalten wird.[3] Sie ist eine erste, noch nicht ausdrücklich reflektierte Synthese unserer Wahrnehmungen. Ihre innere Einheit ist dem reflektierenden Denken noch verborgen; der Empiriker kennt nur das Was, nicht das Warum; er hat noch keine Einsicht in die inneren Gründe.[4] Aber eben weil er noch nicht »von den Gedankens Blässe« angehaucht ist, bedeutet das unmittelbare Gegebensein und die unmittelbare Präsenz der Wirklichkeit in der Erfahrung eine Art höchster Gewißheit und unwiderstehlicher Evidenz, gegen die das kritisch verunsichernde Denken meist wenig ausrichtet.

Neben dem objektiven Element schließt die Erfahrung aber auch einen subjektiven Faktor ein. Sie ist, wie besonders Kant wußte, eine Synthese, die der Mensch von seinem Umgang mit der Wirklichkeit macht.[5] Die Erfahrung ist bereits ein menschliches Modell, die Wirklichkeit zu verstehen. Sie ist also nicht nur ein Widerfahrnis, das der Mensch stumpf und passiv hinnimmt; sie schließt vielmehr ein subjektives und aktives Element ein. Wirkliche Erfahrung machen wir deshalb nur im praktischen Umgang mit der Wirklichkeit, wenn wir den Widerstand der Wirklichkeit spüren. Erfahrungen macht man, indem man »seine Hörner abstößt«. In dieser Erfahrung verändern sich Welt und Mensch gegenseitig aneinander. So gehören Erfahrung und Praxis wesentlich zusammen. Diese Erfahrung machen wir aber nicht als einzelne; die Erfahrung hat eine wesentliche gesellschaftliche Dimension.[6] Durch die Gesellschaft sind uns jeweils be-

3 Met. 980 b.

4 Met. 981 a.

5 I. Kant, *Kritik der reinen Vernunft*, B VII; 1 f.; 244 u. ö.; Prolegomena zu jeder künftigen Metaphysik, § 20.

6 Vgl. bes. K. Marx, *Thesen über Feuerbach*, in: ders., *Frühschriften*, hrsg. v. S. Landshut, Stuttgart 1953, 339–341.

stimmte Erfahrungsmodelle vorgegeben. Das geschieht besonders in der Sprache. Sie ist im Grunde das Gedächtnis einer Jahrtausende alten Erfahrung. Durch sie ordnen wir jede neue Erfahrung sofort in größere Zusammenhänge ein. Insofern ist Erfahrung niemals voraussetzungslos, sondern nur im Raum von Tradition möglich. Wesentlich für die Erfahrung ist schließlich jedoch, daß sie stets offen bleibt. Sie kann immer wieder durch neue Erfahrungen durchkreuzt und in Frage gestellt werden. Erfahrung bewegt sich in der Bewegung von Entwurf, Erfahrung und Kritik des Entwurfs. Ein erfahrener Mann ist, wer um diese Nichtabschließbarkeit und um die grundsätzliche Endlichkeit der Erfahrung weiß; nicht umsonst schwingt in der Aussage, daß man seine Erfahrungen gemacht habe, meist ein skeptischer, kritischer, wenn nicht gar resignierter Ton mit. Erfahrung hat immer ein negatives Element. Sie ist immer zugleich Enttäuschung von Erwartungen, die aus bisheriger Erfahrung resultieren. Als Aufhebung der Täuschung beinhaltet sie aber zugleich die Wahrheit über die bisherige Erfahrung. Diese wird also nicht einfach als wertlos beiseite geschoben, sondern »aufgehoben« –und mit eingebracht in die neue Erfahrung.[7] Die Erfahrung, so können wir zusammenfassend sagen, ist der jeweilige vorreflexe Horizont und die Gesamtheit dessen, wie wir unmittelbar unserer Welt begegnen und wie sie uns begegnet. Sie ist die jeweilige geschichtliche Weise der praktischen Welthabe und des Wirklichkeitsverständnisses.

Diese Weise, die Wirklichkeit zu erfahren, ist geschichtlich wandelbar. Wir begegnen heute der Welt in einer qualitativ anderen Weise als der mythische oder antike und der mittelalterliche Mensch. Die Weise, wie wir heute die Wirklichkeit erfahren, ist zutiefst von den Naturwissenschaften und der Technik bestimmt. Diese gelten nicht umsonst als die Erfahrungswissenschaften schlechthin. Von ihrer Weise der Welterfahrung sind die meisten Menschen so sehr fixiert und fasziniert,

7 Vgl. Hegel, *Phänomenologie des Geistes*, ed. Hoffmeister, 67–69, 73 f.; H. G. Gadamer, *Wahrheit und Methode. Grundzüge einer philosophischen Hermeneutik*, Tübingen [2]1965, 329–344; Th. W. Adorno, *Drei Studien zu Hegel*, Frankfurt/M. [3]1969, 69–104.

daß ihnen andere Erfahrensweisen, insbesondere die Erfahrung Gottes weitgehend verstellt sind. Wenn wir uns im Sinn unserer Problemstellung um die Möglichkeit heutiger Gotteserfahrung bemühen wollen, dann müssen wir also von dieser naturwissenschaftlich-technischen Form der Wirklichkeitserfahrung ausgehen. Es genügt dann nicht, sich theologisch mit der banalen und im Grunde selbstverständlichen Feststellung zu begnügen, daß man Gott auf der Ebene der naturwissenschaftlichen Fakten nicht finden könne, weil Gott kein Faktum neben anderen Fakten ist, das man feststellen, beobachten und berechnen könne. Selbstverständlich kann man sagen: »Einen Gott, den ›es gibt‹, gibt es nicht«[8], und alle apologetischen Versuche, Gott auf dieser Ebene des »Es gibt« finden und beweisen zu wollen, sind von vorherein zum Scheitern verurteilt. Darum kann es hier also nicht gehen. Um was es geht, ist aber, daß man es sich theologisch nicht so leicht machen und einen so wichtigen Wirklichkeits- und Erfahrungsbereich einfach negativ beiseite schieben darf, wobei man Naturwissenschaft und Technik großzügigerweise heute für ihren Bereich ihr Recht und ihre Autonomie zuerkennt. Auf diese Weise kommt es dann erst recht zu der unerträglichen Diskrepanz von Glaube und Erfahrung. Man muß also in die inneren Voraussetzungen und die menschlichen Impulse dieser Art von Welterfahrung eindringen, um dann von ihnen her wenigstens ein Stück weiterzukommen. Daß dies nicht nur ein sachlich aussichtsloses theologisches Wunschdenken ist, bezeugen viele Naturwissenschaftler, die sich über die Voraussetzungen ihrer Wissenschaft Rechenschaft geben.
Die spezifisch naturwissenschaftliche Erfahrung[9] besteht nun keineswegs darin, daß sie in dem Sinn rein objektiv ist, daß sie die Wirklichkeit so widerspiegelt, wie sie an sich ist. Im Gegenteil, der Naturwissenschaftler zwingt die Natur gleichsam, auf die Fragen zu antworten, die er stellt; im Experiment setzt er sie unter ganz bestimmte, von ihm ausgedachte

8 D. Bonhoeffer, *Akt und Sein. Transzendentalphilosophie und Ontologie in der systematischen Theologie* (Theol. Bücherei 5), München 1964, 94.
9 Zum Folgenden J. Moltmann, *Theologie in der Welt der modernen Wissenschaften,* in: ders., *Perspektiven der Theologie,* München/Mainz 1968, 269–287.

und deshalb von ihm auch überschaubare Bedingungen, »zwar um von ihr belehrt zu werden, aber nicht in der Qualität eines Schülers, der sich alles vorsagen läßt, was der Lehrer will, sondern eines bestallten Richters, der die Zeugen nötigt, auf die Fragen zu antworten, die er ihnen vorlegt«[10]. Die Exaktheit und Nachprüfbarkeit naturwissenschaftlicher Erkenntnisse beruht demnach auf einer apriorischen Selbstfestlegung auf bestimmte Aspekte unter Abstraktion von anderen, weil »die Vernunft nur das einsieht, was sie selbst nach ihrem Entwurfe hervorbringt«[11]. Diese Modellhaftigkeit naturwissenschaftlicher Erkenntnis wurde vor allem durch die Entdeckungen der Quantentheorie und deren Kopenhagener Interpretation deutlich. Daraus folgt, daß in alle naturwissenschaftliche Erkenntnis ein bestimmtes Erkenntnisinteresse des Menschen und der jeweiligen Gesellschaft mit eingeht. Erkenntnis und Interesse sind hier engstens verbunden. Der Positivismus erweist sich damit als eine Ideologie der jeweiligen gesellschaftlichen Interessen, als eine Ideologie der faktisch bestehenden Wirklichkeit. Wo er nicht bereit ist, sich selbstkritisch zu reflektieren und zu begründen, wird er zu einem positivistischen Köhlerglauben, wo er sich aber zu reflektieren und zu begründen versucht, da hat er seinen eigenen positivistischen Grundansatz bereits kritisch überschritten.[12]

Dieser Überschritt ist zumal heute nicht nur von den Voraussetzungen, sondern auch von den Folgen des naturwissenschaftlich-technischen Denkens her erforderlich. Diese Folgen stellen heute einen wichtigen Teil unserer Wirklichkeitserfahrung dar. Das naive Vertrauen, daß sich die Konsequenzen aufgrund der Sachgesetzlichkeiten gleichsam automatisch selbst regulieren und einspielen, können wir uns heute angesichts der Möglichkeiten wie Gefahren, die die Technik bringt, nicht mehr leisten. Man braucht dabei nicht nur an die Gefahren duch nukleare Waffen zu denken, man kann auch an die Möglichkeiten der Manipulation des Menschen

10 Kant, *Kritik der reinen Vernunft*, B XIII.

11 Ebd.

12 Vgl. J. Habermas, *Technik und Wissenschaft als ›Ideologie‹*, Frankfurt/M. ²1969, 48–103.

denken. Hier stellen uns Naturwissenschaft und Technik von ihren eigenen Konsequenzen her eminent ethische, weltanschauliche, oder besser gesagt, geistige Probleme, die sie mit ihren eigenen Methoden nicht selbst nochmals lösen können. Ihre Weise des Denkens und Verhaltens hat nämlich nur dort ihren Platz, wo es um Zweck-Mittel-Relationen geht. Nun lassen sich aber die menschlichen und gesellschaftlichen Probleme nicht in reine Planungsprobleme auflösen. Diese Methode versagt dort, wo es um die Entscheidung über die Präferenzen der verschiedenen möglichen Ziele geht, wo es darum geht, die Interessen, die man mit technischen Mitteln anstrebt, kritisch zu bedenken. Die naturwissenschaftlich-technischen Erfahrungen zwingen uns also, selbst weiterzufragen. An dieser Stelle, wo es um das Interesse des Menschen geht, ist der Ort, wo das theologische Gespräch sinnvoll einsetzen kann. Es kann nicht in die immanenten Probleme der Naturwissenschaften selbst eingreifen; aber es ist ansprochen, wenn es um deren geistige und gesellschaftliche Voraussetzungen und Folgerungen geht.

Bevor wir unmittelbar davon sprechen, müssen wir jedoch den zweiten Bereich der Erfahrung, den wir soeben erreicht haben, noch etwas genauer ins Auge fassen. Man nennt ihn nach dem Neukantianismus und vor allem seit W. Dilthey im Unterschied zu den Naturwissenschaften den Bereich der Geisteswissenschaften.[13] Dieses Wort ist mißverständlich. Es meint zumindest im Verständnis Diltheys nicht eine rein geistige Geschichte, die neben der ökonomischen und politischen Geschichte verläuft. Es geht nicht um eine Dimension der Erfahrung, die separat neben der erstgenannten liegt, sondern um eine tiefere Dimension in diesem zuerst genannten Bereich. Es geht um die Sinn-Dimension, die dort unausdrücklich immer schon impliziert ist. Näherhin geht es den Geisteswissenschaften nicht mehr um das Erklären der Natur, sondern um das Verstehen der menschlich-geschicht-

13 W. Dilthey, *Einleitung in die Geisteswissenschaften*, in: ders., *Ges. Schriften* I, Stuttgart–Göttingen 1959; E. Rothaker, *Einleitung in die Geisteswissenschaften*, Tübingen ²1930; ders., *Logik und Systematik der Geisteswissenschaften*, Bonn ³ 1948; O. F. Bollnow, *Die Methode der Geisteswissenschaften*, Mainz 1950.

lichen Lebensäußerungen, die sich dort zeigen. Sie sollen begriffen werden als Möglichkeiten, wie sich der Mensch in seiner Welt sinnvoll und verantwortlich verstehen und verhalten kann. Aus der reichen Tradition bisheriger menschlicher Wirklichkeitserfahrung und ihrer kritisch-sichtenden Interpretation ergeben sich für uns Möglichkeiten und Kriterien für eine menschenwürdige, freie, verantwortliche Weise, in unserer Welt zu leben und sie zu gestalten.
In dieser Erfahrungstradition der Menschheit begegnet uns auch die Rede von Gott. Sie begegnet uns als eine vergangene und gegenwärtige Möglichkeit, sich und die Welt zu verstehen und sich darin zu bewähren. Das Sprechen von Gott ist also zunächst etwas, was wir geschichtlich in unserer Tradition vorfinden als eine Möglichkeit menschlicher Erfahrung. Ob ein Mensch jemals von sich aus, gleichsam als einsamer, auf eine Insel verschlagener Robinson Crusoe auf die Idee Gottes käme, ist eine völlig abstrakte und letztlich wohl auch unbeantwortbare Frage. Faktisch erfinden wir das Sprechen von Gott nicht, wir finden es vor als Zeugnis einer Erfahrung. Dieses Zeugnis zwingt uns nicht, aber es fordert uns heraus. Da es Ursprung und Grundlage unserer gesamten Kultur ist und da es auch heute noch eine bedeutende gesellschaftliche Macht darstellt, kann sich niemand, der in dieser Gesellschaft verantwortlich tätig sein will, der Auseinandersetzung mit dieser Tradition entziehen. Es fragt sich also, welcher Art diese Erfahrung ist, auf die sich das Wort Gott bezieht, an die sie appelliert und die sie uns erschließen will. Welches ist der Erfahrungskontext, in dem das Wort Gott begegnet und in dem es sinnvoll und verständlich ist?
Indem wir uns auf diese Frage einlassen, betreten wir eine dritte und letzte Dimension der Erfahrung. Das Wort Gott begegnet uns nämlich, wenn es sinnvoll gebraucht wird, immer dort, wo es um den Sinn des Ganzen des menschlichen Daseins und der Welt geht. Von Gott kann man nur sprechen, wo das Ganze in Frage steht.[14] Diese Erfahrungsdi-

14 Vgl. K. Rahner, *Meditation über das Wort »Gott«*, in: *Wer ist das eigentlich – Gott?*, hrsg. v. H. J. Schultz, München 1969, 17–20.

mension ist heute vielen Menschen fremd geworden. Sie sind entweder aufgrund einer Selbstgenügsamkeit in ihren geistigen Ansprüchen oder aufgrund einer Faszination durch die Technik so sehr auf das hier und heute gegebene einzelne fixiert, daß sie, wenigstens bewußt, nach dem Sinn des Ganzen nicht mehr fragen. Doch bereits L. Wittgenstein hat erkannt, daß, selbst wenn alle möglichen wissenschaftlichen Fragen beantwortet sind, unsere Lebensprobleme noch gar nicht berührt sind.[15] Wenn es um diese Lebensprobleme geht, dann lebt und handelt auch der Mensch von heute nicht allein – wie er sich selbst mißverstehend oft vorgibt – aus einem objektiven Faktenwissen heraus. In den entscheidenden Situationen seines Lebens, im menschlichen Vertrauen, in der Freundschaft und Liebe, aber auch in Krankheit, im Scheitern und angesichts des Todes stellt sich ihm fast unausweichlich die Frage nach dem Sinn oder Unsinn des Ganzen des Lebens. Er kann dieser Frage vielleicht in seinem Denken zu entgehen versuchen; in seinem praktischen Handeln muß er sie so oder so beantworten. In seinem praktischen Verhalten hat er sie auch schon irgendwie beantwortet und damit unreflektierte Sinnerfahrungen gemacht. Jeder Mensch lebt also faktisch aus irgendeinem umfassenden Sinnentwurf heraus. In den entscheidenden Situationen unseres Lebens geht es uns nicht mehr bloß um dieses oder jenes; da geht es uns um uns selbst, um das, was das Menschsein in und mit der Welt insgesamt wert ist.

Der Sinn[16] ist also das Modell, der Entwurf des Ganzen unseres Lebens, das aber sein Ganzsein nicht finden kann ohne die Welt, in der es lebt. Nach diesem Sinn fragen die Menschen im Grunde, indem sie nach Glück, Leben, Liebe, Hoffnung, Zuversicht, Erfolg, Macht usw. suchen und fragen. In all diesen Fragen geht es darum, daß das Leben als ganzes

15 L. Wittgenstein, *Tractatus logico-philosophicus*, Frankfurt/M. 1964, 114.

16 Zum Begriff »Sinn« vgl. bes. R. Lauth, *Zur Frage nach dem Sinn des Daseins*, München 1953; H. Reiner, *Der Sinn unseres Daseins*, Tübingen ²1964; B. Welte, *Auf der Spur des Ewigen*, Freiburg/Br. 1965, bes. 18–24; M. Müller, *Über Sinn und Sinngefährdung des menschlichen Daseins*, in: PhJ 74 (1966/67) 1–29; J. Splett, Art. *Sinn*, in: *Sacramentum mundi* IV (1969) 546–557 (Lit.).

glückt, rund wird, annehmbar und erfüllt wird. Ein Mensch, der diese Erfüllung nicht findet, wird leer und einsam; er wird krank bis hin zu schweren Neurosen. Vergnügungssucht, ehrgeiziges Erfolgsstreben oder alles zerstörende Revolten sind oft nichts anderes als verzweifelte Versuche, dieser Sinnleere zu entkommen. Nur wo der Mensch Sinn erfährt, kann er sich und die andern annehmen und sich mit der Wirklichkeit versöhnen. Nur in und durch Sinnerfahrungen kommt der Mensch zum Ganz- und Heilsein seines Daseins. Der erfahrene und verwirklichte Sinn wäre letztlich das Heil des Menschen. Tatsächlich erfahren wir uns und die Welt freilich in vielfacher Weise im Unheil, im Zustand der Unversöhnlichkeit und Nichtannehmbarkeit. Welt und Mensch sind im Zustand der Entfremdung, der Dissoziation und der Desintegration. Ein lückenlos überschaubarer Universal- und Totalsinn des Ganzen ist für uns nirgends greifbar und erfahrbar. Aber wir machen einzelne Sinnerfahrungen. Wir machen sie etwa in einer guten Begegnung mit anderen Menschen, wir machen sie in unserem Gewissen nach einer selbstlosen guten Tat, wir machen sie in der Begegnung mit Werken der Kunst oder im Gelingen unsereres eigenen Werkes. In solchen Erfahrungen geht uns etwas auf, daß das Leben und die Welt nicht einfach sinnlos und wertlos sein können. Solche Erfahrungen werden uns also zu Zeichen und Symbolen, wie es um die Wirklichkeit überhaupt steht. In solchen Situationen verdichtet sich das Ganze in eine konkrete Situation hinein. Solchen Ineinsfall des Ganzen und des einzelnen, des Idealen und Realen, von Sein und Seiendem nennen wir Sinn.

In der Erfahrung solcher Spuren und Zeichen eines universalen Sinns berühren wir eine Dimension der Erfahrung, die wir nicht in der Weise der Einzelwissenschaft fassen können. Hier versagt alles bloße Beweiswissen. Hier erfährt der Mensch, daß er sich selbst um ein Unendliches überschreitet (B. Pascal)[17], daß er über alles objektiv Erfaßbare je schon hinaus ist und in eine grenzenlose Offenheit hineinweist. Sinn

17 B. Pascal, *Über die Religion* (Pensées), ed. Wasmuth, Hamburg [6]1963, Fr. 434.

kann nur erfahren werden, wenn ein Mensch bereit ist, sich auf diese Offenheit einzulassen und sich ihr anzuvertrauen. Sinn kann nur im Tun des Sinnvollen erfahren werden. Man muß den Sinn wagen, um ihn zu erfahren. Wenn es um den Sinn des Ganzen geht, »glaubt« auf seine Weise auch der Ungläubige; auch der Unglaube fällt eine Entscheidung für einen ganz bestimmten Sinn, die er niemals ganz durch objektives Beweiswissen einholen kann. Im Streit zwischen Glauben und Unglauben geht es also keineswegs um den Gegensatz zwischen bloßem Wissen und einer »zusätzlichen« Glaubensentscheidung; hier steht letztlich Entscheidung gegen Entscheidung, Glaube gegen Glaube. Wie immer aber diese Entscheidung ausfällt, nur durch dieses Wagnis auf ein Ganzes und Letztes hin kommt der Mensch zu sich selbst. Glaubt er in gar keiner Weise, dann verliert und verzettelt er sein Leben. Würde die Frage nach dem Ganzen ausfallen, dann hätte sich der Mensch zurückentwickelt zu einem findigen Tier.[18]

Beachtet man diesen Kontext des Sprechens von Gott, dann erkennt man, welch seltsame Vertauschung der Fronten sich heute zwischen einem engagierten Atheismus und dem Theismus zugetragen hat. Beiden ist nämlich die Frage nach dem Ganzsein des Menschseins und seiner Welt gemeinsam. Sie stehen heute gemeinsam auf einer Seite der Front gegenüber dem Positivismus, der eine gefährliche Bedrohung der Menschlichkeit des Menschen darstellt; sie verteidigen in einer »eindimensional« gewordenen Konsumgesellschaft gemeinsam die wahren Bedürfnisse des Menschen, wenn das Leben des Menschen nicht in einer Öde und Wüste des Gleichgültigen und Banalen enden soll. Angesichts der vielfachen Bedrohungen des Humanen werden Theisten und Atheisten, Christen und Marxisten unausweichlich zum Dialog und zur Kooperation gezwungen. Dialog und Kooperation kann jetzt aber gerade nicht mehr heißen, daß man die Gottesfrage als zweitrangig ausklammert. Denn gerade indem diese Frage von beiden zwar verschieden beantwortet, aber doch gemein-

18 Vgl. Rahner, *Meditation*, 18.

sam gestellt wird, leisten beide einen Dienst am Menschen und seiner Freiheit. Der bleibende Streit zwischen Theisten und Atheisten ist deshalb kein Streit um die Existenz oder Nichtexistenz tiefsinniger Über- und Hinterwelten, sondern ein Streit um diese eine Welt des Menschen, um ihren Sinn und ihr Ziel, um ihr Ganzsein und Heilsein, um die Überwindung aller noch bestehenden Entfremdungen. Darüber zu diskutieren und zu streiten im Interesse des Menschen lohnt sich auf jeden Fall.

Trotzdem machen wir die Erfahrung, daß von dem Wort Gott und dem Streit um Gott heute offenbar wenig faszinierende, sensibilisierende und provozierende Kraft ausgeht. Die Sinnerfahrung, die sich in der Überlieferung mit diesem Wort verband, scheint heute weitgehend keiner ebenso vitalen Erfahrung mehr zu entsprechen. Die Rede von Gott hat ihre »Evidenz« verloren. Wir müssen damit rechnen, daß sich die Erfahrung Gottes in der Sinnerfahrung des Menschen heute anders artikuliert als früher, daß sich in der Gegenwart eine epochale Verschiebung des Gesamthorizonts unseres Welt- und Daseinsverständnisses vollzieht. Diesem Wandel müssen wir jetzt nachgehen. Damit kommen wir erst zu den Möglichkeiten, die heute bestehen, um in der menchlichen Sinnerfahrung und Sinnfrage Gott zu finden.

III. Wandel und gegenwärtige Form der Gotteserfahrung

Im Sinn eines heute weitgehend rezipierten Einteilungsschemas können wir die kosmologisch-ontologische, die anthropologisch-transzendentale und die geschichtliche Weise der Gotteserfahrung unterscheiden. Die beiden ersten Möglichkeiten können hier nur sehr skizzenhaft angedeutet werden, während wir über die heutigen Möglichkeiten, Gott innerhalb eines geschichtlichen Weltverständnisses zu erfahren, ausführlicher sprechen müssen. Es handelt sich bei diesen Gegenüberstellungen nicht eigentlich um Gegensätze als um verschiedene Modelle, die zu je verschiedenen Zeiten geschichtliche Möglichkeiten der Gotteserfahrung darstellen. In keinem dieser Modelle haben wir Gott so, wie er »an und für sich« ist – wie sollte so etwas schon möglich sein –, wir begegnen ihm vielmehr jeweils so, wie er sich unter den Bedingungen einer bestimmten Wirklichkeitserfahrung zu erkennen gibt.

Das kosmologisch bestimmte ontologische Denken erfährt etwas von Gott, indem es nach dem einheitsstiftenden Grund in aller Vielfalt, nach dem Bleibenden und Wesenhaften in allem Wandel, nach dem Sein des Seienden fragt. Hier erfährt dieses Denken etwas von der Macht und Huld des Seins, das sich in allem Seienden entbirgt und gewährt und sich doch auch wieder entzieht und verbirgt. In dieser Tiefe, die überall präsent ist und doch auch wieder hoheitsvoll fern bleibt, erfährt die Wirklichkeit ihre Rechtfertigung und Versöhnung. Diese ontologische Erfahrung konnte zum Anknüpfungspunkt für die Gotteserfahrung werden, sie konnte im Licht der religiösen, besonders der christlichen Tradition auf Gott hin gedeutet werden. Von ihr kann im Sinn der Fünf Wege des Thomas von Aquin gesagt werden, »und das nennen alle Gott«[19]. Thomas beweist damit nicht eigentlich Gott, sondern er deutet eine ontologische Erfahrung mit Hilfe einer Gegebenheit der religiösen Überlieferung.

Dieser Weg, der innerhalb der katholischen Tradition größtenteils bis heute beschritten wird, ist in der Neuzeit aus sehr vielen Gründen, die wir hier nicht alle im einzelnen darstellen können, fragwürdig geworden. Wichtiger als die philosophischen Einwände, wie sie etwa Kant formuliert hat, scheint mir die Erschütterung der bisherigen Welt- und Daseinserfahrung gewesen zu sein. Das ist sehr deutlich bei zwei sonst so verschiedenen Denkern zu Beginn der Neuzeit wie Descartes und Pascal zu greifen. Beide erfahren den Zusammenbruch der bisher gültigen kosmischen Ordnung. Im Zerbrechen aller Ordnungen und im Verlust allen Halts in der Welt erfährt sich der Mensch auf sich selbst zurückgeworfen. Er muß den Halt und die Gewißheit nunmehr in sich selbst fin-

19 Thomas von Aquin, *Summa theologiae* I q. 2 a. 3.

den. In seiner eigenen Subjektivität erfährt er eine unendliche Offenheit und Tiefe, aber auch ein Licht, das alles erhellt. Der unendliche Horizont, die Unendlichkeit der eigenen Subjektivität wird zur Voraussetzung alles anderen Erkennens. Diese transzendentale Erfahrung konnte wieder zum Ansatz für das Sprechen von Gott werden. Innerhalb der katholischen Theologie ist vor allem K. Rahner diesen Weg gegangen. W. Schulz[20] hat den Weg der neuzeitlichen Metaphysik und ihres Sprechens von Gott beschrieben und zugleich dessen immanente Gefahr offengelegt, die dann besonders bei L. Feuerbach akut wurde. Bei Feuerbach ist Gott nur noch die Chiffre für die eigene Unendlichkeit und Absolutheit des Menschen. Aus dem Deus absconditus wird der homo absconditus. Gott wird zu einem Moment im Selbstvollzug des Menschen; er wird mediatisiert und funktionalisiert.

K. Marx hat an dieser Religionskritik Feuerbachs ausgesetzt, sie gehe von einem abstrakten Menschen aus.[21] »Den« Menschen gibt es nicht; der Mensch, wie er konkret ist, ist der Mensch in seiner gesellschaftlichen geschichtlichen Welt, in seinem leibhaftigen Hineinverflochtensein in die Natur. Damit ist nach der kosmologischen und anthropologischen Epoche eine dritte Weise der Welterfahrung erreicht, die in unserer Gegenwart bestimmend ist. Welt wird jetzt als Geschichte erfahren. Sie ist keine prästabilierte Ordnung, sondern prozeßhafte Werde-Welt, die durch die gemeinsame kulturell-zivilisatorische Arbeit der Menschen erst entsteht. Der Mensch und seine Freiheit ist in die Welt einbezogen, wie umgekehrt die jeweilige geschichtliche Situation eine wesentliche Dimension des Menschen ist. Welt und Mensch vermitteln sich also gegenseitig. Das bedeutet, daß wir unserer Wirklichkeit nur innerhalb des intersubjektiven Bezugs innewerden. Das deutlichste Kennzeichen der geschichtlich-gesellschaftlichen Vermitteltheit unserer Welterfahrung ist die Sprache. Durch sie wird jede Erfahrung von vornherein in

20 W. Schulz, *Der Gott der neuzeitlichen Metaphysik*, Pfullingen 1957.
21 Vgl. Marx, *Thesen über Feuerbach*, 339 f.

einen ganz bestimmten menschlichen Sinnkontext eingeordnet. Jede Sprache birgt ja eine ganz bestimmte Sicht der Welt in sich; sie ist das Gedächtnis langer geschichtlicher Erfahrungen im Umgang mit der Welt. Vollends leben wir heute durch die Technik in einer geschichtlich-zivilisatorisch gewordenen Sekundär- und Tertiärwelt, die wir eingangs als die weltlich gewordene säkularisierte Welt beschrieben haben, in der Gott zunächst nicht vorkommt. Die Frage nach dem Sinn des Ganzen stellt sich uns heute darum als Frage nach dem Sinn der Geschichte. Die Frage nach der Möglichkeit, Gott zu erfahren, wird zur Frage, wie wir Gott als Sinn der Geschichte, biblisch gesprochen: als Herrn der Geschichte, erfahren können.[22]

Die Frage nach dem Sinn der Geschichte scheint zunächst unbeantwortbar zu sein. Die Geschichte läuft ja nicht nach ehernen Gesetzen der Notwendigkeit ab. Die Geschichte wird von Menschen gemacht; sie ist entscheidend von menschlicher Freiheit mitbestimmt. Deshalb gibt es in ihr keinen geradlinigen Fortschritt zum immer Besseren und Vollkommeneren. Immer wieder werden wir enttäuscht; immer wieder werden beste Ansätze verdorben, beste Gelegenheiten verpaßt. Dummheit und Bosheit, Ungerechtigkeit und Haß waren schon immer die stärksten erfahrungsmäßigen Einwände gegen die Annahme eines übergreifenden Sinns der Geschichte. Erst recht sind das Böse und das Leidvolle in der Welt noch immer die stärksten Hindernisse und Infragestellungen für den Glauben an Gott. Wer will schon in dem schrecklichen Geschehen, das sich in dem Namen Auschwitz ausdrückt, einen Sinn finden? Das wäre im Grunde nur neues Unrecht an den Opfern. Angesichts der Schrecken moderner Massenvernichtungskriege läßt sich nicht über Theodizeeprobleme sinnieren; sie sind einfach unlösbar. Hat also die Erfahrung der Sinnlosigkeit das letzte Wort? Man wird diesen Gedanken immer wieder erwägen, aber man wird ihn dann doch entschieden verneinen müssen. Wenn alles sinnlos wäre,

22 Diese Fragestellung findet sich vor allem in der Spätphilosophie Schellings, vgl. W. Kasper, *Das Absolute in der Geschichte. Philosophie und Theologie der Geschichte in der Spätphilosophie Schellings*, Mainz 1964.

dann könnten wir im Grunde keinen Augenblick mehr leben, denn in jedem Akt des Lebens bejahen wir zugleich, daß dieses Leben einen Sinn hat, daß Sein besser ist als Nichtsein. Es gibt ein »Dennoch des Vertrauens«, das uns hindert, uns, die andern, die Welt einfach aufzugeben. Immer wieder lassen wir uns ein auf das Leben und halten auch in dunklen Stunden durch. Bei aller Enttäuschung, die wir von seiten der Menschen erfahren, bei aller Erfahrung der Sinnlosigkeit, erfahren wir doch auch, daß der andere einen Sinn in sich hat, der unverfügbar ist, so daß wir ihn niemals als Mittel, sondern nur als Zweck behandeln dürfen. Wir können ihn nicht einfach disponieren, wir müssen ihn respektieren. Hier begegnet uns in allem Wandel der Geschichte ein absoluter Anspruch. Schließlich erfahren wir, daß wir trotz aller Fraglichkeit immer noch fragen, daß wir also immer noch eine Antwort erwarten. Wäre nur Fraglichkeit und keinerlei Gewißheit, dann könnten wir auch nicht mehr fragen, weil jede Frage die Gewißheit einer möglichen Antwort voraussetzt.

Wir können also sagen, daß wir in unserem geschichtlichen Tun je schon darauf angewiesen sind, einen Sinn in der Geschichte zu bejahen. Der Sinn ist nicht nur das Ziel unseres geschichtlichen Tuns, er ist auch dessen Grund und Voraussetzung. Wir erfahren den Sinn nicht als »etwas«, das bloß unsere Vorstellung und Projektion ist, sondern als »etwas«, das uns je schon umgreift und unser Wünschen und Fragen nach Sinn erst ermöglicht. Hätten wir niemals Sinn erfahren, dann könnten wir auch nicht nach ihm fragen. Dann könnten wir aber auch die Sinnlosigkeit nicht als solche erfahren. Gerade in der Intersubjektivität, in der sich Geschichte vollzieht, stiften wir nicht erst Sinn, sondern da drängt sich uns Sinn auf. Der Sinn des anderen Menschen ist nicht nur unsere Projektion; er ist gerade dadurch ausgezeichnet, daß er nicht eine Funktion unseres Strebens ist und sein darf. Nicht wir sind es also, die den Sinn für sich in Anspruch nehmen, sondern die vom Sinn in Anspruch genommen werden. Zusammenfassend können wir also sagen, daß sich Sinn uns aufdrängt und imponiert, daß er sich uns zuspricht und uns in

Dienst nimmt. Sinn ist in des Wortes doppelter Bedeutung eine Zu-mut-ung für den Menschen.

Diese Art der Sinnerfahrung kann nun ein Schlüssel sein für die Gotteserfahrung. Sie schließt nämlich aus, den Sinn nur vom Menschen her zu erklären. Sie erfordert vielmehr eine Reflexion über das Woher dieser Sinnerfahrung, die unableitbar da ist, sich zuschickt und gewährt. Sie ist also nicht selbstverständlich, sondern unerwartet und überraschend. Sie ist – um in der Sprache der Philosophie zu sprechen – kontingent. Damit hat sie das Moment einer unableitbaren Positivität ebenso an sich wie ein Moment der Negativität. Wir können den Sinn nicht festnageln, er entzieht sich sofort wieder. Er erweist sich als je anders und größer. Indem er sich entbirgt, verbirgt er sich sofort wieder. Diese Negativität nichtet aber nicht die positive Erfahrung, sondern bringt sie erst in ihre Wahrheit. Sie zeigt, daß jeder erfahrene Sinn in ein Geheimnis hineinweist, das sich uns spurenhaft und zeichenhaft zu erkennen gibt. Dieses Geheimnis ist nicht irgendwie jenseits der Welt; es ist die Wahrheit, die Tiefe, die Nichtselbstverständlichkeit und die Geheimnishaftigkeit des erfahrenen Sinns selbst. Beides, Negativität und Positivität in eins setzend, können wir sagen: Diese je sich entziehende und je sich eröffnende Tiefe des Sinns besitzt offenbar eine Vorbehaltenheit und Interiorität, die uns nicht verfügbar ist, die aber uns verfügt. Sie begegnet uns analog der Weise, wie Personen sich begegnen. Wenn wir deshalb aus unserer übrigen Erfahrung nach einem Modell suchen, wie wir sie benennen können, dann steht uns nur das Modell der Person zur Verfügung.[23] Aber auch der Personbegriff versagt sofort; er entzieht sich, freilich nicht nach unten, sondern nach oben. Auf keinen Fall genügt ein unter- oder apersonales Modell. So dürfen wir diese Sinnerfahrung in der Sprache der religiösen Tradition als Gotteserfahrung bezeichnen. Der Atheist wäre auf jeden Fall zu fragen, wie er mit der Kontingenz der Sinnerfahrung, die sich uns aufdrängt und zugleich entzieht, die aber nicht einfach unser Werk ist, besser fertig werden kann. Die Kon-

23 Zur Problematik vgl. W. Pannenberg, *Die Frage nach Gott*, in: ders., *Grundfragen systematischer Theologie*, Göttingen 1967, 381–385.

tingenz der Sinnerfahrung spricht eher für das theistische Modell des Wirklichkeitsverständnisses.

Wir können diese Überlegungen nochmals ein Stück weiterführen. Der Mut zum Sinn in der Geschichte bedeutet auch Hoffnung für den Frieden, für die Freiheit, für die Gerechtigkeit unter den Menschen. Auch diese Hoffnung erfährt sich immer wieder bedroht und angefochten. Jede verwirklichte Möglichkeit verschließt andere Möglichkeiten und eröffnet zugleich wieder neue Möglichkeiten. Der Berg der Zukunft läßt sich also nie abtragen, das angestrebte Ziel läuft uns gleichsam immer wieder aufs neue davon. Dazu kommt: Jeder Fortschritt der Zivilisation birgt zugleich einen Rückschritt, eine Verarmung unserer menschlichen Möglichkeiten in sich. Bei jedem Schritt, den wir in Richtung auf mehr Gerechtigkeit und mehr Frieden unter den Menschen tun, stehen wir jeweils unter den Bedingungen des gegenwärtigen Unfriedens und der gegenwärtigen Ungerechtigkeit. Wir tragen also jeweils in jede angestrebte Ordnung den Keim neuer Unordnung hinein. Wenn wir trotzdem nicht ablassen können, immer wieder den Mut zur tätigen Hoffnung aufzubringen, dann meldet sich in diesem Mut die Zuversicht, daß einmal ein qualitativ neuer Anfang möglich ist, ein Anfang, der nicht mehr aus den Bedingungen des Alten ableitbar sein könnte, den wir also nicht selbst machen und setzen können, ein Anfang, den wir in der Sprache der christlichen Tradition als Gnade bezeichnen würden. Als die letzte Bedingung eines Gelingens der Geschichte enthüllt sich uns, daß das ganz Neue, Unableitbare und andere, das wir Gott nennen, in der Geschichte Ereignis wird. Gott erweist sich als der ermöglichende Friede unseres Friedens, als die Freiheit unserer Freiheit, als der Mut zum Tun und Sein in der Geschichte.

Nochmals muß betont werden: solche Erfahrungen machen wir nie »an sich«, losgelöst von einem bestimmten Traditionszusammenhang. Die Möglichkeit solcher Erfahrung wird uns geschichtlich bezeugt. Dieses Zeugnis ist nicht nur eine verbale Versicherung; es appelliert an unsere eigene Erfahrung, und es eröffnet uns, wenn wir uns darauf einlassen, ähnliche Erfahrungen. Tradition und Erfahrung ermöglichen und bekräftigen sich also gegenseitig. In letzter Instanz, in letzter Eindeutigkeit und Klarheit begegnet uns diese Erfahrung bei Jesus Christus, der Gott seinen Vater nennt, der die Sünder, die Ausgestoßenen und Verachteten, diejenigen also, die kein Zutrauen mehr zu sich haben, annimmt und bejaht. Jesus Christus hat diese Botschaft bis zur letzten Konsequenz zum Inhalt seines Lebens gemacht, indem er im Dienst »für die Vielen« in den Tod gegangen ist. Damit hat er den neuen Anfang gebracht und endgültig für alle Zukunft erschlossen. Sein Zeugnis kann darum auch zum Kriterium werden, an dem wir andere Traditionen messen und unter das wir unsere eigene Erfahrung stellen. Dieses Zeugnis begegnet uns konkret in der Kirche und in den Erfahrungen, die andere Gläubige vor uns damit gemacht haben. Es begegnet uns als Appell und Herausforderung, die andern, die Welt und uns selbst endgültig anzunehmen. An Gott als den Sinn und Herrn der Geschichte glauben bedeutet, zur tätigen Hoffnung für alle Menschen befreit zu sein, den andern und der Geschichte immer noch eine Chance geben zu können.

Diese Erfahrung kann niemand andemonstriert werden; man muß die Erfahrung machen, um sie zu »haben«. Man kann den andern nur auf Zeichen hinweisen, die für den Gläubigen selbst bedeutsam sind. Wo aber Menschen niemals solche Zeichen der Liebe und der Hoffnung erfahren haben, da können sie auch nicht glauben. Da führt kein anderer Weg zum Glauben, als daß der Glaubende sich selbst zum Zeichen macht. Das Zeugnis des Glaubens ist niemals ohne den Zeugen des Glaubens möglich. Der Unglaube der Welt ist darum nicht zuerst ein Gericht über die Ungläubigen, sondern über die Gläubigen, die den Glauben an Gott oft genug verdunkelt und entstellt haben. Die Frage einer neuen Gotteserfahrung heute ist darum zugleich die Frage einer neuen Praxis des Glaubens und einer neuen Erfahrung der Gemeinschaft der Glaubenden.

IV. Geschichtliche Erfahrung Gottes

Nachdem nun lange genug über den Weg geschichtlicher Gotteserfahrung gesprochen wurde, muß in einem letzten Teil noch über die Erfahrung selbst, also gleichsam über ihren Inhalt etwas gesagt werden. Wieder kann es sich nur um ein paar Gesichtspunkte und längst nicht um alles handeln, was hier gesagt werden könnte und müßte. Wir suchen lediglich abschließend unter drei Gesichtspunkten die geschichtliche Weise der Gotteserfahrung etwas abzuheben von dem Gottesverständnis, wie es gewöhnlich im Rahmen eines mehr kosmologisch-ontologischen Horizonts entwickelt wird.

1. Das metaphysische Denken kennt einen hierarchischen Ordo des Seins, der – etwa in dem berühmten Spruch des Anaximander[24] – auch als ewige Rechtsordnung verstanden werden kann. Hier hat alles seinen Platz, und je nachdem es diesen Platz einnimmt, steht es in der rechten Zuordnung zu Gott, der die Spitze und der umgreifende Grund dieser Ordnung ist. Das unableitbar Neue hat in diesem Denken keinen Platz; es ist von der Herkunft, aber nicht von der Zukunft bestimmt. Die Erfahrung Gottes, wie wir sie andeutungsweise zu umschreiben suchten und wie sie uns in voller Eindeutigkeit in der Schrift bezeugt wird, ist nun aber gerade umgekehrt die Erfahrung eines Gottes, der Neues verheißt und Neues wirkt, der die Sünder rechtfertigend bejaht und den Ausgestoßenen und Rechtlosen Zukunft gewährt. Er ist der Gott, der alle starren Ordnungsvorstellungen durchkreuzt, das Äquivalenzschema von Schuld und Strafe durchbricht und den Fluch des Schicksals aufhebt. Er ist nicht die von Ewigkeit her seiende Versöhnung aller Gegensätze, nicht derjenige, in dem jetzt schon alles zur Harmonie kommt, nicht die Rechtfertigung und Sanktionierung des Bestehenden, sondern dessen Krisis, die Macht, die erst auf künftige Versöhnung hinwirkt und so Hoffnung auf Neues erweckt und begründet. Von ihm her kommen alle Dinge je neu in Bewegung, werden alle festgefahrenen Fronten und Verhärtungen

24 Vgl. Diels, Fr. 1; dazu M. Heidegger, *Der Spruch des Anaximander,* in: ders., *Holzwege,* Frankfurt/M. 1957, 296–343.

aufgebrochen. Wer an Gott glaubt, kann eigentlich – so sollte man meinen – nicht nur auf die Erhaltung des Status quo bedacht sein. Ein Gottesglaube, der sich selbst recht versteht, darf deshalb nie bloß die Sanktionierung der bestehenden Verhältnisse, nie bloß ein »Trostpflaster« und Asyl der Geborgenheit sein. Er hat auch die Funktion, kritisch zu verunsichern, nicht nur Fragen zu beantworten, sondern auch in Frage zu stellen.

Trotzdem scheint es mir voreilig und einseitig zu sein, die Transzendenz nach oben einfach in eine Transzendenz nach vorne umzudeuten und ausschließlich vom »Gott vor uns«[25] zu sprechen. Mann kann nicht im Sinne von E. Bloch den Deus spes gegen den Deus creator ausspielen.[26] Gott kann nur deshalb die absolute Zukunft des Menschen sein, weil er der Anfang und der Grund aller Wirklichkeit ist. Nur weil Gott Alpha ist, kann er auch Omega sein.[27] Aber er ist in dem radikalen Sinn Anfang, daß er immer neu Anfang ist und ständig neue Anfänge setzt. Bei ihm ist alles möglich (Mk 10,27). Vielleicht ließe sich diese Einsicht etwas weiterdenken mit Hilfe eines Gedankens von Nikolaus von Kues, der den actus purus zugleich als potentia pura, als je neue Möglichkeit und Mächtigkeit auf Zukunft hin zu deuten versuchte.[28]

2. Der Gott der Geschichte ist nicht der Ferne und Jenseitige, nicht ein nur mühsam erreichbarer und je sich entziehender Horizont; er ist deshalb auch nicht die Entfremdung des Menschen von sich und seiner Welt, sondern der Nahe – der Nächste. Er begegnet uns in dem geschichtlichen, aber unbedingten Anspruch, der uns vom anderen Menschen her trifft. In diesem Anspruch meldet sich auch eine Dimension der Unverfügbarkeit und der Selbst-Vorbehaltenheit; hier eröffnet sich mitten in der Immanenz Transzendenz. Dies geschieht in

25 J. B. Metz, *Gott vor uns. Statt eines theologischen Arguments,* in: *Ernst Bloch zu ehren,* Frankfurt/M. 1965, 227–241.

26 E. Bloch, *Das Prinzip Hoffnung,* Frankfurt/M. 1959, 1458 f.

27 Vgl. R. Spaemann, *Gesichtspunkte der Philosophen,* in: *Wer ist das eigentlich – Gott?,* München 1969, 63.

28 Nicolaus von Cues, *Trialogus de possest,* in: *Philosophisch-theologische Schriften* II, ed. L. Gabriel, Wien 1966, 267–359.

letzter Eindeutigkeit wieder in der Begegnung mit Jesus Christus. Dies geschieht in anderer Weise in der Verkündigung der Kirche. Hier wird Gott sehr konkret zugesprochen und angesagt; und trotzdem »haben« wir ihn nicht; »es gibt« Gott nicht einfach in der Kirche. Er ist nur da im Akt des Zuspruchs und des Zeugnisses. Akt und Sein sind hier auf geschichtlich konkrete Weise vermittelt.[29] Will man diese Nähe, die zugleich Entzogenheit ist, begrifflich deuten, dann versagt die Kategorie der Jenseitigkeit; wir werden eher auf die biblische Aussage von der Verborgenheit Gottes zurückgreifen müssen (Jes 45,15; vgl. Röm 11,33 f.). Verborgenes kann sehr nah und gegenwärtig sein, und doch ist es zugleich unverfügbar und entzogen. Der Glaube an Gott bedeutet damit keine Entfremdung von der Welt und keine Flucht aus der Geschichte, sondern Einweisung in die Geschichte, Hinweis auf den Nächsten.

Wieder müssen wir uns jedoch vor einem Kurzschluß hüten. Die Aussage, daß Gott uns nach der Art und in der Vermittlung von Mitmenschlichkeit begegnet, heißt nicht, daß Gott eine Art der Mitmenschlichkeit[30] ist, so daß man die Gottesbeziehung in mitmenschliche Beziehungen auflösen könnte. Nur wenn der Zweck des Menschen im letztlich Zwecklosen liegt, kann er zwecklos bejaht und um seiner selbst willen angenommen werden; nur dann kann man der Verzwecklichung des Menschen wirksam widerstehen. Die Anerkenntnis Gottes bedeutet also zugleich den stärksten Wider-

29 Vgl. D. Bonhoeffer, *Akt und Sein*, 88–115.

30 Vgl. H. Braun, *Die Problematik einer Theologie des Neuen Testaments*, in: ders., *Gesammelte Studien zum Neuen Testament und seiner Umwelt*, Tübingen 1962, 341. Beherzigenswert sind freilich die Bemerkungen von E. Käsemann, *Der Ruf der Freiheit*, Tübingen 1968, 48–52, bes. 51: »Mit der Losung der Mitmenschlichkeit als Summe der Dogmatik und des Glaubens mag ich durchaus nicht einverstanden sein. Doch werde ich anerkennen, daß es heute weltweit und angesichts unserer persönlichsten jüngsten Vergangenheit eine gute und evangelische Losung ist, der niemand sich zu schämen braucht, die wir alle nötig haben und als Wahrheit des Evangeliums bis aufs Blut verteidigen sollten. Ich will lieber bei denen stehen, die wenigstens dies bei Jesus und aus der Bibel gelernt haben, als bei den Fanatikern, welche alle Dogmen akzeptieren und über die von Christen tolerierte und beförderte Unmenschlichkeit schweigen, in der Würde ihrer Rechtgläubigkeit nicht zuerst die Stimme dessen hören, der fragt: Was habt ihr mit meinem Bruder getan und nicht getan.«

stand gegen die Funktionalisierung des Menschen, sei es im Dienst von Sachinteressen, sei es im Dienst der Gesellschaft. Aus diesem Grund haben Gebet, Meditation, Liturgie gerade in ihrer gesellschaftlichen Zweckfreiheit indirekt eine unersetzliche Funktion für diese Gesellschaft. Wenn man dagegen die gesellschaftliche Dimension zur umfassendsten und letztzwecklichen Größe macht, dann muß das wohl oder übel, früher oder später in totalitäre Verhaltensformen umschlagen. Ein kleines, jedoch bezeichnendes Anzeichen dafür ist, daß man dort meist mit so tierischem Ernst und mit so wenig gelöstem Humor zu Werke geht. Die innere Freiheit und Unabhängigkeit als wahrer Ausdruck der Menschlichkeit des Menschen sind hier in Vergessenheit geraten, weshalb man dann auch menschliche Kultur- und Taktlosigkeit mit geradezu penetranter Einbildung zur Schau stellt.

3. Im Horizont der geschichtlichen Erfahrung Gottes ist die Geschichte nicht nur der äußere Ort und das Medium, in dem sich Gott zu erfahren gibt; sie ist nicht nur die Bühne seiner Artikulation und Gestikulation, eine vorübergehend übergezogene Livree, während er selbst der Übergeschichtliche und der Überseiende ist. Die Geschichte muß vielmehr für Gott selbst etwas bedeuten und etwas in Gott selbst sein. Nimmt man das ernst, dann ist Gott nicht nur All-macht über der Geschichte, sondern auch All-leid in der Geschichte; er ist es dann, der in den Unterdrückten und Gequälten geschunden, in den Verachteten beleidigt wird. So erhält aber auch unser geschichtlicher Einsatz seine Dringlichkeit und seine Endgültigkeit. Das Herrsein Gottes kommt geschichtlich nur dort zur Geltung, wo Menschen sich der Herrschaft erschließen, wo sie ihr in ihrem Leben und Tun Raum gewähren. Unser geschichtliches Tun kann so zur Daseinsweise Gottes in der Geschichte für die andern werden. In unserem Tun steht Gott selbst auf dem Spiel. Der Sinn der Geschichte ist uns deshalb auch nicht einfach vorgegeben, sondern aufgegeben. Unser menschliches Tun ist in den Sinn der Geschichte einbezogen. Der Sinn wird uns jedoch von Gott zugemutet und ermöglicht.

Damit rühren wir an sehr schwierige Probleme. Aber wer

die Menschwerdung Gottes in Jesus Christus ernst nimmt und wer sie nicht insgeheim doch kryptodoketisch oder kryptomonophysitisch mißdeutet, der kann sich dieser Problemstellung nicht entziehen. Tatsächlich hat auch schon die bisherige theologische Tradition in ihrer Trinitätsspekulation so etwas wie Geschehen und Geschichte in Gott selbst zu denken versucht, auch wenn sie damit sehr rasch an die Grenzen der metaphysischen Kategorien stieß. Gott geschichtlich denken heißt freilich nicht, von einem werdenden und sich entwickelnden Gott sprechen, von einem Gott, der sich in den Wehen der Geschichte selbst gebiert und durch das Dunkel der Geschichte zu sich selbst kommt. Damit wäre der absolute Anspruch, der von ihm ausgeht, nochmals funktionalisiert. Nicht von einem werdenden Gott kann man sprechen, wohl aber davon, daß »Gottes Sein im Werden« (E. Jüngel) ist, daß seine Absolutheit gerade darin besteht, daß er nie am Ende, sondern immer am Anfang ist und auch die Geschichte nochmals umgreift. Von daher könnte der Sinn der Trinitätslehre in ihrer Bedeutung für die Geschichte neu erschlossen werden. Aber leider hat man in der theologischen Tradition über das An-sich-Sein Gottes meist so isoliert nachgedacht, daß man selten gefragt hat, was das für uns bedeutet. Die Gottlosigkeit der Welt, der wir gegenüberstehen, ist zu einem großen Teil nur die Folge der Weltlosigkeit, mit der man Gott verkündet hat. So gilt es, Gott und Welt, Gott und die Geschichte wieder zusammen zu denken. Damit ist freilich weniger eine Antwort gegeben als für eine künftige Theologie eine Aufgabe gestellt, bei der fast noch alles erst zu tun ist.[31]

Mit den zuletzt gemachten Andeutungen haben wir unser Thema überschritten. Wir müßten jetzt nochmals neu ansetzen und die beschriebene Erfahrungswirklichkeit ausdrücklich in die Reflexion erheben. Wie Begriffe ohne Anschauungen leer sind, so sind Anschauungen ohne Begriffe blind. Wir müßten jetzt also die theologische Gotteslehre neu aufneh-

31 Dazu vor allem H. Küng, *Menschwerdung Gottes. Eine Einführung in Hegels theologisches Denken als Prolegomena zu einer künftigen Christologie*, Freiburg/Br. 1970.

men. Was wir hier versucht haben, sollte nur bis zu dem Punkt führen, wo dies sinnvoll und verständlich geschehen kann. Von theologischem Sprechen gilt nämlich, was von allem menschlichen Reden gilt: es wird falsch, wenn man es aus seinem Zusammenhang reißt. Dieser Zusammenhang ist in der biblischen Offenbarung die konkrete Geschichte der Menschen. Deshalb müßten wir in der Theologie nicht bloß aus der inneren Systematik unserer dogmatischen oder biblischen Formeln und Begriffe, sondern vielmehr von der konkreten Erfahrungswirklichkeit her denken. Der biblische Name für Gott, Jahwe, heißt ja nicht der Seiende oder gar der Überseiende, sondern der Da-Seiende. Christliche Verkündigung hat darum nicht abstrakt die Existenz Gottes zu behaupten und zu beweisen, sondern sein konkretes Da-Sein aufzudecken, zuzusprechen, zu deuten und mit Phantasie die Möglichkeiten aufzuzeigen, die darin verborgen sind. Das hieße im rechten Sinn weltlich und geschichtlich von Gott sprechen.

Politische Utopie und christliche Hoffnung*

Der Begriff »Utopie« ist in den letzten Jahren sehr modern geworden.[1] Wenn wir ihn hier aufzugreifen versuchen, dann geschieht dies nicht um der bloßen Modernität willen. Die Theologie kann sich ihre Problemstellungen nicht beliebig aussuchen; sie kann sie auch nicht nur aus ihrer eigenen immanenten Systematik deduzieren; sie hat den christlichen Glauben im jeweiligen Heute zu verantworten, und sie ist deshalb auf Problemstellungen gewiesen, die ihr vorgegeben sind. Diese Problemstellung hat sich in jüngster Zeit radikal gewandelt. Die Frage nach Gott ist heute primär kein erkenntnistheoretisches Problem, sie ist auch nicht zuerst eine naturwissenschaftlich-theologische Grenzfrage, sondern ein eminent politisches Problem – politisch im allerumfassendsten Sinn verstanden. Näherhin geht es um die Frage, was der christliche Glaube zu den vitalsten Erwartungen, Sorgen und Problemen der gegenwärtigen Gesellschaft und der Menschheit insgesamt beizutragen hat, zum Problem der Zukunft, zur Frage des Überlebens der Menschheit, zum Problem des Friedens und einer gerechten wie menschenwürdigen Gestaltung der Lebenswirklichkeit.

Es mag sein, daß sich der Glaube und mit ihm die Theologie angesichts solcher Fragen zunächst überfordert oder gar mißverstanden fühlt; aber es kann wohl kaum ein Zweifel darüber bestehen, daß der Glaube, hat er zu diesen Problemen

* Erstmals veröffentlicht in: W. Heinen / J. Schreiner, *Erwartung – Verheißung – Erfüllung*, Würzburg 1969, 230–253.

1 Eine umfassende Literaturübersicht bietet A. Neusüß, *Utopie. Begriff und Phänomene des Utopischen* (Soziologische Texte 44), Neuwied–Berlin 1968. Vgl. auch die Übersicht in: *Concilium* 5 (1969) 66–73.

nichts zu sagen, für die meisten Menschen überhaupt nichts mehr zu sagen hat. Das Gefühl des Überfordertseins könnte freilich auch darin begründet sein, daß sich die Theologie der letzten Jahrzehnte zu einseitig in einen Bereich des Supernaturalen, Transzendentalen, Personalen und Existentialen hat abdrängen lassen und daß sie dabei den universalen und deshalb auch weltlich-konkreten Horizont der eschatologischen Hoffnung des Glaubens vergessen hat. Die Unterscheidung zwischen der absoluten eschatologischen Zukunft Gottes und der innerweltlichen Zukunft des Menschen ist fast zum Gemeinplatz geworden, der nicht selten in Gefahr steht, zu einem völlig unchristlichen Dualismus auszuarten.
Die Frage nach dem Verhältnis von politischer Utopie und christlicher Hoffnung läßt sich also weder von der gegenwärtigen Situation der Menschheit noch von innertheologischen Fragestellungen aus länger umgehen. Hier haben wir es mit einer Frage zu tun, bei der das Thema »menschliche Erwartung, christliche Verheißung« und die Synthese beider in der menschlichen wie christlichen Erfüllung heute in besonderer Weise konkret wird.

I.

Die gegenwärtige Inflation des Begriffs »Utopie« ist dessen begrifflicher Klarheit und Eindeutigkeit freilich nicht gerade sehr dienlich. In einem ersten Teil geht es deshalb darum, die menschliche Erwartung anhand einer Klärung des Utopiebegriffes einigermaßen zu explizieren. Die Utopie entstand zunächst als literarische Größe in den Zukunftsromanen der Renaissance, vor allem in der *Utopia* des Thomas Morus (1516) und im *Sonnenstaat* des süditalienischen Mönches Campanella (1623). Sie erlebten den Umbruch vom mittelalterlichen Zunftwesen zu den neuen frühkapitalistischen Produktionsweisen der Manufakturen. Dadurch entstanden eine neue Form der Leibeigenschaft bei den dem Verhungern nahen Lohnarbeitern und neue Formen des Reichtums, der nun nicht mehr wie im Mittelalter bloß dem unmittelbaren Ge-

nuß diente, sondern zu einem Mittel der Macht und Herrschaft über Menschen wurde. Auf die neuen Verhältnisse reagierten die Utopisten mit dem Ruf: Das Eigentum ist schuld. Sie nahmen ihren christlichen Glauben ernst und entwarfen neue gerechte und nach ihrer Auffassung ideale gesellschaftliche Ordnungen, die bisher noch ortlos, d. h. utopisch waren. Solche literarische Utopien begegnen uns heute in vielfacher Gestalt wieder, u. a. bei A. Huxley (*Tapfere neue Welt*), G. Hauptmann (*Die Insel der großen Mutter*), H. Hesse (*Das Glasperlenspiel*), E. Jünger (*Heliopolis*), G. Orwell (*1984*), F. Werfel (*Stern der Ungeborenen*) oder in den Science-Fiction-Romanen und den sogenannten *Comics.*
Eine zweite Form der Utopie begegnet uns im frühen 19. Jahrhundert bei den sogenannten utopischen Frühsozialisten Owen, Fourrier und Saint-Simon. Ihre Kritik der gesellschaftlichen Verhältnisse und ihre gesellschaftlichen Entwürfe waren nicht mehr unmittelbar christlich inspiriert; sie kamen aber im entwurfhaften Charakter ihrer Gesellschaftstheorien den romanhaften Utopien der Renaissance sehr nahe, weshalb Marx sie bekanntlich kurz als »Duodezausgabe des himmlischen Jerusalem«[2] abqualifiziert. Deshalb stellten Marx und Engels diesen utopischen Frühformen des Sozialismus ihren wissenschaftlichen Sozialismus entgegen, dessen Utopie von der klassenlosen Gesellschaft das Ergebnis der immanenten und insofern wissenschaftlich durchschaubaren und politisch planbaren Dialektik der Geschichte ist. So ist es verständlich, daß der Begriff »Utopie« für Marx selbst nicht zentral werden konnte. Erst in Weiterführung seiner Ideen ist er zu einem Kernbegriff jeder kritischen, auf Veränderung bedachten Gesellschaftstheorie geworden. Die ganze Diskussion ist neuerdings durch A. Neusüß umfassend dargestellt worden.
Als gesellschaftskritische Kategorie ist die Utopie nicht ablösbar vom gegenutopischen Denken, das gewöhnlich als Apologie des Bestehenden auftritt. Solch konservatives, d. h. Bestehendes bewahrendes Denken stellt der als »Wunschden-

2 K. Marx, *Kommunistisches Manifest,* in: *Die Frühschriften,* hrsg. v. S. Landshut, Stuttgart 1953, 558.

ken« denunzierten Utopie die sogenannte Realpolitik bzw. die Objektivität einer positivistisch verstandenen Wissenschaftlichkeit entgegen. Der grundlegende Einwand gegenüber der Utopie lautet, jeder utopische Entwurf, ja, jede geplante Veränderung des Bestehenden sei totalitär, sie lasse dem freien Spiel der Kräfte zu wenig Raum. N. Berdjajew hat diesen Totalitarismus-Verdacht auf die einprägsame Formel gebracht: »Die Utopie ist immer totalitär, und der Totalitarismus ist immer utopisch in den Bedingungen unserer Welt.«[3]

Das theologische Gegenargument besteht gewöhnlich in dem »eschatologischen Einwand«, wonach die Realisierung des endgültigen Heils dem Menschen nicht möglich, sondern Gott allein vorbehalten ist. So stellt L. Kolakowski auf allen Lebensgebieten einen unheilbaren Antagonismus fest »zwischen der Philosophie, die das Absolute verewigt, und der anderen Philosophie, die die anerkannten Absoluta in Frage stellt«. »Es ist der Antagonismus der Priester und der Narren, und beinahe in jeder geschichtlichen Epoche waren die Philosophie der Priester und die Philosophie der Narren die zwei Grundformen der Geisteskultur.«[4]

Es fehlt jedoch in unserem Jahrhundert nicht an Theologen, die das utopische Denken wieder theologisch heimisch und fruchtbar zu machen versuchten. Genannt seien vor allem P. Tillich und M. Buber[5], außerdem die von E. Bloch inspirierte »Welle« einer gleichermaßen eschatologischen wie gesellschaftskritisch bestimmten Theologie (J. Moltmann, G. Sauter, W. D. Marsch, H. Cox, J. B. Metz). Sie haben zumindest so viel gezeigt, daß christlicher Glaube und Konservativismus nicht einfach identisch sein müssen, daß sich vielmehr in

3 N. Berdjajew, *Das Reich des Geistes und das Reich des Cäsar*, Darmstadt–Genf 1952, 201; zit. Neusüß, *Utopie*, 41.

4 L. Kolakowski, *Der Mensch ohne Alternative. Von der Möglichkeit und Unmöglichkeit, Marxist zu sein*, München 1961, 276.

5 P. Tillich, *Die politische Bedeutung der Utopie im Leben der Völker* (1953); ders., *Kairos und Utopie* (1959), in: *Gesammelte Werke* VI (*Der Widerstreit von Raum und Zeit*), Stuttgart 1956; M. Buber, *Pfade in Utopia*, in: *Werke* I, München–Heidelberg 1962.

der prophetischen Tradition wesentliche utopische und gesellschaftskritische Elemente aufweisen lassen.
Die philosophische Wiederentdeckung und Rehabilitierung des Utopiebegriffs geht außer von E. Bloch besonders von M. Horkheimer und H. Marcuse aus. Ihr liegt die schon von K. Mannheim ausgesprochene Befürchtung zugrunde, daß das Erlöschen des utopischen Bewußtseins zugunsten der reinen Zustimmung zu dem, was ist, und der bloßen Einfügung in die bestehende Ordnung zugleich das Erlöschen der menschlichen Phantasie, ja das Ende der menschlichen Freiheit bedeuten müßte.[6] Aufgrund seiner Freiheit ist der Mensch träumend-imaginierend, geistig-reflektierend, willentlich-projektierend über das jeweils Bestehende hinaus. Freiheit und schöpferische Phantasie, Freiheit und kulturell-zivilisatorisch weltverändernde Praxis, Freiheit und das Gegebene transzendierende Spekulation gehören unlösbar zusammen. Jeder in noch so moderner Attitüde auftretende wissenschaftliche Positivismus zeigt sich demgegenüber als konservative Ideologie der Anpassung an das Bestehende und in letzter Instanz als heute weltweite akute Bedrohung der Menschlichkeit des Menschen. Die politische Utopie erweist sich dagegen, zumal heute, als Hort der Freiheit und als Wahrerin der urmenschheitlichen Hoffnungen.
Damit sind wir endlich so weit, Wesen und Bedeutung der politischen Utopie und die in ihr sich artikulierende menschliche Erwartung genauer bestimmen zu können. »Utopisch ist ein Bewußtsein, das sich mit dem es umgebenden ›Sein‹ nicht in Deckung befindet.«[7] Diese die vorgegebene Wirklichkeit transzendierende Funktion der Utopie darf jedoch nicht nur theoretisch verstanden werden; sie enthält immer zugleich ein operatives Element und zielt darauf, die gegebene Wirklichkeit zu verändern. Utopien sind oft nichts anderes als antizipierte Wahrheiten (Lamartine); Utopien von heute können zu Wirklichkeiten von morgen werden. Daraus ergibt sich ein dauernder Gestaltwandel der Utopien. Die so verstandene Utopie steht im strikten Gegensatz zur Ideologie.

6 K. Mannheim, *Ideologie und Utopie*, Frankfurt/M. [4]1965, 213–225.
7 A. a. O. 169.

»Bewirkt die Ideologie den Schein, so ist dagegen die Utopie der Traum von der wahren und gerechten Lebensordnung.«[8] Die Ideologie gibt als wirklich vor, was die Utopie erst erträumt. Deshalb ist die Ideologie nicht nur der dem Traum entgegengesetzte Schein, sondern zugleich der Schein des Traumes; in ihr ist verborgen und verstellt Utopie am Werk. Die Utopie ist deshalb nicht bloß die Alternative zur Ideologie, sondern zugleich deren Ferment.[9]
In dieser historischen wie begrifflichen Analyse des Wortes »Utopie« präsentiert sich uns der Mensch als Wesen der Hoffnung, als homo viator, der unterwegs ist, der wartet, leidet, arbeitet, träumt und denkt in Richtung auf eine bessere, gerechtere, wahrere Ordnung aller Wirklichkeit. Der Mensch steht hier vor uns als das Wesen, das sich mit dem, was ist, nicht versöhnen kann und darf, will er wirklich freier menschlicher Mensch bleiben. Der Mensch weiß in seinen Utopien um die Entfremdung aller Wirklichkeit von ihrem Wesen und Ziel, um die Verkehrung des Rechts, der Wahrheit, um die Verdunklung des Sinns. Die oft getadelte Negativität utopischer Kritik ist in Wirklichkeit nur die Negation, die Protestation ist Testifikation für die Wahrheit und für das Gute. Obwohl ortlos (utopisch) im Bestehenden, weigert sich der so Hoffende jedoch, sofern er sich nicht selbst mißversteht, aus der bestehenden Wirklichkeit und aus der Gesellschaft einfachhin auszuziehen; er flüchtet sich weder in eine Transzendenz nach oben oder nach innen (neuplatonischer Spiritualismus, Mystizismus) noch gibt er sich damit zufrieden, daß er sich in ein sektiererisches paragesellschaftliches Wolkenkuckucksheim zurückzieht, wie es die Versuchung alter wie neuer »Jugendbewegung« zu sein scheint. Wer hofft, der bleibt der Erde treu (F. Nietzsche); er nimmt in seiner Hoffnung die Welt und die andern mit, ja noch mehr, er greift die Hoffnung aller Wirklichkeit, das Sehnen der ganzen Kreatur (Röm 8,22 f.) auf; er ist in seiner Hoffnung solidarisch und universal; er hofft und kämpft für eine

8 M. Horkheimer, *Anfänge der bürgerlichen Geschichtsphilosophie*, Stuttgart 1930, 6.
9 Neusüß, *Utopie*, 15.

neue Ordnung der Wirklichkeit insgesamt. Er weiß in seiner Hoffnung implizit schon immer, was Hegel und noch mehr Marx formulierten, daß die Freiheit des einzelnen nur in einer gerechten Ordnung der Freiheit aller gewährleistet sein kann und daß folglich die Unfreiheit, die heute noch irgendwo in der Welt herrscht, meine eigene Unfreiheit ist, so daß ich nie sagen kann: »Bin ich denn der Hüter meines Bruders?« (Gn 4,9) Deshalb ist es nicht Zufall, sondern symptomatisch, daß alle Utopien sich gesellschaftlich-politisch artikulieren und ihr Kriterium daran haben, daß sie gesellschaftlich effektiv werden.

Fragt man nun nach der zentralen, heute lebendigen politischen Utopie, dann ist es doch wohl die Utopie vom ewigen und universalen Frieden der Menschheit. Der Friede ist heute unser dringendstes Problem und unsere größte Hoffnung. Diese Hoffnung ist utopisch, sie war noch nie Wirklichkeit; aber die Menschheit hat heute ein Stadium ihrer Entwicklung erreicht, wo diese Hoffnung Wirklichkeit werden muß, soll nicht alle Wirklichkeit zutiefst in ihrem Bestand gefährdet sein.

An dieser gerade heute aktuellen Form utopischen Bewußtseins wird freilich noch ein weiteres entscheidendes Element der politischen Utopie deutlich: die ihr immanente Grenze, an der sie sich von innen her selbst transzendiert und über sich hinausweist. Auf diese innere Grenze und immanente Gefahr wurde bereits bei der Darstellung der konservativen Utopiekritik verwiesen. Es ist die Gefahr, daß die Utopie, die ihrem Wesen nach Ausdruck und Wächterin menschlicher Freiheit ist, in ihr Gegenteil umschlägt und totalitär wird. Diese Gefahr ist tatsächlich nicht einfach von der Hand zu weisen. Einmal: Das Universale, Endgültige und Totale kann nie Gegenstand des wesentlich partikularen, geschichtlichen und partiellen menschlichen Tuns werden; versucht der Mensch mit endlichen Mitteln, das Universale und Totale zu verwirklichen, dann muß dies unweigerlich totalitär werden. Zum andern: Der universale und endgültige Friede unter den Menschen läßt sich nie unter den Bedingungen und mit den Mitteln des Unfriedens, die Gerechtigkeit nicht mit den Mit-

teln und unter den Bedingungen der Ungerechtigkeit herbeiführen. Wer dies versuchen wollte, würde in die angestrebte Ordnung des Friedens und der Gerechtigkeit sofort den Keim neuen Unfriedens und neuer Ungerechtigkeit hineintragen.
So stellt sich die quälende Frage: Ist die Hoffnung, die die Menschheit beseelt, am Ende nicht doch, wie der Mythos will, aus der Unheilsbüchse der Pandora entflogen? Ist nicht alle Zukunftshoffnung, aller Einsatz für Frieden und Gerechtigkeit ein unheilvoller circulus vitiosus? Behält am Ende nicht Sisyphus über Prometheus recht? Ist nicht dem Mythos zuzustimmen, der Prometheus verurteilt und bestraft, weil die Zeit letztlich vergeblich und nichtig ist und jedes Ende nur eine Rückkehr in den Anfang sein kann?[10] Nur – so lautet die Gegenfrage –, kann denn der Mensch die Hoffnung überhaupt aufgeben, ohne sich selbst aufzugeben? Muß er also nicht gegen alle Hoffnung hoffen? (Röm 4,18) Muß er also nicht auf »etwas« setzen, wo er sich selbst transzendiert, auf eine Möglichkeit, die »jenseits« aller Möglichkeiten liegt?
Eine universale und endgültige Ordnung des Friedens ist offensichtlich nur in einem qualitativen Sprung möglich. Dieses qualitativ Neue ist wesensgemäß nicht aus den Bedingungen des Alten ableitbar. An dieser Stelle, wo alle Utopie und Hoffnung sich selbst transzendent ist, erkannte der spätere Schelling und ähnlich M. Blondel den Ansatz, um »nachidealistisch« in neuer Weise sinnvoll und verständlich von Gott reden zu können. Gott ist ja der gegenüber der Welt qualitativ ganz andere und je Neue und doch zugleich deren innerster Grund und deren innere Sinnerfüllung. Die Utopie vom endgültigen und universalen Frieden stellt also immanent die Frage nach Gott und seiner Verheißung für die Welt. Eine der zentralsten gegenwärtigen Menschheitsfragen erweist sich damit als Anknüpfungspunkt für ein neues Sprechen von Gottes Verheißung.

10 M. Eliade, *Der Mythos der ewigen Wiederkehr*, Düsseldorf 1953.

II.

Im zweiten Teil geht es um die Analyse der christlichen Verheißung und der ihr korrespondierenden Hoffnung.

Seit den Forschungen von H. Greßmann[11] wissen wir, daß das Alte Testament besonders in seinen ältesten Schichten in vielfacher Weise die völkischen, nationalen und allgemeinmenschlichen Erwartungen übernommen hat. Besonders Th. C. Vriezen hat dieses Ergebnis neuerdings bestätigt.[12] Die biblische Hoffnung wird also den menschlichen und auch den politischen Erwartungen nicht einfach als etwas ganz Fremdes unvermittelt übergestülpt. Vielmehr greift das Alte Testament in weitem Maße die Erwartungen auf, die sich in der gemeinorientalischen Königs- und Reichsideologie, im Paradiesesmythos u. a. m. Ausdruck verschafft haben. Die alttestamentliche Messiaserwartung selbst scheint auf dem Boden der orientalischen Königsideologie und des orientalischen Hofstils entstanden zu sein.[13] Nicht umsonst konnte schalom (Friede) zu einem zentralen Begriff alt- und neutestamentlicher Heilserwartung werden. Schalom konnte geradezu zu einem Namen Gottes (Ri 6,24) und des Messias (Mich 5,3; vgl. Jes 9,6 f.) werden. Das Neue Testament nimmt diese Aussagen auf, indem es Gott als Gott des Friedens bezeichnet (1 Kor 14,33) und von Jesus Christus verkündet: »Er ist unser Friede« (Eph 2,14). Wie wenig es sich dabei um einen bloß innerlichen oder jenseitigen Seelenfrieden handelt, zeigt ein Text wie Jes 2,4: »Und sie werden ihre Schwerter zu Pflugscharen schmieden und ihre Spieße zu Rebmessern. Kein Volk wird wider das andere das Schwert erheben, und sie werden den Krieg nicht mehr lernen.« Die Verheißung eines universalen schalom bedeutet nichts anderes als die Verheißung der universalen heilen gottgewollten Ordnung aller

11 H. Greßmann, *Der Ursprung der israelisch-jüdischen Eschatologie*, Göttingen 1905; ders., *Der Messias*, Göttingen 1929.

12 Th. C. Vriezen, *Prophecy and Eschatology* (VTS 1), Leiden 1953, 199–229; ders., *Theologie des Alten Testaments in Grundzügen*, Neukirchen o. J., bes. 303–305, 318.

13 G. v. Rad, Art. βασιλεύς, in: *ThWNT* I, 565 f., ders., *Theologie des Alten Testaments*, München ²1957, 317–322.

Wirklichkeit in Gerechtigkeit und Wahrheit. »Er wird nicht nach dem Augenschein Recht sprechen noch nach dem Hörensagen. Er wird die Armen mit Gerechtigkeit richten und den Elenden im Land nach Billigkeit Recht sprechen; er wird den Tyrannen schlagen mit dem Stabe seines Mundes und den Gottlosen töten mit dem Hauch seiner Lippen« (Jes 11,3 f.) Das letzte Buch der Schrift nimmt diese Hoffnung im Bild des himmlischen Jerusalem nochmals auf: »Er wird jede Träne von ihrem Auge trocknen, und der Tod wird nicht mehr sein, noch Leid, noch Jammer, noch Mühsal« (Apk 21,4).

Die biblische Verheißung eines universalen Reiches des Friedens unter den Völkern nimmt also die Friedenserwartung der Menschheit auf, sie nimmt aber doch auch zwei entscheidende Korrekturen und Neuakzentuierungen vor, in denen wir das Spezifische und Unterscheidende der christlichen Hoffnung zu sehen haben:

1. Der Friede ist für die Schrift im Unterschied zum Königs- und Reichsmythos des Orients keine urzeitliche, sondern eine endzeitliche Größe. Die Schrift begründet ihre Friedenshoffnung nicht wie der Mythos protologisch im Rückgriff auf eine von Urzeit her bestehende heilige und unantastbare Ordnung, sondern eschatologisch als eine Verheißungsgröße und als Gegenstand erst künftiger Erwartung, nicht als mythische, sondern als geschichtlich sich realisierende Wirklichkeit. Die mythologische Friedensidee verlangt immer wieder neu nach Krieg und Gewalt zur Verteidigung der alten Ordnung und der angestammten Rechte; die biblische Friedensverheißung kennt kein solches »Ritual des Status quo«[14], keine ein für allemal bestehenden Rechts- und Besitzverhältnisse; sie ist dynamisch und geschichtlich; sie duldet nicht nur geschichtliche Veränderung, sondern provoziert sie geradezu, weil sie um die grundsätzliche Vorläufigkeit, Zweideutigkeit und Unvollkommenheit aller geschichtlich gewordenen politischen Ordnungen weiß. So wohnt der christlichen Friedenshoffnung die ungeheure Macht des Negativen inne (Hegel),

14 H. P. Schmidt, *Schalom: Die hebräisch-christliche Provokation*, in: *Weltfriede und Revolution*, hrsg. v. H.-E. Bahr, Hamburg 1968, 188.

die alle festgefahrenen Situationen wieder in Fluß bringt und auf ihr je größeres Ziel hinordnet. Entsprechend hat Papst Paul VI. die traditionell gewordene augustinische Definition des Friedens als tranquillitas ordinis in der Weihnachtsansprache 1963 umgeformt zu der Definition, der Friede sei das »Gleichgewicht der Bewegung«[15], eine Bestimmung, die er in der Enzyklika *Populorum progressio* in die bekannte Formel kleidete: »Entwicklung ist der neue Name für Friede.«[16]
Auch wenn man der Meinung sein kann, diese Formel sei in anderen päpstlichen Verlautbarungen, etwa in Bogotà, noch nicht konsequent zu Ende gedacht, so ist doch leicht ersichtlich, welch entscheidende konkrete politische Konsequenzen sie immer dort haben könnte, wo festgefahrene Rechtsstandpunkte unheilvoll einander gegenüberstehen oder wo sie eine notwendige Entwicklung blockieren.
2. Die Zukunftsoffenheit und die geschichtliche Dynamik der christlichen Friedenshoffnung sind letztlich darin begründet, daß die Schrift alle Einzelverheißungen und -hoffnungen zusammenfaßt in die eine Grundverheißung: »Ich werde euer Gott sein, und ihr werdet mein Volk sein« (Jer 7,23). Immanuel, Gott-mit-uns (Jes 7,14), Gott alles in allem (1 Kor 15,28), das ist die eine Verheißung in all den vielen Verheißungen. Alttestamentler wie O. Procksch, W. Eichrodt, Th. C. Vriezen, H. D. Preuß u. a. haben darauf hingewiesen, daß die eschatologische Hoffnung für das Alte Testament letztlich ein theologisches Problem (im eigentlichen Sinn des Wortes) ist und eine Frage der Theodizee darstellt.[17] Es geht um die Hoffnung, daß Gott sich am Ende als Gott erweist, daß er sein Schöpferrecht durchsetzt und seine Bundestreue durchhält. Der alttestamentliche Gottesname Jahwe (Ex 3,14) ist selbst Ausdruck dieser Verheißung: »Ich bin der Daseiende«, d. h. derjenige, der mit euch und für euch dasein wird. Augustinus hat in der Auslegung von Psalm 72 ge-

15 Zit. *Herder-Korrespondenz* 18 (1964/4) 246.
16 Nr. 87.
17 O. Procksch, *Theologie des AT*, Gütersloh 1950, 582; W. Eichrodt, *Theologie des AT* 1, 340 f.; Th. C. Vriezen, *Theologie des AT*, 302 f., 321 f.; H. D. Preuß, *Jahweglauben und Zukunftserwartung* (Beiträge zur Wissenschaft vom Alten und Neuen Testament, 5. Folge. Bd. 7), Stuttgart 1968, passim, bes. 205 ff.

schrieben: »Ipse (Deus) post hanc vitam sit locus noster.«[18] Eine genialere Reduktion und Konzentration aller einzelnen Aussagen über die Letzten Dinge als die, daß Gott selbst unser »letztes Ding« ist, kann man sich wohl kaum denken. Allein im Vertrauen auf Gott, bei dem alles möglich ist (Mk 10,27), hat die christliche Hoffnung die Kraft, gegen alle Hoffnung zu hoffen (Röm 4,18). Allein der Glaube an den Deus semper maior gibt ihr die Legitimation zu ihrer kritischen Distanz gegenüber allen innerweltlich aufgerichteten Absoluta, auch – und darauf kommt es in diesem Zusammenhang besonders an – zur Distanz gegenüber den geschichtlichen Utopien der Menschheit. Sie sind, biblisch gesprochen, letztlich Gesetz und damit Vertrauen auf menschliche und innerweltliche Kraft und Macht, Vertrauen auf die Potenzen und Latenzen der geschichtlichen Dynamik und Evolution, Extrapolation der Vergangenheit in die Zukunft hinein. Das Urneue, bisher nicht Dagewesene, das unerhört Neue kann es nur geben, wo Gott ist und wo er unableitbar frei handelt und spricht. Nicht umsonst steht die Aussage »Er ist unser Friede« in einem Zusammenhang, wo von der Außerkraftsetzung des Gesetzes die Rede ist (Eph 2,14 f.). Das will besagen: Hier ist die tyrannische Eigenmächtigkeit und nichtige Ohnmacht der Mächte von Rasse und Klasse, Nationalität und Konfessionalität, Herkunft und Bildung, Macht und Geld durchbrochen. Da wir unsere Hoffnung nicht mehr darauf setzen, hören auch die alteingesessenen Feindschaften auf und ist die trennende Scheidewand niedergerissen. Die Verheißung der Freundschaft Gottes setzt einen neuen Anfang und begründet eine neue Freundschaft der Menschen untereinander. So stehen politische Utopie und christliche Hoffnung am Ende doch in einem sehr dialektischen Verhältnis der Anknüpfung im Widerspruch zueinander. Den utopischen Heilspropheten wird schroff entgegen gehalten: »Sie sagen: ›Friede! Friede!‹ – Doch wo ist Friede?« (Jer 6,14; vgl. Ez 13,10)

18 Augustinus, *Enarrationes in Ps XXX*, serm. 3, n. 8: PL 36, 252. Dazu H. U. v. Balthasar, *Eschatologie*, in: *Fragen der Theologie heute*, hrsg. v. J. Feiner, J. Trütsch, F. Böckle, Einsiedeln 1957, 407.

Aber – diese Gegenfrage drängt sich nun auf – läßt sich die Frage des Jeremias nicht auch ebenso kritisch an die Adresse der christlichen Botschaft von der Hoffnung richten? Wo ist dieser Friede? Unwillkürlich wird man an das spöttische Wort von A. Loisy erinnert: »Jesus verkündete das Reich Gottes, und gekommen ist die Kirche.«[19] Diese Kirche hat aber nicht nur eine Theorie vom gerechten Krieg entwickelt, sie ist oft genug zur Statthalterin des Bestehenden, zur Verteidigerin der Mächtigen und zum Anlaß und Gegenstand des Streits geworden. Stehen also zumindest von den geschichtlichen Phänomenen her allgemein-menschliche Erwartung und christliche Verheißung nicht vor demselben Dilemma, daß ihnen die Erfüllung versagt ist? Innertheologisch versucht man diese Frage als das Problem der Parusieverzögerung zu diskutieren. Es ist nicht nur ein neutestamentliches Problem; G. Fohrer hat aufgezeigt, daß bereits das Alte Testament voll ist von Naherwartungen und von der Enttäuschung über das Ausbleiben der verheißenen und erhofften Erfüllung.[20]

III.

Im dritten Teil müssen wir uns aufgrund des eben Gesagten nun noch dem wohl schwierigsten Problem, dem Problem der Erfüllung, zuwenden.

Der Traum von der Erfüllung der christlichen Verheißung durchzieht die abendländische Geschichte seit Joachim von Fiore im 13. Jahrhundert, der die Vollendung der Zeit Christi durch eine Zeit des Heiligen Geistes vorausgesagt hat. Die kirchliche Theologie hat durch Thomas wie Bonaventura diese Geschichtstheologie abgelehnt mit dem bibeltheologischen Argument, die Fülle der Zeit sei ein für allemal in Jesus Christus erschienen, deshalb könne es keine heilsgeschichtliche

19 A. Loisy, *L'Évangile et l'Église*, Paris [5]1930, 153.

20 G. Fohrer, *Die Struktur der alttestamentlichen Eschatologie*, in: *ThLZtg* 85 (1960) 401–420.

Epoche geben, die über Christus hinausführt.[21] Trotz dieser einhelligen Ablehnung in der offiziellen kirchlichen Theologie war den Ideen des Mönches Joachim eine lange und intensive Wirkungsgeschichte beschieden, die K. Löwith im einzelnen beschrieben hat.[22] Sie lebten weiter u. a. bei Cola di Rienzo, in der Aufklärung (Voltaire, Lessing), im württembergischen Pietismus und fanden von da aus Eingang in die Geschichtsphilosophie Schellings und Hegels. Sie wirkten noch nach in jenem wahnwitzigen Traum, den die Nationalsozialisten in diesem Jahrhundert von einem Dritten und Tausendjährigen Reich geträumt haben. Heute dürfte der Marxismus die wichtigste »Fernwirkung« dieser merkwürdigen Spekulationen sein. In all diesen Bewegungen geht es in der einen oder anderen Weise darum, die geschichtliche Verheißung des Reiches des Friedens, der Gerechtigkeit und der Wahrheit nun endlich geschichtlich zu verwirklichen oder, marxistisch formuliert, aus der bloßen ohnmächtigen Protestation gegen Unrecht und Gewalt zur praktischen Revolution überzugehen, nicht bloß geduldig zu warten, bis das neue Jerusalem vom Himmel her kommt, wie es die Schrift verheißt (Apk 21,1), sondern selbst Hand anzulegen und es von der Erde her zu bauen. Es ist offensichtlich, daß in der gegenwärtigen horizontalistischen Theologie, die die Transzendenz nach oben in eine Transzendenz nach vorn, in die Zukunft hinein »umfunktionieren« möchte, ähnliche Intentionen am Werk sind.

Die eben erwähnten wenigen biblischen Hinweise zeigen deutlich die immanenten theologischen Grenzen eines solchen Versuchs: Jesus Christus ist die unüberbietbare Fülle der Zeit (Mk 1,14; Gal 4,4); das neue Jerusalem entsteht nicht revolutionär oder evolutionär von unten, sondern es kommt von oben, vom Himmel her (Apk 21,1). Trotzdem wäre es kurzsichtig, die legitimen Anliegen solcher Entwürfe übersehen zu wollen, sofern sich diese korrektiv und nicht exklusiv

21 Dazu J. Ratzinger, *Die Geschichtstheologie des heiligen Bonaventura*, München 1959.

22 K. Löwith, *Weltgeschichte und Heilsgeschehen. Die theologischen Voraussetzungen der Geschichtsphilosophie*, Stuttgart [4]1961.

verstehen. Teilhard de Chardin war wohl einer der ersten, der das Fatale erkannte, das die Alternative zwischen einer Transzendenz nach oben und einer Transzendenz nach vorn bedeutet. In dem Maße nämlich, als das Christentum aufhört, alles Menschliche auf der Erde zu erfassen, verliert es das Zupackende seiner Lebenskraft und den Zauber seiner Anziehungskraft; es wird unterhumanisiert, fade, kalt und unassimilierbar.[23]

So stellt sich uns heute dringend die Aufgabe, die utopischen Elemente im christlichen Glauben wieder zu entdecken und neu zu betonen. Es gilt, die verheißene Zukunft unter den Bedingungen der Gegenwart zu leben und zu bezeugen. Die Weise, wie das Eschaton hier und heute antizipiert wird, ist biblisch gesprochen die christliche Liebe, und zwar die Liebe in der Radikalität, wie sie in der Bergpredigt verkündigt wird. Rein menschlich geurteilt, stellen die Forderungen der Bergpredigt nach absoluter Gewaltlosigkeit und rückhaltloser Hilfsbereitschaft eine Utopie dar, die, wie Tolstoj nicht ohne Grund erkannte, alle gegenwärtig bestehenden rechtlichen und staatlichen Ordnungen aufheben müßte. Christlich betrachtet, handelt es sich bei der Liebe um die eschatologische Haltung, die den schon angebrochenen neuen Äon unter den noch fortbestehenden Bedingungen des alten Äons zu verwirklichen sucht. Im Rahmen einer statischen Gesellschaftsordnung, wie sie zur Zeit des Neuen Testaments herrschte, bedeutet dies, daß die christliche Liebe nicht strukturverändernd sein konnte; im Rahmen einer heutigen dynamischen Gesellschaftsordnung bedeutet dies jedoch, daß die Liebe auch strukturverändernd sein muß. Christliche Nächstenliebe kann heute nicht mehr allein in der Liebe von Mensch zu Mensch und im Almosengeben bestehen und lediglich der akuten Not abhelfen; christliche Liebe bedeutet heute vielmehr auch Veränderung der Bedingungen der Not, also Entwicklungshilfe, Strukturhilfe, Sozial-, Bildungs- und Wohnungsbaupolitik u. a. m. Sie ist heute nicht mehr zuerst im personalen, lokalen und nationalen, sondern vor allem im

23 P. Teilhard de Chardin, *Die Zukunft des Menschen*, Olten–Freiburg 1963, 350.

internationalen Maßstab, im Verhältnis der reichen Industrienationen zu den armen Völkern der Dritten Welt gefordert.

In diesem Zusammenhang kann nicht auf das naheliegende und gegenwärtig vieldiskutierte Problem der revolutionären Gewalt eingegangen werden. Es scheint wohl nicht das theologische Zentralproblem zu sein, sondern eine Grenzfrage, die man je nach der Situation, also kasuistisch nach den traditionellen Regeln des Widerstandsrechtes, wie sie in der Enzyklika *Populorum progressio* nochmals zusammengefaßt sind[24], lösen muß. Um es kurz und bündig zu sagen: Es kann u. U. christliche Mitarbeit und sogar eine Initiative bei einer bestimmten Revolution geben, aber es kann keine christliche Theologie der Revolution geben.

Das eigentliche theologische Problem liegt jedoch gar nicht an dieser Stelle; es liegt vielmehr in der Frage, was die vorhin aufgewiesene Differenz zwischen christlicher Verheißung und politischer Utopie für den Menschen und die Welt konkret zu bedeuten hat und wie sich infolgedessen diese Unterscheidung heute verständlich machen läßt. Anders formuliert: Warum geht die christliche Liebe nicht einfach in der Nächstenliebe auf, weshalb bleibt eine unaufhebbare Differenz zwischen Gottes- und Nächstenliebe? Weshalb läßt sich die christliche Zukunftshoffnung nicht schlechthin in eine horizontale Theologie der Revolution, in eine operative Theologie des innergeschichtlichen Fortschritts usw. »umfunktionieren«? Warum kann sich die Erfüllung der menschlichen Erwartung und der christlichen Verheißung nie nur innerweltlich realisieren? Handelt es sich dabei um mehr als um einen heute überholten ideologischen Restbestand, oder wie können wir heute verantwortlich von Gott reden? Mit dieser Frage kehren wir zu unserem eingangs gestellten Problem zurück. Mit ihr steht und fällt heute nicht nur die Theologie, sondern der christliche Glaube überhaupt, sofern er noch an einer wenigstens substanziellen Kontinuität mit der Schrift und der Tradition interessiert ist.

24 Nr. 31.

Zum Schluß seien in aller Kürze zwei Gesichtspunkte genannt.
Vom ersten Gesichtspunkt war andeutungsweise schon die Rede: Der Versuch, das Ganze und Endgültige innergeschichtlich zu verwirklichen, trägt notwendig den Charakter des Totalitären und Gewalttätigen. Der Friede im universalen und endgültigen Sinn kann und darf deshalb niemals Gegenstand des wesentlich nur partikularen menschlichen Tuns werden. Der eschatologische Vorbehalt, wonach der endgültige und universale Friede nur Gottes eigene Tat sein kann, bedeutet deshalb den stärksten inneren Widerstand gegen jede Form des Totalitarismus. Damit dispensiert die christliche Hoffnung nicht vom innergeschichtlichen Einsatz, im Gegenteil, sie fordert vom Christen nun um so mehr, sich im hier und heute Aufgegebenen zu engagieren, weil dieses hier und heute Aufgegebene das dem Menschen allein Mögliche ist. Sie bewahrt davor, um irgendwelcher Utopien willen die jeweils gegenwärtige Generation dem Moloch einer anonymen Zukunft zu opfern. Sie verpflichtet zur Toleranz auch dem Menschen gegenüber, der als Gegenspieler auftritt, weil niemand für sich in Anspruch nehmen kann, einfach »die« Wahrheit, »das« Konzept und »die« Lösung zu besitzen. Schließlich läßt sich auf diese Weise allein die unantastbare Würde auch des Menschen begründen, der aufgrund von Krankheit, Unglück, Alter usw. nichts mehr zum innergeschichtlichen Fortschritt beitragen kann. Mit einem Wort: Das Axiom, daß der Mensch niemals zum Mittel erniedrigt werden darf, sondern stets als Ziel betrachtet werden muß, kann nur dann durchgehalten werden, wenn die Würde des Menschen in der absoluten Würde Gottes begründet ist. Nur wer anerkennt, daß der Zweck des Menschen im letztlich Zwecklosen liegt, kann der Verzwecklichung des Menschen wirksam widerstehen. Deshalb leisten Gebet, Meditation und Kontemplation gerade in ihrer innerweltlichen Zweckfreiheit einen wesentlichen Dienst am Frieden und an der Freiheit des Menschen und der Welt. Die Kirche dient also nicht nur Gott, indem sie den Menschen dient; sie dient auch den Menschen, indem sie Gott dient.

Ein zweiter Gesichtspunkt kann diesen ersten, mehr pragmatisch bestimmten noch wesentlich spekulativ vertiefen und zugleich die (zumindest bisher ungelösten) Aporien aufweisen, in denen sich besonders die marxistische Geschichtsdialektik befindet. Ihre Utopie eines absoluten Humanismus, in dem der Mensch dem Menschen das Höchste ist, wo der Mensch kein geknechtetes und verachtetes Wesen mehr ist, wo vielmehr alle Entfremdung zwischen den Menschen, zwischen dem Menschen und der Gesellschaft sowie zwischen dem Menschen und der Natur aufgehoben ist, wo also ein universales Reich des Friedens und der Freiheit verwirklicht ist, geht von der Voraussetzung aus, daß der Mensch in der Geschichte causa sui, sein eigener Schöpfer ist. Aber ist dabei genügend bedacht, daß die leibhaftig situierte menschliche Freiheit notwendig immer im Bereich einer ihr vorgegebenen und damit ihr fremden Wirklichkeit tätig ist? Die Natur kann und muß durch die Kultur geschichtlich verändert und vermenschlicht werden; aber sie ist und bleibt etwas dem Menschen Vorgegebenes und nicht restlos Einholbares. Da der Mensch nicht schlechthin Herr seiner Welt sein kann, kann nur von einer absoluten schöpferischen Freiheit die endgültige Versöhnung zwischen dem Menschen und seiner Welt erhofft werden.
Die Entfremdung zwischen dem Menschen und der Welt erreicht ihren Höhepunkt im Tod des Menschen. Am Tod scheitern letztlich alle rein politischen Utopien; hier erfahren wir die Machtlosigkeit und Aussichtslosigkeit unserer Zukunftsentwürfe. Soll die Hoffnung also angesichts des Todes nicht endgültig vergeblich sein, dann kann es nur eine Hoffnung gegen alle Hoffnung auf den Gott sein, der die Toten lebendig macht (Röm 4,17; 2 Kor 1,9), dessen Macht auch noch das Nichts umgreift, der Zukunft hat und gewährt, auch jenseits der Todesgrenze, weil er das, was nicht ist, rufen kann, damit es ist (Röm 4,17). Auf jeden Fall scheint faktisch nirgends eine bessere Antwort auf die tödliche Bedrohung jeder Hoffnung vorzuliegen, als sie christlich möglich ist, während alle anderen Utopien an diesem Punkt versagen.

So erweist sich Gott als die Hoffnung unserer Hoffnung, als die Versöhnung unserer Versöhnungsbemühungen, als die freisetzende Freiheit unserer Freiheit; man könnte sogar sagen: als die Kraft, die unsere Utopien erst zu sich selbst ermächtigt und ermutigt. Er allein kann die Erfüllung dessen sein, worauf sie alle hinauswollen. Freilich wird damit auch deutlich, daß sie auf etwas hinauswollen, was jenseits der Dimension liegt, die man als politisch bezeichnen kann, daß das Politische eine notwendige und unabdingbare Vorbedingung für die Erfüllung darstellt, daß es aber nicht selbst das Ziel ist. Es ist die Bedingung des Friedens und der Freiheit, nicht Friede und Freiheit selbst. Es macht frei, insofern es zu diesem anderen freisetzt und nicht alle Freiheit okkupiert. Aber es gilt ebenso: Von diesem Gott der Hoffnung und des Friedens läßt sich heute nicht mehr anders sprechen, als daß man die christliche Hoffnung an den Erwartungen und Hoffnungen der Menschen auf Frieden und Gerechtigkeit bewährt, indem man in der Praxis zum Zeugen dieser Hoffnung wird und Partei ergreift für die Entrecheteten und Geknechteten, für die Vergessenen und Zukurzgekommenen. Christliche Hoffnung ist dann glaubwürdig, wenn sie politische Utopien nicht zerstört, sondern allein wenn sie diese aufrichtet und ermutigt.

Die Welt als Ort des Evangeliums*

I. Problemstellung

Das Thema »Die Welt als Ort des Evangeliums« klingt ungewohnt, und es könnte auf den ersten Blick scheinen, als handle es sich dabei um eines der vielen modischen theologischen Allerweltsthemen, zu denen man im Grunde alles und doch nichts sagen kann. Das Thema nimmt aber sofort Konturen an, wenn man sich überlegt, in welcher Weise sonst innerhalb der Theologie von »Orten des Evangeliums« die Rede ist. Locus theologicus ist ja ein fester terminus technicus innerhalb der theologischen Tradition. Er meint, zumindest in dem seit Melchior Cano innerhalb der katholischen Theologie üblichen Sinn, soviel wie »Fundort theologischer Aussagen«. Es geht in den loci theologici also darum, zu sagen, wo man das Evangelium findet, wo man ihm begegnet, wie man zu ihm hingelangt und auf welche Weise sich theologische Kontroversen sinnvoll und sachgemäß entscheiden lassen. Es geht also um das hermeneutische Problem.

Als solche Orte des Evangeliums zählt Melchior Cano auf: Die Schrift, die Tradition, die Lehrautorität der Kirche, der Konzilien, des Papstes, das Zeugnis der Kirchenväter und der Theologen und schließlich als loci alieni (Hilfsörter) die natürliche Vernunft, die Philosophie und die Geschichte. Bei dieser Aufzählung ist es im wesentlichen in der ganzen neuzeitlichen Theologiegeschichte geblieben. Das heißt: Die Welt ist für Cano und die ganze neuzeitliche theologische Tradition kein solcher Ort des Evangeliums, es sei denn, man

* Bisher nicht veröffentlichtes Referat während der 2. Studienwoche der gemeinsamen Studienkommission zwischen dem Lutherischen Weltbund und der römisch-katholischen Kirche in Båstad (Schweden) vom 15.–19. 9. 1968.

wollte sie indirekt in den drei zuletzt genannten hilfsweisen theologischen Orten ausgesagt finden. Der christliche Glaube gründet für Cano so sehr in einer positiven, geschichtlichen und übernatürlichen Offenbarung, daß das, was wir mit Welt meinen, also nur hilfsweise zum Verständnis des Evangeliums herangezogen werden kann.

Es ist offensichtlich, daß diese Konzeption bei allem Richtigen und Unaufgebbaren, das sie enthält, sehr leicht einem positivistischen und historisierenden Offenbarungsverständnis Vorschub leisten konnte. Die Welt des Glaubens und die Welt der alltäglichen menschlichen Probleme und Erfahrungen standen sich mehr oder weniger äußerlich gegenüber. Die Glaubenswahrheiten wurden zu einer Wirklichkeit in sich, deren Bedeutung für mich und für die Welt nicht mehr deutlich genug gesehen wurde. Nach Y. Congar besteht darin vielleicht das größte Verhängnis des modernen Katholizismus, daß er fast ausschließlich das »an sich« Gottes und seiner Heilswahrheit betont hat, ohne ebenso deutlich zu sagen, was dies alles für den Menschen und die Welt bedeutet. Die Welt ohne Gott, der wir gegenüberstehen, ist zu einem Teil nur die Reaktion auf einen Gott ohne Welt und ohne Menschen.

Wenn wir deshalb das Thema »Die Welt als Ort des Evangeliums« so betont in den Vordergrund rücken, dann drückt sich darin eine sehr grundsätzliche Neuorientierung der Theologie aus. Es wird damit nichts weniger behauptet, als daß wir dem Evangelium nicht nur dadurch begegnen, daß wir auf die Schrift, die Tradition und die kirchliche Verkündigung hören, sondern daß dazu auch ein Hören auf die Welt notwendig ist. Damit würde auch die Methode des ökumenischen Gesprächs auf eine neue Grundlage gestellt. Wenn wir den Terminus »Ort« dabei in dem strengen theologischen Sinn verstehen, den er in der Fachsprache besitzt, dann ist mit dieser These offensichtlich mehr gemeint, als wenn wir die Welt als das Ziel des Evangeliums bezeichnen. Das trifft zweifellos auch zu. Aber das Evangelium ist nach der in unserem Thema ausgesprochenen These keine in sich feststehende Größe, die erst nachträglich, in einem zweiten Akt, in die

Sprache der Welt übersetzt und auf die Probleme der Welt angewandt wird. Die Welt ist nicht nur der Zielort, sondern schon der Fundort des Evangeliums; sie gehört konstitutiv in das Ereignis des Evangeliums selbst hinein. Die Kirche ist im Dienst am Evangelium gegenüber der Welt dann nicht nur die Lehrende, sondern auch die Hörende und Lernende. Sie läßt sich nicht gleichsam von oben großmütig zur Welt herab, sie steht als Kirche unter dem Evangelium bereits mitten in der Welt.

Diese im Thema ausgesprochene These ist gegenüber der neuzeitlichen theologischen Tradition nicht nur relativ neu, sie ist zweifellos auch nicht ungefährlich. Es könnte nämlich scheinen, als kehre sie schnurstracks in das Lager einer natürlichen Theologie und theologischen Metaphysik bzw. in das Lager der liberalen Theologie und des theologischen Modernismus zurück. Für sie alle war – etwas pauschal formuliert – die Offenbarung im Grunde nichts anderes als eine besonders geglückte Objektivation allgemein menschlicher religiöser Erfahrungen der Unendlichkeit und der Entfremdung; die Offenbarung war hier gleichsam die zu sich gekommene, sich selbst bewußt werdende und sich artikulierende Evolution. »Die Weltgeschichte ist das Weltgericht« (Schiller, Hegel). Hier war die Welt in einem sehr direkten Sinn der Ort der Offenbarung. Von dieser Art der Theologie hat sich die Theologie in der ersten Hälfte unseres Jahrhunderts befreit, indem sie sich auf die »Unterscheidung des Christlichen« (R. Guardini) und damit auf die normative Bedeutung der Schrift und die Bedeutung des Kerygmas der Kirche für den Glauben zurückbesonnen hat. Wenn wir heute wieder formulieren »die Welt als Ort des Evangeliums«, dann soll damit keineswegs das Evangelium erneut zum bloßen Exponenten aktueller Strömungen gemacht werden. Damit wäre seiner Aktualität eben nicht gedient, weil dann das Evangelium der Welt nichts mehr zu sagen hätte, was diese nicht schon und im allgemeinen besser zu sagen weiß. Die Unterscheidung des Christlichen muß also eben um der Aktualität des Christlichen willen durchgehalten werden.

Trotzdem sah sich die Theologie nach dem Zweiten Weltkrieg

immer mehr gezwungen, die Problemstellung der idealistischen und der liberalen Theologie, die nach dem Ersten Weltkrieg zunächst unerledigt liegengeblieben war, in neuer Weise aufzugreifen. Eine einseitige Wort- und Kerygmatheologie drohte nämlich ebenso wie eine reine Lehramts- und Denzingertheologie in das Getto eines theologischen Positivismus zu führen und eine esoterische Sondersprache zu sprechen. Damit wäre das Evangelium in seinem universalen Anspruch verkannt. Zu einer Neuorientierung zwangen auch die bekannten Ergebnisse der historischen Arbeit an der Schrift selbst und die Untersuchung zur Dogmen- und Theologiegeschichte. Es zeigte sich immer deutlicher, daß *das* Wort Gottes nicht anders als in der Gestalt von sehr vielfältigen menschlichen *Worten* ergeht, daß sich das *eine* Evangelium in der theologischen Reflexion von *vier* Evangelien bricht und daß *das* Kerygma zunächst eine Abstraktion darstellt, weil die Verkündigung jeweils auf einen ganz bestimmten, jeweils verschiedenen geschichtlichen, kulturellen, politischen und innerkirchlichen Situationskontext bezogen ist und nur von diesem »Sitz im Leben« her sachgemäß verstanden werden kann. Ebenso ist die immer gleiche und beständige Lehre der Kirche lediglich eine Erfindung der Apologetik. Das Problem ist vielmehr auch hier die Kontinuität in der Diskontinuität der Geschichte. Solche Ergebnisse, über die heute im Prinzip wohl Einigkeit herrscht, zwangen dazu, das Thema »Die Welt als Ort des Evangeliums« auch in systematischer Weise neu aufzugreifen.

Die Schwierigkeit, vor die uns dieses Thema stellt, besteht darin, zugleich die Einheit und die Unterschiedenheit des Evangeliums zur Welt zu wahren. Dieses Problem ist jedoch kein anderes als die klassische christologische Problemstellung in neuer Gestalt. Auch im christologischen Dogma geht es darum, das »Unvermischt« und das »Ungetrennt«, Einheit und Verschiedenheit von Gott und Mensch zugleich festzuhalten. Dieses christologische Problem tauchte dann soteriologisch bzw. anthropologisch gewendet wieder auf in den Auseinandersetzungen um die Rechtfertigungslehre. Auch hier geht es um die Verhältnisbestimmung von Gottes Heilstat und dem Ort, der dem Menschen bzw. der Welt darin zukommt. Das Thema, das zunächst so traditionslos zu sein schien, reiht sich damit ein in die beste kirchliche Tradition. Das christologische Dogma wird gleichsam zum Modell, anhand dessen wir bestimmen können, in welcher Weise die Welt der Ort des Evangeliums zu sein vermag und welcher Ort dem Menschen und seiner Welt im Ereignis des Evangeliums zukommt.

II. Grundlegung: Die Bedeutung der Inkarnation

Die Inkarnation ist zumindest heute innerhalb der katholischen Theologie nicht mehr die einzige Kategorie, mit deren Hilfe man das Christusgeschehen zu deuten versucht. Es ist offenkundig, daß man damit nicht die ganze Breite der neutestamentlichen Christusverkündigung zu erfassen vermag (z. B. Kreuzestheologie, Menschensohnchristologie). Das Glaubensbekenntnis von der Menschwerdung Gottes ist, besonders in seiner dogmatischen Formulierung durch das Chalcedonense, selbst nur eine theologische Interpretation des Christusereignisses – gebunden an die Sprach- und Denkform einer bestimmten Zeit, die wir heute selbst wieder kritisch interpretieren müssen. Dementsprechend hat es innerhalb der katholischen Theologie der letzten zwei Jahrzehnte eine Reihe von sehr bedeutsamen weiterführenden Neuinterpretationen des Chalcedonense gegeben (K. Rahner, F. Malmberg, B. Welte u. a.), an die wir im folgenden anknüpfen können. Für unser Thema scheinen vor allem drei Gesichtspunkte wesentlich zu sein:

1) Das Glaubensbekenntnis von der Menschwerdung Gottes richtet sich gegen die beständig drohende Gefahr des Enthusiasmus, des Doketismus und spiritualisierender Verflüchtigungen, für die die konkrete Geschichte nur ein leeres Schema, ein äußerer Anlaß, die vordergründige Bühne, äußere Staffage und die Livree darstellt für das offenbarende Sprechen Gottes. Der Glaubenssatz wendet sich aber auch gegen

eine mißverstandene Kreuzestheologie, für die die Offenbarung nur noch die Chiffre ist für die beständige Dialektik von Gericht und Gnade, wo am Ende nur noch das Kreuz ohne den Gekreuzigten übrigbleibt. Dagegen verweist das Glaubensbekenntnis auf die konstitutive und bleibende Bedeutung, die die konkrete Geschichte mit Jesus von Nazareth für den Glauben besitzt. Deshalb bezeugen die Evangelien ihre Botschaft in der Form von Geschichte. Diese einmalige literarische Form zeigt die innere Einheit von Evangelium und Geschichte. Deshalb dürfte das Vatikanum II den Befund richtig wiedergeben, wenn es schon für das AT sagt, Israel habe in seiner Geschichte die Wege Gottes mit den Menschen erfahren und sie dann durch das Wort der Propheten allmählich voller und klarer erkannt (Konstitution über die göttliche Offenbarung, Nr. 14). Dasselbe gilt von Jesus Christus: Er war in seinem ganzen menschlichen Dasein, in seinem Verhalten, in seiner menschlichen Erfahrung und in seinem geschichtlichen Weg Offenbarung Gottes (vgl. Nr. 4).
Damit ist die konkrete menschliche Geschichte ein konstitutives Element der Offenbarung selbst. Das Evangelium begegnet uns nicht nur im Kontext geschichtlicher Situationen, aus dem man es nachher herauslösen könnte. Die Geschichte ist nicht nur der Kontext, sondern der Text selbst. Das Evangelium ist weder eine geschichtslose Lehre noch allgemeine Existenzdialektik, sondern bleibt auf eine einmalige konkrete Geschichte bezogen. Das Bekenntnis zu Jesus als dem Kyrios ist das Kriterium jeder Orthodoxie (1 Kor 12,3). Die Aussage, daß das Wort Fleisch geworden ist (Jo 1,14) und nicht Wort oder Sprache, muß in ihrer ganzen Anstößigkeit festgehalten werden.

Gottes Handeln in der Geschichte ist jedoch nicht einfach ein Faktum neben anderen Fakten; es kann nicht wie diese objektiv neutral festgestellt werden. Gott würde sonst zu einer innergeschichtlichen Gegebenheit. Deshalb ist es sehr mißverständlich, von objektiven Heilstatsachen zu reden. Offenbarung ist die Geschichte nur dadurch, daß sie sich im Glauben als solche Anerkennung verschafft und als solche im Wort bezeugt wird. Die Offenbarung ist keine objektiv abrollende

Heilsgeschichte, zu der der Glaube erst nachträglich und äußerlich hinzukommt. Ohne den Glauben wäre das Evangelium gar nicht Evangelium, sondern ein echoloser Schall, aber kein Wort, das offenbart. Die Offenbarung ist also nicht zunächst objektivistisch vorhanden und wird dann nachträglich im Glauben anerkannt, sie ist nur im Raum eines Hörens und damit auch eines menschlichen Verstehens, Mitgehens und Eingehens auf das Gehörte. Wir besitzen das Evangelium nie anders als im Medium menschlicher, geschichtlicher Zeugnisse, menschlicher Reflexion und Interpretation. Nicht nur die »äußere«, »objektive« Geschichte, sondern auch die subjektive Geschichtlichkeit des Menschen ist deshalb ein Wesenskonstitutiv der Offenbarung. Der Mensch, seine Freiheit, sein Hören und Bezeugen gehören konstitutiv in das Ereignis des Evangeliums hinein. Das ist der Sinn des »vere homo« und des »homoousios hemin«.

2) Inkarnation besagt nicht nur, daß die konkrete Geschichte Israels, die konkrete Geschichte des Menschen Jesus von Nazareth und das geschichtliche Zeugnis davon Ort der Offenbarung Gottes ist in dem Sinn, daß sie Gott offenbar gemacht hätten. Gott ist nicht nur der Geoffenbarte, sondern auch der sich Offenbarende. Gott ist es, der spricht, handelt und der Mensch wird. Gott ist also Subjekt und Objekt im Vorgang der Offenbarung. Offenbarung muß verstanden werden als Selbstoffenbarung Gottes. Erst damit ist der volle Sinn dessen erreicht, was wir meinen, wenn wir vom geschichtlichen Charakter der Offenbarung sprechen. Damit ist gemeint, daß Gott nicht der immer gleiche numinose Tiefengrund der Wirklichkeit, die Chiffre für die sich ins Unendliche verlierende, nur asymptotisch erreichbare und je sich wieder entziehende Transzendenz des Daseins, sondern der Gott der Geschichte ist, der »in jener Zeit« geschichtlich auf den Menschen hin gesprochen und gehandelt hat, der selbst Mensch *geworden* ist.

Damit sind selbstverständlich nicht erst für das heutige Denken, sondern schon für das ganze bisherige durch die griechische Metaphysik bestimmte Denken äußerst schwierige Probleme aufgegeben. Wir müssen uns hier auf die Feststellung

beschränken, daß der Sinn solcher Aussagen genau das Gegenteil von Mythologie ist. Auch der Mythos spricht vom Werden und Sterben von Göttern. Für den Mythos ist diese Redeweise Ausdruck dafür, daß die Götter die andere Seite, die numinose Tiefendimension unserer werdenden und vergehenden Welt sind. Die Götter sind hier ein Stück der Welt. Wenn die Schrift jedoch von der Menschwerdung Gottes spricht, dann will sie damit sagen, daß Gott eben nicht zum normalen Geschehen der Welt hinzugehört, daß er kein Stück der Welt ist, auch nicht deren Verlängerung, daß er vielmehr in der Welt verborgen ist und nur dann offenbar sein kann, wenn er sich frei, wann und wo er will, entbirgt. Die Kontingenz der Geschichte ist damit der »kongeniale« Ausdruck für die Kontingenz der Gnade und für die absolute Transzendenz Gottes. Die Geschichte ist also gerade in ihrer puren Geschichtlichkeit die Weise, wie die Unverfügbarkeit Gottes und seiner Botschaft zum Ausdruck kommt.
Wo die unverfügbare Freiheit des Deus semper maior offenbar wird, da wird auch die Welt in ihrer reinen Weltlichkeit und Nicht-Göttlichkeit und in ihrer puren geschöpflichen Kontingenz offenbar. Da kann und braucht sie sich nicht mehr selbst zu mythologisieren und ideologisieren, da kann und darf sie schlicht Welt sein. Gott saugt das Menschsein und die Welt also nicht in sich auf, sondern gibt es in sein Anderssein hinein frei. Das Chalcedonense richtet sich ausdrücklich gegen jede monophysitische Vermischung von Gott und Mensch. Die Einheit mit Gott und die Eigenständigkeit des Menschen wachsen nicht im umgekehrten, sondern im gleichen Verhältnis (Maximus Confessor). Es ist demnach nicht so, daß man Gott nimmt, was man dem Menschen gibt, und daß man dem Menschen nimmt, was man Gott zuerkennt. Man muß den Menschen nicht »madig« machen, um Platz für Gott zu schaffen. Wer so rechnet, hat Gott von vornherein auf eine Stufe mit dem Menschen und der Welt gesetzt und zum Götzen degradiert. Klassisch hat Augustinus das Gemeinte umschrieben: »ipsa assumptione creatur«, indem Gott das Menschsein annimmt, gibt er es auch in seine Kreatürlichkeit hinein frei.

Die Menschwerdung Gottes besagt also, daß Welt und Mensch gerade in ihrer Weltlichkeit und Menschlichkeit Ort des Evangeliums sind. Man kann vom Gott des Evangeliums gar nicht anders sprechen, als indem man vom Menschen und seiner Geschichte spricht. Die Menschlichkeit des Menschen ist nicht nur die Voraussetzung, das Medium und der Raum, in dem Offenbarung sich ereignet, sie ist auch der Inhalt des Evangeliums; aber diese Menschlichkeit des Menschen kann nur dort durchgehalten werden, wo die Göttlichkeit Gottes anerkannt wird. Das christliche Heil ist die nur im Glauben mögliche Integrität des Menschen. Die Sorge um die Menschlichkeit des Menschen, um seine Freiheit, Würde, Freude ist darum unmittelbar der der Kirche aufgetragene Dienst des Evangeliums. Wir können noch hinzufügen: Die Sorge um den Menschen in seiner Profanität und die Sorge um die Profanität des Menschen ist der der Kirche aufgetragene Dienst des Evangeliums.

3) Durch die Inkarnation ist ein für allemal offenbar geworden, wer Gott ist und was die Welt und der Mensch sind, was Gott für den Menschen und was der Mensch für Gott bedeutet. Die Inkarnation stellt damit ein Zeichen und eine Verheißung für die Welt und die Geschichte insgesamt dar. Sie ist als geschichtliches Ereignis zugleich ein eschatologisches Geschehen. Man kann dessen eschatologischen Charakter ebensogut dadurch zum Ausdruck bringen, daß man – wie es gewöhnlich geschieht – die Offenbarung mit Jesus Christus als endgültig abgeschlossen bezeichnet, wie dadurch, daß man die Offenbarung mit Jesus Christus als endgültig aufgeschlossen bezeichnet. Als Ende der Geschichte ist Christus zugleich der endgültige Anfang. Die Geschichtlichkeit des Evangeliums wäre deshalb mißverstanden, würde man aus dem Evangelium eine isolierte historische Größe der Vergangenheit machen. Zur Geschichtlichkeit des Evangeliums gehört auch die bleibende geschichtliche Präsenz des Evangeliums in der Welt. Die Welt ist damit bleibend zum Ort des Evangeliums geworden. Diese bleibende geschichtliche Präsenz nennt die Schrift das Pneuma; es ist die Weise, wie Christus bleibend in der Geschichte präsent ist.

Der patristischen und mittelalterlichen Theologie und noch dem Tridentinum war, wie Y. Congar u. a. aufgezeigt haben, dieser Gedanke der bleibenden Gegenwart des Evangeliums bzw. der Offenbarung noch durchaus geläufig. Erst durch das historisierende Denken der Neuzeit verstand man die Offenbarung als zufällige Geschichtstatsache (Lessing). Dieses historische Mißverständnis der Geschichtlichkeit des Evangeliums hat auch das kontroverstheologische Gespräch sehr nachhaltig beeinflußt, etwa in den Diskussionen um die Einsetzung der Sakramente, die Gründung der Kirche, die Stiftung der kirchlichen Ämter durch den irdischen Jesus. Im Grunde handelt es sich dabei um ein gesetzliches Mißverständnis des Evangeliums. Das Evangelium ist jedoch nicht Buchstabe, sondern Geist, es ist nicht auf Papier, sondern durch den Geist in die Herzen geschrieben (2 Kor 3,1 ff.). Die Frage, in welcher Weise das Evangelium heute geschichtlich präsent ist, muß deshalb pneumatologisch einsetzen und damit auf einer Ebene, die in der Vergangenheit wohl in allen abendländischen Kirchen äußerst vernachlässigt wurde. Das wurde völlig zu Recht von orthodoxer Seite auch gegen die Offenbarungskonstitution des Vatikanum II eingewandt. Aus einer Neubesinnung auf die Pneumatologie könnten sich sehr wesentliche Konsequenzen für die Präsenz der Kirche in der Welt wie für das ökumenische Gespräch ergeben.
Nach dem Johannesevangelium kommt dem Geist eine doppelte Funktion zu. Er soll einmal an Wort und Werk Christi erinnern und Christus erinnernd vergegenwärtigen in der Geschichte (Jo 14,26; 15,26; 16,13 f.). Der Geist soll also keine neue Offenbarung bringen und kein drittes Evangelium über das fleischlich-geschichtliche Evangelium Christi hinaus verkünden (Joachim von Fiore). Das Kriterium für die Unterscheidung des Geistes und damit das Kriterium der Orthodoxie ist, ob Jesus als der Kyrios bekannt wird (1 Kor 12,3). Gegen alles geschichtslose Schwärmertum wird der Glaube also an die konkrete vorgegebene Geschichte des Heils gebunden. Aber das eine und selbe Evangelium muß durch den Geist je neu vergegenwärtigt und geistlich interpretiert werden. Weil es stets aktuell ist, muß es geschichtlich stets neu

aktualisiert werden. Auch hier ist Tradition nur durch je neue Interpretation möglich. Andererseits soll der Geist das Künftige kundtun (Jo 16,13). Sein Zurückführen zu Christus ist zugleich ein prophetisches Weiterführen. Er soll im Rechtsstreit mit der sich im Unglauben an der Vergangenheit und Gegenwart festklammernden Welt dieser prophetisch ihre wahre Zukunft aufzeigen, die in Jesus Christus schon begonnen hat.

Das Evangelium mobilisiert also die Geschichte auf ihre je größere Zukunft hin; seine Aufgabe ist es, die Hoffnung in der Welt wachzuhalten. Seine Geschichtlichkeit besteht darin, daß es je neu Geschichte provoziert, indem es die Welt auf ihre Hoffnung hin anspricht. Der Widerspruch des Evangeliums zur Welt ist damit nicht die Verteidigung des kirchlichen Status quo, sondern ein Widerspruch, der sich daran ausweisen muß, daß er geschichtlich weiterführt und weiterhilft. Damit erhalten die jeweils gegenwärtigen Probleme und Erkenntisse der Welt eine unmittelbare hermeneutische und maieutische Funktion für die Erkenntnis dessen, was Evangelium heute ist (Vgl. Pastoralkonstitution, Nr 40, 44, 62). An ihnen muß sich das Evangelium jeweils neu als Kraft der Hoffnung erweisen. Sie, also die konkrete und begegnende Welt, sind der Ort des Evangeliums heute.

Zusammenfassend läßt sich nun bestimmen, was wir unter Welt verstehen, wenn wir die Welt als Ort des Evangeliums bezeichnen. Welt ist hier offensichtlich weder im Sinn des griechischen Kosmos noch der neuzeitlichen Kosmologie gemeint. Sie ist auch keine Ordnung starrer Naturen. Immer war im Vorhergehenden von der dem Menschen nicht nur vorgegebenen, sondern ihm auch geschichtlich aufgegebenen, von ihm mitgestifteten Welt die Rede. Welt war hier also immer als die Menschen- und Geschichtswelt verstanden, als der Mensch in der Universalität seiner naturhaften, gesellschaftlichen und personalen Bezüge. Diese *konkrete*, geschichtlich sich verändernde Welt ist in das Ereignis des Evangeliums konstitutiv mit einbezogen. Sie ist deshalb *ein* locus theologicus, d. h. *ein* Kriterium dafür, ob das Evangelium sachgemäß ausgerichtet wird.

III. Folgerung: Die Geschichtlichkeit des Evangeliums

Wenn das Evangelium in seinem ursprünglichen Vollzug Geschichte als konstitutives Element einbezieht, ja Welt als Geschichte konstituiert und wenn die Geschichte der bleibende Ort des Evangeliums ist, dann folgt daraus die innere Geschichtlichkeit des Evangeliums selbst. Die Menschwerdung Gottes bedeutet das Eingehen Gottes in die Geschichte und die endgültige Annahme der Geschichte als Ort des Evangeliums. Diese Konsequenz stellt die traditionelle Theologie der loci theologici auf eine weitgehend veränderte Grundlage. Das Evangelium kann jetzt nicht mehr verstanden werden als eine Summe von Wahrheiten und Dogmen, wobei man dann im ökomenischen Gespräch die einzelnen Credenda gleichsam abhaken kann unter dem Gesichtspunkt, in welchen Punkten man sich einig und in welchen man sich nicht einig ist. Das Evangelium ist vielmehr als nomen actionis, als ereignishaftes Geschehen zu verstehen.

Ein solches geschichtliches Verständnis ist der bisherigen Tradition nicht völlig fremd. Es dürfte etwa nicht zufällig sein, daß es bis heute kein amtliches Verzeichnis der Dogmen gibt und auch grundsätzlich nicht geben kann. Wenn man sich die Mühe macht, die verschiedenen Auflagen von Denzingers ›*Enchiridion symbolorum*‹ zu vergleichen, dann stellt man fest, wie schwierig es in vielen Fällen schon rein historisch ist, auszumachen, wo und in welchem Sinn ein Dogma vorliegt. Bekanntlich gibt es nicht einmal eine verbindliche Bestimmung darüber, wie viele allgemeine Konzilien man zu zählen hat und welche im einzelnen dazuzurechnen sind. Das sind nur sehr äußerliche Hinweise auf ein tiefer liegendes Problem, das uns reflex erst seit dem letzten Jahrhundert voll bewußt wird: das Problem der Geschichtlichkeit. Andeutungsweise wurde dieses Problem seit Vinzenz von Lerin in den scholastischen Theorien zum Problem der Dogmenentwicklung mitverhandelt. Meist suchte man dieser Frage durch die Theorie einer logischen Explikation ursprünglicher Offenbarungsaussagen mit Hilfe von Syllogismen beizukommen. Diese einseitig doktrinalistische Sicht wurde überwunden durch die Neuansätze im 19. Jahrhundert in der katholischen Tübinger Schule (J. S. Drey, J. A. Möhler, J. E. Kuhn) und bei J. H. Newman sowie durch die neuen Gesichtspunkte, die in unserem Jahrhundert u. a. besonders M. Blondel, H. de Lubac, J. R. Geiselmann, K. Rahner beigetragen haben. Trotzdem besitzen wir gegenwärtig keine befriedigende Gesamttheorie. Im Gegenteil, das Problem der Geschichtlichkeit stellt uns heute vor ganz neue, weitgehend noch ungelöste Probleme.

Die Grundfrage, vor die uns das Problem der Geschichtlichkeit stellt, ist das Problem der Kontinuität in der Diskontinuität der Geschichte und der Diskontinuität in der Kontinuität des Evangeliums. Die Annahme einer reinen Diskontinuität, wie sie allen extremen Abfalls- und Dekadenztheorien zugrunde liegt, würde die Geschichte ebenso aufheben wie die starre Identität eines »semper idem«. Das Bleibende und Sichdurchhaltende kann deshalb nicht in der Identität bestimmter, wenn auch u. U. auf ein fundamentalistisches Minimum reduzierter Glaubenssätze bestehen. J. H. Newman hat die interessante These vertreten, das Christentum sei ursprünglich in Form einer nur global erfaßten Idee in die Geschichte eingetreten; diese ursprünglich nur global erfaßte Idee habe sich dann im Laufe der Geschichte in einer Fülle ursprünglich nicht reflex bemerkter Aspekte zur Darstellung gebracht. Newman unterscheidet also zwischen der ursprünglichen und sich durchhaltenden Grundidee, dem Typus oder Leitmotiv, und deren reflexen geschichtlichen Aspekten und Artikulationen. Keine dieser satzhaften Einzelartikulationen, auch nicht deren Summe, ist kommensurabel mit der »Sache« des Evangeliums selbst. Ähnlich konnte schon Thomas von Aquin sagen, daß sich der Glaubensakt nicht auf den Satz, sondern auf die in dem Satz gemeinte res richtet. Diese Unterscheidungen zwischen enuntiabile und res, bzw. Idee und Aspekt mögen im einzelnen sehr problematisch sein; sie lassen sich aber doch aufgreifen und weiterdenken. Die Kontinuität des Evangeliums bestünde dann darin, daß alle geschichtlichen Einzelartikulationen, wenn auch mit sehr unterschiedlicher Intensität, denselben Skopus besitzen, in dieselbe Richtung verweisen und die eine »Mitte« des Evangeliums geschichtlich vergegenwärtigen wollen: das im Pneuma gegenwärtige eschatologische Heilshandeln Gottes in Kreuz und Auferstehung Jesu Christi.

Diese Mitte ist nicht nur die Mitte der Schrift, sondern als solche auch »das« Dogma in den Dogmen. Die vielen Dogmen und Bekenntnisse sind im Grunde nichts anderes als verschiedene geschichtliche Artikulationen, Explikationen, Modifikationen und Absicherungen dieser Mitte, die selbst in keinem Bekenntnissatz aufgeht. Alle dogmatischen und kerygmatischen Einzelaussagen müssen deshalb stets kritisch von dieser Mitte her und auf sie hin interpretiert werden. Eine solche Konzentration bedeutet nicht, daß nun die ganze geschichtliche Vielheit in ein leeres und fades Einerlei oder in ein überblickbares und umfassendes System eingeebnet würde oder daß die verschiedenen Einzelaspekte und -motive beliebig gegeneinander ausgetauscht werden könnten; sie besitzen alle einen unverwechselbaren Zeitindex. Wohl aber können auf diese Weise Entsprechungen und Verwandtschaften der Aussageintentionen entdeckt werden, das, was die Tradition der katholischen Theologie als analogia fidei bezeichnet. Die Analogie ist nach Aristoteles eine Proportion gegenseitigen Andersseins, wobei in der Analogie des Glaubens nach der berühmten Formel des 4. Laterankonzils die Unähnlichkeit zu der gemeinten »Sache« je größer ist als die Ähnlichkeit.

Es kann in diesem Zusammenhang nur von ein paar der vielen Gesichtspunkte die Rede sein, die für dieses geschichtliche Verhältnis von Evangelium und dessen konkreten geschichtlichen »Verlautbarungen« von Bedeutung sind:

1) Die Bedeutung der historischen Forschung: Das Evangelium ist an eine Geschichte gebunden, die sich ein für allemal ereignet hat, die zugleich eine voll menschliche Geschichte war. Das bedeutet, daß für die Vergegenwärtigung dieser Geschichte dieselben Methoden maßgebend sind, die auch sonst für die Vergegenwärtigung geschichtlicher Überlieferung angewandt werden. Die historische Erforschung der biblischen Zeugnisse ist damit zumindest für unsere heutigen

Verstehensvoraussetzungen *ein* den Glaubenszugang zum Evangelium innerlich konstituierender Faktor. Der Glaube der Kirche steht der Exegese (und in anderer Weise der dogmengeschichtlichen Forschung) nicht als ein Fixum gegenüber, er stellt sich vielmehr u. a. erst im Vollzug der exegetischen Forschung heraus. Da der Glaube grundsätzlich nie über Christus hinauskommen kann, gilt dabei jedoch nicht nur das Gesetz der Explikation, sondern ebenso das der Reduktion und Reintegration aller späteren Auslegungen auf das Urzeugnis der Schrift. Die historische Rückfrage erhält dadurch eine für die Kirche wesentliche kritische Funktion. Der Glaube der Kirche wird also entscheidend mit bestimmt von der geschichtlichen Bewegung theologischer Forschung und von deren offenen Problemen.

Das Verstehen des Evangeliums ist also ein beständiger, nie abgeschlossener Prozeß. Er geht aus vom heutigen Verständnis, also von Tradition und Lehre der Kirche. Diese weisen aber per definitionem über sich hinaus auf das Zeugnis der Schrift, von dem her sie stets neu legitimiert und interpretiert werden müssen. Man kann und muß also beides sagen: es wird die Schrift im Licht der Tradition gelesen, und es wird die Tradition im Licht des Schriftzeugnisses interpretiert. Dieser wechselseitige Vorgang wird jedoch nur sehr ungenügend als hermeneutischer Zirkel beschrieben. Es handelt sich in Wahrheit nicht um eine Kreisbewegung, wo das Ende in den Anfang zurückkehrt, sondern um einen Prozeß, denn an der Schrift und von ihr her wird die Tradition und die Lehre der Kirche immer wieder neu, wobei diese biblisch erneuerte Tradition dann ihrerseits wieder zum neuen Verstehenshorizont der Schrift werden kann und muß. Die Lehre der Kirche ist also nicht so sehr ein Standpunkt als ein Weg.

Es wäre deshalb zu fragen, was es für die Kirche bedeutet, daß sich in vielen früher kontroversen Fragen inzwischen ein weitgehender exegetischer Konsens herausgestellt hat, während bei vielen neuen Differenzen die Fronten quer durch die Konfessionskirchen hindurchgehen. Hat dieses Phänomen irgendeine ekklesiologische Relevanz?

2) Die Perspektivität dogmatischer Aussagen: Das Evange-

lium ist uns nie als rein objektive Größe gegeben; wir begegnen ihm immer im Medium menschlichen Verstehens und Bezeugens. Die fides quae creditur und die fides qua creditur können konkret nie getrennt werden; sie bilden ein übergreifendes Ganzes. Wir besitzen deshalb die Wahrheit des Evangeliums nur in relativer und perspektivischer, aber nie in definitiver Weise. Die absolute Wahrheit kann grundsätzlich nur Gott für sich selber sein. Die geschichtlichen Perspektiven der menschlichen Erkenntnis können sich jedoch epochal wandeln; ganz gleichgültig, ob man von der Geschichte des Seinsverständnisses oder vom Wandel der Denkformen spricht, die Farbe, die Tönung und der gesamte Horizont des Denkens und Empfindens können sich geschichtlich verschieben, und je nachdem können dieselben Begriffe und Aussagen unter einem verschiedenen »seinsgeschichtlichen Vorzeichen« recht Verschiedenes bedeuten. An dieser geschichtlich sich wandelnden Perspektivität unseres Erkennens haben auch die dogmatischen Aussagen Anteil. Auch sie sind »Stückwerkwissen« (1 Kor 13,9.12). Da sie gewöhnlich auf einen konkreten Irrtum hin gesprochen sind, handelt es sich bei ihnen sogar in besonderer Weise um gezielte Aussagen, die gleichsam unter dem umgekehrten Vorzeichen an der Einseitigkeit des verurteilten Irrtums teilnehmen und deshalb »an Irrtum grenzen«. Trotzdem können solch gezielte, perspektivisch verkürzte Aussagen in einer bestimmten Situation durchaus geschichtlich notwendig und deshalb geschichtsgerecht sein; sie können freilich auch an den eigentlich geschichtlichen Fragen und Nöten einer Zeit vorbeidefiniert sein (z. B. Lateranense V).

Für das ökumenische Gespräch ergibt sich die Frage, inwiefern unterschiedliche Bekenntnisaussagen verschiedenen geschichtlichen Perspektiven, unterschiedlichen Fragestellungen und verschiedenen »Denkformen« entspringen. Daraus ergibt sich die weitere Frage: in welchem Maß kann es innerhalb des einen Glaubens eine geschichtliche Vielfalt der Perspektiven geben? Inwiefern ist die Einheit und Vielheit, die wir innerhalb des neutestamentlichen Kanons feststellen, ein gültiges Modell für die spätere Geschichte? Erlaubt uns ein geschichtlicheres Verständnis der Bekenntnisunterschiede heute andere ekklesiologische Konsequenzen, als sie in der Vergangenheit aufgrund eines statischeren und monolithischen Wahrheitsverständnisses gezogen wurden?

3) Die Vorläufigkeit dogmatischer Aussagen: Das Evangelium ist eine eschatologische Größe, durch welche die entscheidende und endgültige Wahrheit des Heils ein für allemal in die Welt gekommen ist. Aufgrund der Treue dieser Verheißung wird es immer eine Kirche geben, in der diese Wahrheit im Glauben angenommen ist. Die Kirche kann nie mehr auf den Status der Synagoge zurückfallen und grundsätzlich von Christus abfallen. Dieses Moment des Endgültigen ist gemeint, wenn man – etwas mißverständlich – von der Unfehlbarkeit der Kirche spricht. Auf der anderen Seite besitzt die Kirche diese Wahrheit als Verheißung; die Kirche ist selbst eine eschatologische Größe und lebt gleichsam von der Proklamation ihrer eigenen Vorläufigkeit. Das Moment der Vorläufigkeit und Offenheit gehört deshalb ebenso wesentlich zum Glauben der Kirche wie das der Endgültigkeit. Dogmen können deshalb nur Wegstationen, aber nicht das Ziel sein; sie müssen ihre Wahrheit daran erweisen, daß sie über sich hinausweisen und der Kirche den Weg in die Zukunft nicht verschließen, sondern aufschließen. Ihre innere Wahrheit stellt sich darum u. U. erst in einem nachfolgenden Prozeß der Interpretation und Rezeption heraus. Dieses Phänomen begegnet uns etwa zwischen dem Nicaenum und dem Konstantinopolitanum I, zwischen Ephesus und Chalcedon, zwischem dem Vatikanum I und dem Vatikanum II. Zum Unterwegssein der Kirche gehört es auch, daß sie nicht nur die heilige Kirche, sondern auch die Kirche der Sünder ist. An der Sündigkeit der Kirche können auch die Dogmatisierungen partizipieren. Es kann ein sündiges Dogmatisieren geben, das nicht nur inopportun, unklug, geistig unfruchtbar ist, sondern das auch kurzsichtig, engstirnig, lieblos, voreilig, vorwitzig, oberflächlich sein kann.

Die Frage lautet: Könnte man diese beiden Aspekte, den der Endgültigkeit und den der Vorläufigkeit, dadurch verbinden, daß man sagt, die Kirche wird aufgrund der Verheißung durch alle Irrtümer und Fehler hindurch in der Wahrheit gehalten? Inwiefern ist das ökumenische Gespräch ein solcher offener geschichtlicher Prozeß, dessen künftiger Weg und dessen Ziel nicht einfach durch die bisherigen dogmatischen oder bekenntnishaften Bindungen vorbestimmt sind, sondern das im ursprünglichen Sinn des Wortes noch eine Zukunft hat?

4) Die Situationsgerechtigkeit des Evangeliums: Der Ort des Evangeliums ist die konkrete Welt in ihren konkreten geschichtlichen Situationen. Wenn das Evangelium aber nicht nur eine vergangene historische, sondern ebenso eine gegenwärtige und in die Zukunft hinein offene Größe darstellt, dann kann das in der jeweiligen Situation gebotene Zeugnis des Evangeliums nicht eine bloße Konklusion oder eine Anwendung früherer Zeugnisse sein. Das Evangelium entsteht vielmehr in der jeweiligen Situation gewissermaßen schöpferisch neu. In dem Sicheinlassen auf die Situation muß sich herausstellen, was hier und heute Evangelium heißt. Dieses Heutigwerden des Evangeliums ist darum auch nicht als bloß intellektueller Übersetzungsprozeß möglich; es handelt sich vielmehr um eine Vermittlung, die auch durch die lebendige christliche und kirchliche Praxis geschieht. Die existentielle Verständlichkeit und die lebensmäßige Realisierbarkeit einer kerygmatischen oder dogmatischen Aussage angesichts der konkreten Wirklichkeit ist darum *ein* wesentliches Kriterium für die Sachgemäßheit der Evangeliumsverkündigung. Wo diese lebendige und engagierte Rezeption im Bewußtsein und Leben der Kirche nicht mehr stattfindet, da kann es geschehen, daß ein Glaubens- oder Bekenntnissatz stirbt und dann tot ist.

Eine solche geschichtssituative und kairologische Hermeneutik ist bisher wohl noch kaum in hinreichender Weise entwikkelt worden. Deshalb ist es notwendig, sich stichwortartig gegen zwei mögliche Mißverständnisse abzusichern: Sie darf einmal nicht im Sinn eines kontinuitätslosen theologischen Okkasionalismus mißverstanden werden. Keine Situation ist absolut neu; es gibt auch immer wiederkehrende wesentliche menschliche Ursituationen. Vor allem bringen wir in der Begegnung mit jeder Situation die Erfahrung aus früheren Situationen mit. Die Begegnung mit neuen Situationen ist deshalb immer durch Tradition vermittelt. Das zweite zu nennende Mißverständnis besteht darin, die Situationsgerechtheit mit billiger und kurzschlüssiger Anpassung an die jeweiligen Zeitströmungen zu verwechseln. Auch und gerade Widerspruch und Provokation können situationsgerecht und situationsnotwendig sein. Aber auch sie müssen so ausgerichtet werden, daß sie als Widerspruch und als Provokation verständlich sind und als solche aufgegriffen und nicht nur als »culturel lag« belächelt werden.

Positiv formuliert: Der Kairos bzw. der Ort des Evangeliums von der Menschwerdung Gottes ist immer dort, wo die Menschlichkeit des Menschen in Frage steht, wo die Hoffnung des Menschen verschüttet und seine Freiheit bedroht ist. Der Mensch läßt sich jedoch konkret nicht isoliert von der Universalität seiner Bezüge, als von seiner Welt betrachten. Mit der These »Die Welt als Ort des Evangeliums« ist deshalb auch eine notwendige Korrektur der Engführung vorgenommen, die in der existenzialen bzw. transzendentalen Interpretation des Evangeliums festzustellen ist. Der konkrete Ort des Evangeliums heute erschließt sich nicht einer bloßen, letztlich abstrakt bleibenden Existenzialanalyse, sondern nur einer Analyse der konkreten Wirklichkeit des Menschen in der Universalität ihrer geschichtlichen Zusammenhänge.

Die Frage für das ökumenische Gespräch lautet:

Inwiefern stellen die klassischen Kontroversfragen heute wirklich noch lebendige Fragen des Glaubens dar, die in der konkreten christlichen Situation der Gegenwart von Bedeutung sind? Sind das noch die Fragen, durch die der Christ angesichts der heutigen Welt herausgefordert ist? Müßten wir nicht die Frage stellen, wie verantwortliches Reden von Gott heute möglich ist? Welche ekklesiologische Bedeutung kommt der Tatsache zu, daß diesen Kontroversen unter dem eben genannten Gesichtspunkt heute offensichtlich nur noch untergeordnete Bedeutung zukommt, während in anderen, das christliche und kirchliche Denken und Tun unmittelbar betreffenden und engagierenden Problemen die Fronten quer

durch die Konfessionen gehen? Stimmen die Konfessionsgrenzen noch mit den tatsächlichen Fronten überein?
Es ist schwer, diese Frage leichthin mit einem glatten Ja oder Nein zu beantworten. Aber die Fragen als solche sind unausweichlich, sobald man mit der Einsicht in die Geschichtlichkeit des Evangeliums ernst macht. Diese Einsicht ist in einem der zentralen christlichen Glaubensbekenntnisse begründet, in der Menschwerdung Gottes, d. h. in dem Eingehen Gottes in die Geschichte. Das heutige geschichtliche Denken kann zu einem großen Teil als innergeschichtliche Fernwirkung des Christentums verstanden werden, nachdem der geschichtliche Denkhorizont des Christentums lange Zeit durch das metaphysische Denken überlagert war. Die heute fällige Korrektur der traditionellen, ziemlich statischen Lehre von den loci theologici ist also kein Zugeständnis an das heutige Denken, sondern eine tiefere und bessere Einsicht in das Evangelium selbst. Sie hat uns gelehrt, die als Geschichte verstandene konkrete Welt als den Ort des Evangeliums zu verstehen. Es bleibt abzuwarten, ob und inwiefern damit auch dem ökumenischen Gespräch neue Möglichkeiten erschlossen worden sind.

Was heißt eigentlich christlich?*

Die Frage »Was heißt eigentlich christlich?« mag überraschen gegen Ende einer Vortragsreihe über die kommende Synode. Dieses Thema taucht unter den vielen vorgeschlagenen Themen nicht auf[1], und es dürfte sich auch kaum als eigenes Synodenthema eignen. Trotzdem kann man die These aufstellen: Erfolg oder Mißerfolg der Synode wird sich nicht so sehr an dieser oder jener Reform im einzelnen entscheiden, sondern daran, ob es gelingt, die Mitte des Evangeliums wieder so sehr zur Sprache zu bringen, daß das eigentlich Christliche wieder zu einer Macht und zu einer Provokation wird in unserer Gesellschaft. Es gilt, ohne jede Aktualitätshascherei die Aktualität des Christlichen selbst zur Geltung zu bringen.[2]
Es wäre jedoch falsch zu meinen, was eigentlich christlich ist, das wisse man schließlich und es komme nur darauf an, das Christliche zeitgemäßer zu verwirklichen und es gegen Mißdeutungen abzugrenzen. Zu vieles ist in den letzten Jahren in Bewegung geraten; Prinzipien und Institutionen, die man noch vor ein paar Jahren für unantastbar gehalten hat, befinden sich plötzlich überall in Diskussion. Es gibt scheinbar nichts Festes und Bleibendes mehr. Die alten Fronten scheinen nicht mehr zu bestehen: die Konfessionsgrenzen sind zweitrangig geworden; die eigentlichen Grenzen gehen heute

* Vorlesung innerhalb der Ringvorlesung der kath.-theol. Fakultät Münster im Wintersemester 1969/70 zur bevorstehenden gemeinsamen Synode der deutschen Bistümer. Erscheint gleichzeitig zusammen mit der gesamten Vorlesungsreihe unter dem Titel ›*Kirche im Wandel der Gesellschaft*‹ im Echter-Verlag, Würzburg.

1 Zu Thematik und Statut der Synode 72 vgl. *Publik* Nr. 36 (1969) 24.

2 Das herausgestellt zu haben ist das Verdienst von J. Ratzinger, *Einführung in das Christentum*, München [5]1969.

quer durch die Konfessionen hindurch.[3] Es besteht heute innerhalb aller großen Kirchen ein theologischer und praktischer Pluralismus, den man kaum mehr in eine höhere Einheit aufheben kann.[4] Viele Christen wissen sich außerdem vielen Nichtchristen in der ganzen Art ihres Denkens, Sichgebens und Handelns, in ihrem Lebensstil und ihrer Mentalität, besonders aber in ihrem Einsatz für eine humanere und gerechtere Ordnung viel näher als vielen ihrer Glaubensgenossen. Dazu kommt, daß eine Reihe von pastoral-soziologischen Untersuchungen der letzten Zeit darauf aufmerksam gemacht haben, daß zwischen dem, was amtlich als Glaube der Kirche gelehrt wird, und dem, was faktisch in der Kirche geglaubt und getan wird, eine geradezu beängstigende Diskrepanz besteht. Offenbar kann innerhalb einer neuen »laikalen« Glaubenserfahrung das nicht mehr sinnvoll integriert werden, was als »klerikales« Glaubensverständnis verkündet wird.[5]

So spürt man überall in der Kirche ein Gären, ein Abbrökkeln der alten Formen und Strukturen, eine innere und äußere Emigration, eine Erschütterung, die bis in die Grundlagen reicht. Daneben bilden sich »Untergrundformen«[6] eines neuen christlichen Selbstverständnisses und einer neuen christlichen Selbstverwirklichung. Was eigentlich christlich ist, ist dadurch äußerst vieldeutig und unbestimmt geworden. Dieser Mangel an Eindeutigkeit und Bestimmtheit nimmt dem Christentum in unserer Welt seine Leuchtkraft und seine Anziehungskraft.

Man würde es sich entschieden zu leicht machen, würde man zu rasch von einem Geist des sich in die Kirche einschleichenden Unglaubens, von lautlosem Abfall und Randchristentum sprechen.[7] Das gibt es zweifellos auch. Aber das eigentliche

3 Vgl. J. B. Metz, *Reform und Gegenreform heute*. Mainz 1969.

4 Vgl. K. Rahner, *Der Pluralismus in der Theologie und die Einheit des Bekenntnisses in der Kirche:* in: *Concilium* 5 (1969) 462–471.

5 *Was glauben die Deutschen?*, hrsg. v. W. Hardenberg, München–Mainz 1969; F. Haarsma, *De leer van de kerk en het geloof van haar leden*, Utrecht ²1969.

6 R. McBrien, *Die Untergrundkirche in den USA*, in: *Concilium* 5 (1969) 698 bis 703.

7 Zum Problem der partiellen Identifikation vgl. Metz, *Reform und Gegenreformation*, 29 f.

Problem liegt tiefer und ist umfassender. Offenbar ist eine bestimmte epochale Gestalt des Christentums zu Ende, während die neue geschichtliche Gestalt sich erst in ihren äußersten Umrissen noch sehr undeutlich und vielfach verzerrt andeutet. Wir durchschreiten gegenwärtig eine Übergangsphase, in der das Alte nicht mehr recht gilt und das Neue noch nicht voll sichtbar ist. Mit ein paar äußeren, im übrigen längst überfälligen Reformen ist diese Situation ebensowenig zu meistern wie mit künstlichen und abstrakten Neuinterpretationen des Christentums, die von der konkreten geschichtlichen Gestalt der Kirche absehen. Eine bloße Liberalität könnte leicht zu einem unchristlichen Minimalismus führen, zu einem Christentum, dessen Salz schal geworden ist. Eine Grundlagenbesinnung tut not, zu der im folgenden in aller bei der Kürze der zur Verfügung stehenden Zeit gebotenen Unvollständigkeit[8] drei Thesen vorgetragen werden sollen.

1. These: Das Christentum ist eine geschichtliche Religion. Das Wort geschichtlich[9] ist vieldeutig, und es ist unmöglich, in diesem Zusammenhang die ganze Problematik zu entfal-

8 Überraschen mag vor allem, daß in den folgenden Thesen die Kirche *thematisch* nicht vorkommt, obwohl sie *sachlich* aufgrund der Betonung des geschichtlich-konkreten Charakters des Christentums in jeder These präsent ist. Zur Rechtfertigung dieses Vorgehens kann bemerkt werden: Die Kirche gehört nicht zu den christlichen Wahrheiten, die der Ordnung des Ziels, sondern zu denen, die nur der Ordnung der Heilsmittel angehören (vgl. Thomas v. A., *S. th.* II/II q.6 a.1). Die Akzentverlagerung von den ersteren zu den letzteren Wahrheiten (Sakramente, Struktur der Kirche, apostolische Sukzession) ist ein typisches Ergebnis der neuzeitlichen Entwicklung, die im 20. Jahrhundert zu einem gefährlichen Ekklesiozentrismus geführt hat, dem auch das Vatikanum II und erst recht die nachkonziliare Diskussion nicht ganz entgangen ist. Demgegenüber versucht dieser Beitrag wieder auf die Hierarchie der Wahrheiten hinzuweisen. Zu dem Begriff der hierarchia veritatum im Ökumenismusdekret *»Unitatis redintegratio«*, Nr. 11; vgl. den Kommentar von J. Feiner, in: *LThK Vat. II*, 2, 88–90; H. Mühlen, *Die Lehre des Vatikanum II über die ›hierarchia veritatum‹ und ihre Bedeutung für den ökumenischen Dialog*, in: *ThGl* 56 (1966) 303–335; U. Valeske, *Hierarchia veritatum. Theologiegeschichtliche Hintergründe u. mögl. Konsequenzen eines Hinweises im Ökumenismusdekret des 2. Vat. Konzils z. zwischenkirchlichen Gespräch*, München 1968.

9 Vgl. G. Baur, *Geschichtlichkeit. Wege und Irrwege eines Begriffs*, Berlin 1963; Renthe/Fink, *Geschichtlichkeit. Ihr terminologischer und begrifflicher Ursprung bei Hegel, Haym, Dilthey und Yorck*, Göttingen 1964; A. Darlapp, Art. *Geschichtlichkeit*, in: *LThK* IV, ²1960, 780–783 und A. Darlapp/J. Splett, Art. *Geschichte und Geschichtlichkeit*, in: *Sacramentum mundi* II, 1968, 290–304.

ten, die dieses Wort dem heutigen Problembewußtsein aufgibt. Wir müssen deshalb mehr konkret umschreiben, was wir mit unserer These meinen.
Unsere These meint zunächst eine fundamentale Unterscheidung des Christlichen vom Mythischen.[10] In den Mythen geht es um die Epiphanie eines immer und überall präsenten numinosen Tiefengrundes der Wirklichkeit, um ein in dunklen Symbolen sich ereignendes Aufleuchten des göttlichen Seins- und Sinngrundes, aus dem, durch den und in dem alles ist. Die Mythen geschehen deshalb nach einem berühmten Wort des Sallust[11] überall und nirgends, sie geschehen immer und doch nimmer. Es sind ewige unveränderliche, schicksalhafte »Mächte und Gewalten«, die über dem Menschen walten. Sie haben die Kraft, den Menschen zu faszinieren, sie schlagen ihn in Bann, berauben ihn seiner Freiheit. Deshalb fühlen sich die Menschen von ihnen ebenso angezogen wie in Angst und Schauder versetzt. R. Otto hat das Kontrastphänomen des Religiösen deshalb als mysterium tremendum et fascinosum bestimmt.[12]
Anders die christliche Botschaft, sie verweist nicht auf einen mythischen, mystischen oder metaphysischen Tiefengrund, sondern auf konkrete Geschichte, auf die Geschichte Abrahams, die Geschichte Israels und besonders auf die Geschichte Jesu von Nazareth. Sie ist bleibend gebunden an das, was »in jener Zeit« ein für allemal gesagt und geschehen ist. Der christliche Glaube ist also nicht an ein mythologisches Weltbild gebunden; im Gegenteil, er vollzieht auf seine Weise eine Entmythologisierung der Welt, und er hat zu unserer neuzeitlichen Säkularisierung entscheidend mit beigetragen.[13] Durch seine Betonung der Geschichte und ihres Einmaligkeitscharakters hat der christliche Glaube zur Erkenntnis der

10 Zum Folgenden bes. M. Eliade, *Der Mythos der ewigen Wiederkehr*, Düsseldorf 1953.

11 Vgl. Sallust, *Des Dieux et du monde* (griech.-franz. Text), hrsg. v. G. Rochefort, Paris 1960, c.4, 6–8; zum Ganzen vgl. F. Vonessen, *Mythos und Wahrheit*, Einsiedeln 1964.

12 R. Otto, *Das Heilige. Über das Irrationale in der Idee des Göttlichen und sein Verhältnis zum Rationalen*, Breslau ^{7}1922.

13 Vgl. K. Löwith, *Weltgeschichte und Heilsgeschehen*, Stuttgart ^{4}1953.

Einmaligkeit, Endgültigkeit und Unwiederholbarkeit geschichtlicher Entscheidungen, der Würde und der Eigenverantwortung der menschlichen Person geführt. Die neuzeitliche Entwicklung seit der Aufklärung, der Deklaration der Menschenrechte und der Französischen Revolution hat deshalb in »ver-rückter« Weise viele ursprünglich christlichen Gehalte besser verstanden als die christlichen Kirchen, denen es bis heute nicht gelungen ist, ohne Ressentiment von der Freiheit zu sprechen. So entstehen in der Begegnung zwischen der Kirche und der heutigen Gesellschaft verschobene und verschrobene Problemstellungen, weil die Kirche, indem sie in einer weitgehend vorneuzeitlichen Mentalität verharrt, auch ihre eigene Botschaft nicht voll eingeholt hat.

Bereits im ersten Ansatz erweist sich der christliche Glaube als eine zutiefst humane Botschaft, die heute nicht faktisch überholt ist, die vielmehr ein bisher unabgegoltenes Erbe darstellt. Es wäre nämlich eine gefährliche Täuschung zu meinen, die Entmythologisierung liege seit der Aufklärung endgültig hinter uns; sie ist eine beständige Aufgabe, die sich überall stellt, wo unpersönliche Es-Mächte zu Letztnormen werden, seien es blinde Triebstrukturen, seien es Idole der Rasse, der Klasse, des Volkstums, der Macht, der Leistung, des Prestiges, der Ordnung oder des Fortschritts. Überall, wo dies geschieht, wird der Mensch nur noch als Mittel zum Zweck behandelt.[14] Überall aber, wo auf diese Weise nicht mehr alle Verhältnisse auf den Menschen bezogen sind, wird der christliche Glaube protestierend und verändernd eingreifen müssen, da hat er eine gesellschaftliche Störfunktion im Namen des unterdrückten Menschen.[15]

Aber was heißt schon »menschlich«? Das Allgergewöhnlichste und Banalste sowie das Allergrößte und Letzte, das Über-

14 Vgl. M. Horkheimer/Th. W. Adorno, *Dialektik der Aufklärung. Philosophische Fragmente*, Frankfurt/M. 1969.

15 J. B. Metz definiert unter diesem Aspekt die Kirche zu Recht als »Institution gesellschaftskritischer Freiheit«, vgl. *Zur Theologie der Welt*, Mainz–München 1968, 107–116; 122–127. Vgl. E. Schillebeeckx, *Gott – Die Zukunft des Menschen*, Mainz 1969, 135–137; H. Schürmann, *Der gesellschaftliche und gesellschaftskritische Dienst der Kirche in einer säkularisierten Welt*, in: *Diskussion zur politischen Theologie*, hrsg. v. H. Peukert, Mainz–München 1969, 145–161.

menschliche wie das Allzumenschliche ist menschlich. Was wirklich menschlich ist, ist vieldeutig und umstritten. In Jesus von Nazareth ist jedoch nach christlicher Überzeugung etwas Entscheidendes über den Menschen gesagt und ein endgültiges Modell des Menschseins gegeben. In der Menschwerdung Jesu Christi hat nach christlicher Überzeugung Gott endgültig dem Menschen den Menschen geoffenbart.[16] In der Geschichte Jesu von Nazareth ist die Würde und das Ziel des Menchen letztgültig offenbar geworden. Die historische Rückfrage nach dieser Geschichte, so wie sie uns in der Schrift bezeugt wird, ist darum ein Wesenselement des christlichen Glaubens; sie ist nach dem Vatikanum II die Seele der Theologie und das Prinzip jeglicher kirchlicher Erneuerung.[17] Eine solche These gilt im Augenblick weithin als nicht mehr up to date; man meint, den Text der Bibel mit dem Text der heutigen gesellschaftlichen Wirklichkeit vertauschen zu müssen. Der historischen Rückfrage in der Theologie geht es jedoch, wenn sie sich selbst recht versteht, nicht um ein archivarisch-historisches Interesse; sie dient vielmehr dem Zweck, die noch immer unabgegoltene Hoffnung für den Menschen, die die Schrift bezeugt, nicht in Vergessenheit geraten zu lassen.[18] Sie soll helfen, daß der christliche Glaube sich nicht einfach mit den jeweils bestehenden gesellschaftlichen und geistigen Mächten arrangiert, sondern seine kritische Potenz und Provokation zugunsten des Menschen bewahrt. Sie soll die durch Jesus Christus initiierte Freiheitsgeschichte bleibend aktuell erhalten.

Diese Vergegenwärtigung geschieht wiederum auf geschichtliche Weise, vermittelt durch die konkreten geschichtlichen Situationen. Zum geschichtlichen Charakter des christlichen Glaubens gehört es auch, daß es das Christliche niemals »chemisch rein«, sondern nur in geschichtlich vermittelter Form, »in, mit und unter« konkreten geschichtlichen Vermittlungs-

16 Vgl. Pastoralkonstitution über die Kirche in der Welt von heute ›*Gaudium et spes*‹, Nr. 22.

17 Vgl. Dogmatische Konstitution über die göttliche Offenbarung ›*Dei Verbum*‹, Nr. 24; Dekret über die Priesterausbildung ›*Optatam totius*‹, Nr. 16.

18 Vgl. W. Kasper, *Die Methoden der Dogmatik. Einheit und Vielheit*, München 1967, 40–45, 52–60; Schillebeeckx, *Gott*, 40–46.

formen gibt.[19] Deshalb ist die Schrift nur *ein*, wenn auch qualifiziertes, geschichtliches Zeugnis des christlichen Glaubens; sie sagt uns jedoch nur modellhaft (typologisch), was eigentlich christlich ist. Auch die Dogmen sind darum nicht die »Sache« des Christlichen selbst; sie sind bleibend gültige Modelle dafür, wie geschichtliche Aussage- und Verwirklichungsformen aussehen müssen. Das Evangelium ist in der Kirche nicht in der Weise »inkarniert«, daß die Kirche selbst einfachhin der fortlebende Christus ist. Zwar ist Christus in der Kirche fortwährend lebendig und gegenwärtig; aber man darf in diesem Satz das Subjekt nicht einfach vertauschen, die Aussage umkehren und sagen, die Kirche sei der fortlebende und gegenwärtige Christus.[20] Die Kirche ist in allem, auch in ihrem Glaubenszeugnis, geschichtlich unterwegs. Sie muß sich deshalb immer wieder an Jesus Christus als ihrem Ursprung und Haupt messen und erneuern. Dieses ständige geschichtliche Unterwegssein und diese Verpflichtung zur ständigen Reform bedeutet keine Freiheit *von* der Geschichte, sondern die Freiheit *zur* Geschichte. Sie bedeutet in der Nachfolge Jesu die je neue Zuwendung zu den Menschen in ihren konkreten geschichtlichen Situationen.

Konkret begegnen wir Christus in der Geschichte in den Menschen, die hungrig, durstig, ohne Unterkunft und Kleidung sind, die krank und verfolgt sind (vgl. Mt 25,37–40). *Sie* sind nach dem Evangelium der fortlebende Christus. Sie sind, wenn wir das Gleichnis vom barmherzigen Samariter ernst nehmen, die konkrete Auslegung des Willens Gottes für

19 Vgl. W. Kasper, *Kirche und Theologie unter dem Gesetz der Geschichte*, vgl. in diesem Band S. 49–66; ders., *Geschichtlichkeit der Dogmen?*, in: *StdZ* 179 (1967) 401–416.

20 Die schlechthinnige Ineinssetzung des pneumatologischen und des institutionell-rechtlichen Aspekts der Kirche wird oft als das Wesen des Katholizismus ausgegeben. Vgl. R. Sohm, *Kirchenrecht* I, Leipzig 1892, 160–164. Dazu A. v. Harnack, *Entstehung und Entwicklung der Kirchenverfassung und des Kirchenrechts in den zwei ersten Jahrhunderten*, Leipzig 1910, 121–185. In der neueren Theologie hat vor allem K. Barth, *Kirchliche Dogmatik* I/2, 606–637 diese These erneuert. Die Gefahr einer solchen Identifikation ist etwa in der Enzyklika Pius' XII. *»Mystici corporis«* (1943) tatsächlich gegeben, sie wurde aber durch das Vatikanum II weitgehend aufgehoben. Vgl. J. Ratzinger, *Das neue Volk Gottes*, Düsseldorf 1969, 90–104; 225–245.

uns heute (vgl. Lk 10,25–37). Die jeweiligen menschlichen und geschichtlichen Situationen, Fragen und Nöte sind also das hermeneutische Prinzip, um die christliche Botschaft geschichtsgerecht zu interpretieren. Wenn nach der Schrift gilt, daß nicht der Mensch für den Sabbat, sondern der Sabbat für den Menschen da ist (Mk 2,27), dann darf das eigentlich Christliche kein abstraktes System von Prinzipien und Normen sein, die man den konkreten menschlichen Situationen nur überstülpt, dann sind vielmehr konkrete Analysen unserer heutigen gesellschaftlichen Situation, der in ihr gegebenen menschlichen Konflikte und des durch sie bedingten Leids eine notwendige Voraussetzung für eine sachgerechte theologische Aussage.[21]

Das Ergebnis unserer ersten These vom geschichtlichen Charakter des Christentums ist, daß die christliche Botschaft immer konkret angesagt werden muß. Sie darf nicht nur abstrakt über Gott, den Menschen, das kirchliche Amt, die Ehe an sich sprechen, sondern muß im Licht der Botschaft und des Werkes Jesu Christi konkrete Modelle für ein sinnvolles, erfülltes und freies Menschsein unter den heutigen geschichtlichen Bedingungen entwickeln. Bleibt sie dagegen rein prinzipiell und abstrakt, dann ist sie in der Gefahr, aus dem Evangelium ein Gesetz und ein System zu machen, das, wie das jüdische Gesetz, den Menschen nicht freimacht, sondern ihn versklavt. Man kann den Sinn des Evangeliums auch unter Beibehaltung der allerorthodoxesten Formeln in sein Gegenteil verkehren. »Auch die bösen Geister glauben und zittern« (Jak 2,19). Auch die allerorthodoxesten Formulierungen sind beim Interpretationsgeschick der heutigen Theologen vieldeutig. Eindeutig christlich wird Orthodoxie erst durch die konkrete christliche Tat, wenn der Glaube in der Liebe wirksam wird (Gal 5,6).[22]

21 Vgl. Dokumentation *»Zeichen der Zeit«*, in: *Concilium* 3 (1967) 417–422; zur Bedeutung der »condition humaine« für die Theologie vgl. E. Schillebeeckx, *Offenbarung und Theologie*, Mainz 1965, 316–340; zur Bedeutung, die der Kontrasterfahrung dabei zukommt, vgl. ders., *Gott – Die Zukunft des Menschen*, 129 bis 141, 162–164.

22 Zur theologischen Theorie-Praxis-Problematik vgl. W. Post, Art. *Theorie und Praxis*, in: *Sacramentum mundi* IV, 1969, 894–901; J. B. Metz, Art. *Politische*

2. *These:* Das Christentum ist eine übergeschichtliche Religion. Das Wort übergeschichtlich[23] ist vermutlich noch mißverständlicher als das Wort geschichtlich. Gemeint ist: Das Christentum redet von Gott, von Transzendenz, vom Jenseits, vom Übernatürlichen, vom extra nos der Gnade, oder wie immer man das nennen mag. An diesem Punkt bestehen gegenwärtig kaum überwindbare Schwierigkeiten. Jeder dieser Begriffe birgt eine Fülle von Problemen, auf die wir hier nicht eingehen können. Dennoch ist die in diesen Begriffen gemeinte Sache schlechterdings konstitutiv für das Wesen des Christlichen. Wenn das vieldeutige und schillernde Schlagwort »Gott ist tot«[24] einfachhin und schlechterdings gelten würde, dann müßte man ehrlicherweise zugeben, daß auch das Christentum tot ist.

Der Ausgangspunkt dieser These vom übergeschichtlichen Charakter des Christentums ist eine Erfahrung, die wir jeden Tag machen, nämlich die Erfahrung der Desintegration und Dissoziation des Menschen und der Welt, die Erfahrung der Nichteinholbarkeit der Existenz und somit die Erfahrung ihrer radikalen Endlichkeit. Diese Entfremdung[25] des Menschen von sich selbst, von den andern und der Welt ist nicht nur ein psychologisches und gesellschaftliches Phänomen. Auch wenn wir alle geschichtlich gewordenen und geschichtlich veränderbaren Entfremdungen beseitigen könnten, bliebe doch, daß sich das Ich und das Du in einer letzten, nicht aufhebbaren Fremdheit und Verschiedenheit gegenüberstehen, daß das eine das andere ausschließt und daß deshalb die Entscheidung für das eine die Entbehrung des anderen zur Folge

Theologie, in: *Sacramentum mundi* III, 1969, 1232–1240; ders., *Reform und Gegenreformation heute,* Mainz 1969.

23 Der Begriff übergeschichtlich taucht meines Wissens erstmalig bei M. Kähler auf, vgl. *Der sogenannte historische Jesus und der geschichtliche, biblische Christus,* neu hrsg. v. E. Wolf (Theologische Bücherei), München ³1961, 19.

24 Vgl. den Überblick bei G. Hasenhüttl, *Die Wandlung des Gottesbildes,* in: *Theologie im Wandel* (Festschr. zum 150jährigen Bestehen der kath.-theol. Fakultät an der Universität Tübingen 1817–1967), München–Freiburg 1967, 228–253.

25 Zum Begriff der Entfremdung H. Popitz, *Der entfremdete Mensch. Zeitkritik und Geschichtsphilosophie des jungen Marx* (Philosophische Forschungen. N. F. 2), Basel 1953; P. Tillich, *Entfremdung und Versöhnung im modernen Denken,* in: *Werke* IV, 183–199; W. Pannenberg, *Was ist der Mensch? Die Anthropologie der Gegenwart im Licht der Theologie,* Göttingen ²1964, 77–85.

hat. Es bliebe also eine mit dem Menschsein und seiner Endlichkeit notwendig gegebene, wenn man so will, metaphysische Entfremdung. Sie kann weder technologisch noch politisch noch sonstwie humanitär beseitigt werden. Sie gehört zum Menschsein selbst, sie ist die Not des Menschseins, die mit dem Menschsein selbst gegebene Armut, sein Durst nach mehr, als was der Mensch ist, seine eigentliche Unbehaustheit und Nacktheit, seine Bedrohtheit und Unfreiheit. Hier ist der Ort, wo die religiöse Frage aufbricht und wo nur die Religion eine Antwort geben kann.

Die Erfahrung des Elends des Menschseins ist nämlich – um ein Wort Pascals aufzugreifen – auch der Ort der Erfahrung seiner Größe.[25] Gerade in der Erfahrung seiner Grenzen erfährt der Mensch auch, daß er sich um ein Unendliches übersteigt.[27] Wie könnten wir Entfremdung und Unheil als solche erfahren, wenn wir nicht auch etwas wüßten vom Nichtentfremdeten und Heilen? Wie könnten wir an unserer Endlichkeit leiden, wenn wir nicht schon etwas vom Unendlichen erfahren hätten? Die Transzendenz[28] ist also keine zweite Bühne über der Geschichte, sondern eine Dimension, die sich in der Welt und in der Geschichte selbst auftut, wo der Mensch in der Geschichte über sich hinaus fragt und sich selbst überbietet. Erst in der Frage nach der Transzendenz kommt der Mensch zur vollen Erfahrung der Menschlichkeit seines Menschseins, seiner Größe und seines Elends. Eine »reine« Mitmenschlichkeit und ein »bloßer« Humanismus, die den nichtaufgehenden Rest und den verbleibenden Stachel ins Übermenschliche nicht mehr verspüren würden, wären schon rein menschlich gesehen eine Plattitüde. Schon allein dadurch, daß das Christentum die Frage nach Gott stellt, stellt es dem Menschen die Frage nach sich selbst und tut ihm einen Dienst, den ihm sonst niemand leisten kann.

Die eben angedeutete Erfahrung bleibt zunächst freilich noch undeutlich, vage und vieldeutig; sie ist uns nicht nur mit den

26 B. Pascal, *Über die Religion* (Pensées), ed. E. Wasmuth, Heidelberg 1963, 181 ff. (Fragm. 397 ff.).

27 A. a. O. 202 (Fragm. 434).

28 Vgl. K. Lehmann, Art. *Transzendenz*, in: *LThK* X, [2]1965, 316–319 und in: *Sacramentum mundi* IV, 1969, 992–1005.

meisten anderen Religionen, sondern heute auch mit vielen Formen eines atheistischen Humanismus gemeinsam, die ein Sichtranszendieren ohne Transzendenz kennen.[29] Im Christlichen nimmt das Sprechen von Gott jedoch eine ganz spezifische Wendung. Gott ist hier nicht eine namenlose, anonyme und ferne Transzendenz, die wir nur im Scheitern aller Bilder und Begriffe in dunklen Chiffren und Symbolen erfahren können; er hat einen konkreten Namen, bei dem man ihn rufen kann, und dieser Name Jahwe bedeutet: »Der da ist« (Ex 3,14)[30]; Gott ist der »Gott mit uns« (Emanuel). Diesen Gott »gibt es« nicht, er gibt sich in absolut unverfügbarer Freiheit. Er ist nicht die Verlängerung und Projektion *des* Menschen, sondern umgekehrt die reine Zuwendung *zum* Menschen. Er ist sich selbst mitteilende Liebe (1 Jo 4,8). Der Mensch braucht sich jetzt nicht mehr zu übernehmen und sich ins Übermenschliche hinein zu übersteigen und sich durch solche Überforderung der Welt und sich zu entfremden; er braucht aber auch sich und die Welt nicht länger numinos zu verbrämen und dadurch zu vergewaltigen. In seiner Selbstmitteilung läßt uns Gott gerade das sein, was wir dauernd erstreben und doch beständig verfehlen; er läßt uns (in dem doppelten Sinn des Wortes) Menschen sein. Er ist die Ge-währ und die Zu-mutung des Menschseins. Er ist in seiner Selbstmitteilung das Angebot und das Geschenk eines versöhnten und erfüllten Menschseins, und dies nennen wir Gnade. Solche Zumutung des Menschseins ist Gabe und Aufgabe, Indikativ und Imperativ zugleich; sie ist die Pro-vokation, die schöpferische Freisetzung menschlicher Freiheit.

Das eigentlich Christliche ist also die Zu-mutung des Menschseins, die Verheißung, daß wir im Blick auf Jesus Christus gegen alle Hoffnung für alle Menschen Hoffnung haben dürfen. Dieser christliche Humanismus ist jedoch nicht einfach die Selbstvollendung des Menschen; er setzt ja die Krisis und das Scheitern der »natürlichen« Humanität vor-

29 Vgl. E. Bloch, *Das Prinzip Hoffnung*, Frankfurt/M. 1959, 1522.

30 Vgl. M. Buber, *Werke* II, 275 ff., 504 ff., 619 ff.; H. D. Preuß, *Jahweglaube und Zunkunftserwartung*, Stuttgart 1968, 14–23 (Lit.); E. Zenger, *Jahwe und die Götter*, in: *Theol. Phil.* 43 (1968) 338–359.

aus; er ist ein Humanismus des Kreuzes. Aber das Kreuz ist nicht die Kreuzigung des Menschen, sondern dessen Auferstehung und Erhöhung. Christlicher Humanismus ist im Pascha-Geschehen begründet und bedeutet ein dauerndes Pascha-Geschehen – eine ständige Bekehrung und ein immerwährendes Neuwerden.[31]

Wenn man von solchen Erkenntnissen aus ein Postulat für die Verkündigung aussprechen darf, dann ist es sicher nicht das, daß dort in einer falschen Liberalität die Unterscheidung des Christlichen verwischt wird. Das unterscheidend Christliche darf jedoch nicht als Gesetz, sondern muß als Evangelium geltend gemacht werden; es muß so gesagt werden, daß es nicht repressiv wirkt, sondern konstruktiv und kreativ der Freiheit des Menschen dient. Gerade dadurch, daß die christliche Botschaft das wahrt, was sie nie und nimmer vermitteln kann und darf, nämlich die Göttlichkeit Gottes, richtet sie ja einen Raum des absolut Nicht-Manipulierbaren und Nicht-Funktionalisierbaren auf, und nur so kann man der drohenden Manipulation und Funktionalisierung des Menschen letztlich widerstehen. So leisten Gebet, Meditation, Kontemplation und Liturgie gerade in ihrer innerweltlichen Zweckfreiheit einen Dienst an der Freiheit und Würde des Menschen, die nicht allein durch seine Leistung und seine gesellschaftliche Anerkennung bestimmt ist. Man dient also nicht nur Gott, indem man dem Menschen dient, man dient auch dem Menschen, indem man Gott dient. Die Wahrung der je größeren Göttlichkeit Gottes bricht schließlich alle in sich geschlossenen Systeme und fertigen Antworten auf und hält damit der menschlichen Freiheit immer wieder neu eine Möglichkeit und Alternative offen. Gott ist nicht, wie ein dummer moderner religiöser Schlager will, einfach die Antwort auf alle Fragen; er ist auch die Frage an alle Antworten. Der Glaube an Gott muß sich deshalb auswirken als die je größere Offenheit und die je tiefere Problemsichtigkeit.[32] Dann

31 Vgl. J. Ratzinger, *Gratia praesupponit naturam,* in: *Einsicht und Glaube,* hrsg. v. J. Ratzinger und H. Fries. Freiburg/Br. 1962, 148 f.

32 Zu diesem negativ-kritischen Charakter des Sprechens von Gott vgl. E. Przywara, *Analogia entis* (Schriften 3), Einsiedeln 1962, 135–141.

könnte er als Verheißung der Hoffnung für die Welt wieder glaubhaft werden.

3. These: Christentum ist Jesus Christus in Person.[33] Diese These stand schon bisher unausgesprochen im Hintergrund, und sie faßt die beiden vorhergehenden Thesen nochmals zusammen. In Jesus Christus wird nämlich der geschichtliche wie der übergeschichtliche Charakter des Christentums zu einer einmaligen Einheit vermittelt. In ihm ist die menschliche Geschichte an dem sie radikal übersteigenden Ziel, bei Gott, endgültig angekommen, indem Gott diese ganz und gar angenommen und sich an sie mitgeteilt hat.[34] Deshalb bekennt der christliche Glaube von Jesus Christus: Er ist wahrer Mensch und wahrer Gott in einer Person. Wir können dieses Geheimnis der Christologie hier nur andeuten, ohne es zu entfalten. Unsere Frage ist, was daraus für unser Verständnis des Christlichen folgt.

Zunächst folgt rein formal: Jesus Christus ist in Person das Kriterium, an dem sich alles, was christlich sein will, messen muß. Christ in einem allerweitesten und allerfundamentalsten Sinn ist, wer sich von Christus her bestimmen läßt. Christ sein ist nur vis-à-vis mit Jesus Christus möglich. Christ sein bedeutet Nachfolge Jesu. Diese fundamentale Vorausssetzung stand hinter allem bisher Gesagten. Diese Urentscheidung des Glaubens ist zugleich das Urskandalon des Christlichen, das selbst nicht nochmals hinterfragt werden kann. Man kann lediglich darauf aufmerksam machen, daß jeder Mensch faktisch eine solche option fundamentale fällt und aus einer Mitte heraus nach einem bestimmten Modell leben muß. Auf die Frage, weshalb dieses Modell für uns gerade Jesus Christus ist, kann man letztlich nur antworten: Wohin sollten wir sonst gehen? Wo begegnen uns sonst solche Worte des Lebens? (vgl. Jo 6,68 f.).

Die innere Rechtfertigung dieser Grundentscheidung wird

33 Vgl. H. Küng, *Christozentrik,* in: *LThK* II, ²1958, 1169–1174.

34 Zu dieser Interpretation des christologischen Dogmas vgl. K. Rahner, *Probleme der Christologie heute,* in: *Schriften zur Theologie* 1, Einsiedeln 1954, 169 bis 222; ders., *Zur Theologie der Menschwerdung,* in: a. a. O. Bd. 4, Einsiedeln 1960, 137–155; B. Welte, *Zur Christologie von Chalcedon,* in: *Auf der Spur des Ewigen,* Freiburg/Br. 1965, 429–458.

sofort deutlich, wenn wir unsere formale Folgerung material füllen. Dann ergibt sich: Jesus Christus ist genau das, was wir Menschen zutiefst brauchen. Im inhaltlichen Sinn folgt aus der christologischen Vermittlung von Gott und Mensch nämlich die »Umwertung aller Werte« und die Revolutionierung aller Ordnungen: Was Herrlichkeit ist, erscheint in Schwachheit, was Fülle ist, in Armut, was Freiheit ist, als Gehorsam, was unendlich ist, geht ein in Endlichkeit.[35] Die Selbstentäußerung (Kenosis) wird damit zum Wesen des Christlichen und zur Form der Freiheit. Wahre Freiheit ist so frei, daß sie sich selbst aufgeben kann, um gerade darum sie selbst zu sein.[36] Christliche Existenz wird damit wesentlich Pro-existenz, Sein für die andern, Sein, das dem andern Raum gewährt und gerade darin Eigenstand gewinnt.[37] »Wer sein Leben sucht, wird es verlieren, wer es aber um meinetwillen verliert, wird es gewinnen« (Lk 9,24). »Wenn das Samenkorn nicht in die Erde fällt und stirbt, bringt es keine Frucht« (Jo 12,25). Stellvertretung, Solidarität werden damit zu Grundworten christlicher Existenz in der Gegenwart. In welcher Weise sie den Christen zu einem neuen Selbstverständnis innerhalb der heutigen Situation verhelfen können, kann hier nur noch angedeutet werden.

Am leichtesten einzusehen ist, wie damit eine neue christliche Spiritualität grundgelegt ist. Sie ist charakterisiert durch die Einheit von Gottes- und Nächstenliebe und durch die Idee

35 Nicht umsonst bewegte sich die früheste Christologie in solchen paradoxen Identitätsaussagen, vgl. F. Loofs, *Leitfaden zum Studium der Dogmengeschichte*, hrsg. v. K. Aland, Tübingen [6]1959, 70 f., 74 f., 108 f., 124 f.; A. Grillmeier, *Die theologische und sprachliche Vorbereitung der christologischen Formel von Chalcedon*, in: *Das Konzil von Chalcedon* I, Würzburg 1951, 5–54; J. Liebaert, *Christologie. Von der Apostolischen Zeit bis zum Konzil von Chalcedon* (451) (Handb. d. Dogmengesch. III/1 a), Freiburg/Br. 1965, 25 ff., 32 f., 43 f. Diese Art der Christologie steht noch hinter der Zwei-Naturen-Lehre des Konzils von Chalcedon, vgl. P. Th. Camelot, *Ephesus und Chalcedon* (Geschichte der ökumenischen Konzilien 2), Mainz 1963, 155–169.

36 Vgl. H. Schlier. *Über das vollkommene Gesetz der Freiheit*, in: ders., *Die Zeit der Kirche*, Freiburg/Br. [2]1958, 193–206; ders., Art. ἐλεύϑερος, in: *ThWNT* II (1935) 484–500 bes. 492 ff.

37 Vgl. J. Ratzinger, *Christliche Brüderlichkeit*, München [2]1968; ders., Art. *Stellvertretung*, in: *Handb. theol. Grundbegr.* II, 1963, 566–574; ders., *Einführung in das Christentum*, 205–207; D. Bonhoeffer, *Widerstand und Ergebung*, hrsg. v. E. Bethge, München 1962, 259 f.

von der christlichen Brüderlichkeit. Wer dagegen sogleich protestiert und argwöhnt, es solle das Christentum auf »bloße« Mitmenschlichkeit reduziert werden, der sollte sich immerhin zuerst fragen, ob er ebenso gegen die Unmenschlichkeit protestiert, die es in der Welt teilweise auch durch Schuld und Duldung der Kirche und der Christen gibt. Wer aber unterstellt, das Wort von der christlichen Brüderlichkeit sei nur ein Vorwand, um es sich einfacher zu machen, der mag nochmals in der Bergpredigt und im hohen Lied der Liebe im 13. Kapitel des ersten Korintherbriefes nachlesen. Dabei kann ihm aufgehen, daß recht verstandene christliche Mitmenschlichkeit alles andere als bloße Anpassung an einen kraft- und saftlosen, persönlich folgenlosen allgemeinen Humanismus darstellt; sie ist vielmehr ein einziger Protest gegen ein verbürgerlichtes Christsein, das man als Gefahr in der gegenwärtigen Kirche durchaus sehen muß. Was damit positiv gemeint ist, kann vielleicht stichworthaft durch das Wort D. Bonhoeffers charakterisiert werden, wonach nur die, welche unter dem Dritten Reich aktiv und unter Risiko Juden beigestanden haben, das Recht haben, auch Gregorianischen Choral zu singen.

Grundgelegt ist damit auch ein neues Selbstverständnis der Kirche. Leider reagiert die Kirche in den allermeisten Fällen wie alle anderen Institutionen auch, die sich selbst behaupten und ihr Überleben garantieren wollen. Statt Stellvertreterin der Interessen anderer zu sein, ist sie oft genug nur Interessenvertreterin in eigener Sache. Dabei ist das Wesen der Kirche doch geradezu durch ihre Vorläufigkeit im Hinblick auf das Reich Gottes und ihre bloße Zeichenhaftigkeit im Hinblick auf die Welt definiert. Kirche kann sich gar nicht anders verstehen, denn als Kirche für die andern.[38] Den Unterschied zwischen einer offenen und einer geschlossenen kirchlichen Einstellung sollte man nicht so sehr in der Stellungnahme zu bloßen Randfragen sehen, sondern in der Frage, was die Kirche für die andern riskiert, ob sie bereit ist, sich vorbehaltlos auf von außen gestellte Fragen einzulassen, sich

38 Bonhoeffer, *Widerstand und Ergebung*, 261 f.

in ihrer Sorge für die Menschen auf bisher unbeschrittene Wege einzulassen, von denen sie nicht von vornherein weiß, wohin sie führen. Die Frage ist, ob die Kirche bereit ist, wie Christus und wie in anderer Weise Moses (Ex 32,32) und Paulus (Röm 9,3) sich für das Heil der andern selbst aufs Spiel zu setzen. Nur so bekennt sie wahrhaft Christus als ihren Herrn. Dann aber müßten manche ihrer Äußerungen anders aussehen, sie müßten dann weniger durch apologetisches Sicherheitsdenken und mehr durch Mut zum Wagnis bestimmt sein.

Grundgelegt ist mit dem Gesagten schließlich wenigstens im Ansatz ein christlich geprägtes Selbstverständnis der Gesellschaft. Die Idee der Solidarität könnte eine Alternative sein jenseits von liberaler, auf die Wahrnehmung des Eigeninteresses abgestellter westlicher Ordnung und totalitärer östlicher Ordnung. Solidarität meint konkret: Einer für alle und alle für einen. Einer für alle – damit ist eine Abgrenzung vom Individualismus aller Schattierungen vollzogen; alle für einen, das bezeichnet den Unterschied zum Kollektivismus, wo der einzelne dem Moloch des Staates, der Partei, der Klasse, des Volkes oder auch der Kirche geopfert wird. Solidarität besagt also, daß die Freiheit des einzelnen nur möglich ist, wenn eine Ordnung der Freiheit für alle besteht. Aber diese Ordnung ist nur so lange eine Ordnung der Freiheit, wie alle für die Freiheit jedes einzelnen einstehen. Deshalb hätte die Synode letztlich versagt, wenn sie sich nur mit innerkirchlichen Fragen befassen würde, ohne einen Beitrag zu leisten zu dem Problem des Friedens, der Freiheit und des Hungers in der Welt und zur Lösung der neu aufgebrochenen Konflikte in unserer Gesellschaft.

Wir können diese Perspektiven hier nicht weiterführen, wir brechen vielmehr ab und fragen nach der Darlegung unserer drei Thesen nochmals: Was ist eigentlich christlich? Was ist das entscheidend und unterscheidend Christliche? Nach all dem Gesagten kann darauf nicht mit einer Kurzformel[39]

39 Zum Problem der Kurzformel vgl. K. Rahner, *Die Forderung nach einer ›Kurzformel‹ des christlichen Glaubens*, in: *Schriften zur Theologie* 8, Einsiedeln 1967, 153–164; einen Überblick gibt die *Herder-Korrespondenz* 23 (1969) 32–38.

oder mit einem allgemeinen Prinzip geantwortet werden, die von allem Situationsbezug losgelöst wären. Gefordert ist eine geschichtliche Antwort, die notwendig einseitig und zeitbedingt sein wird. Wer immer gleich alles sagen will, sagt am Ende gar nichts mehr. Die Krise der gegenwärtigen Kirche besteht freilich auch darin, daß ihr diese geschichtliche Antwort noch nicht geschenkt worden ist. Die Verkündigung muß sich jedoch offenhalten für die vielfältigen verstreuten Hinweise, die auf eine neue epochale Gestalt des Christlichen hindeuten. So undeutlich und verzerrt sie manchmal sein mögen, sie laufen alle auf eine konkrete, geschichtliche und – im recht verstandenen Sinn – menschliche Interpretation des Christlichen hinaus, die sich kristallisiert um die Idee der menschlichen und christlichen Solidarität.

Ein solches Verständnis des Christlichen erfordert eine veränderte Mentalität und Praxis der Kirche. Fast ausschließlich war man in den letzten Jahrhunderten damit beschäftigt zu verteidigen, was Gott, Jesus Christus, die Eucharistie in sich und an sich ist, ohne jeweils mit derselben Deutlichkeit zu sagen, was dies alles für uns bedeutet. Die Welt ohne Gott, der wir heute gegenüberstehen, ist teilweise auch eine Konsequenz eines Gottes ohne Welt in unserer Verkündigung.[40]

Die Synode wird diese Glaubenskrise nicht überwinden, sondern nur vertiefen helfen, wenn sie nur noch so orthodoxe abstrakte christliche Prinzipien beteuert und wenn sie nicht den Mut aufbringt, konkret zu werden. Dem abstrakten Charakter der kirchlichen Lehre entspricht, daß das geltende kirchliche Rechtsbuch im Grunde nur das »System« sichert, aber keine individuellen Freiheitsrechte des Menschen kennt. Nach allem, was man über die neue Lex fundamentalis hören und lesen kann, ist darin bisher kein Wandel eingetreten. Schließlich verlangt die Idee der christlichen Solidarität, daß wir heute nicht so sehr die Grenzen, sondern die universale Weite der katholischen Wahrheit betonen, daß wir das Wahre in den Fragen der andern anerkennen und uns selbst soli-

40 Y. Congar, *Christus in der Heilsgeschichte und in unseren dogmatischen Traktaten:* in: *Concilium* 2 (1966) 10.

darisch mit ihnen als fragende, suchende, diskutierende Kirche verstehen.
Erlauben Sie mir zum Schluß einen Vergleich[41]: Einst waren die Rieseneidechsen der Vorzeit unter ihrem schweren Panzer gut geschützt. Aber sie sind ausgestorben, weil sie nicht rechtzeitig auf ihren Panzer verzichtet haben. Beweglichere Formationen haben die weitere Evolution bestimmt. Ziel der biologischen Evolution waren nicht die gepanzerten Rieseneidechsen der Vorzeit; Ziel war der Mensch. Die Kirche darf heute nicht einer fossilen Rieseneidechse gleichen. Am Ende der gesellschaftlichen Evolution steht nicht der Panzer, sondern das Humanum. In der Fülle der Zeit aber ist uns in Jesus Christus die Güte und die Menschlichkeit Gottes erschienen (Tim 3,4). Christliche Menschlichkeit muß deshalb alle Panzer sprengen, um Raum zu schaffen für ungeschützte Beweglichkeit und Lebendigkeit, die allein der Freiheit des Menschen und der Freiheit des Geistes Gottes entspricht.

41 Diesen Vergleich verdanke ich Schürmann, *Der gesellschaftliche Dienst der Kirche*, 161.